Human Behavior and Social Environment

인간행동과 사회환경

김경은 이화정 최은희 황명구 송영선 공저

양성원

머리말

인간행동과 사회환경은 인간의 생물학적 · 심리정서적 · 사회적 맥락을 다루는 사회복지 분야에서 꼭 필요한 주요과목이다. 그 이유는 사회복지실천 현장에서 사회복지사의 다양한 역할 중 아주 중요한 영역이 생애주기에 따라 인간의 정서 및 행동의 변화를 위해 클라이언트에게 개입하는 것인데, 이를 위해 사회복지사는 인간의 기저에 자리 잡고 있는 생물학적 측면에 따른 다양한 영역에서의 인간발달, 정신적 · 심리적 · 정서적 측면에서의 인간행동, 사회체계 · 문화적 측면에서의 사회환경을 학습하고 이해하는 것은 필수적이기 때문이다. 사회환경 속에서 이러한 인간에 대한 지식과 이해를 통해 사회복지사는 그 역할과 개입의 범위가 확장되고, 궁극적으로는 클라이언트가 삶의 질 향상과 행복한 삶을 살 수 있도록 하는 것이다.

인간발달이란 인간에게 생애주기별로 주변 환경과 지속적으로 상호작용하고 과업을 수행하며, 지적 · 심리적 · 신체적 변화와 능력 · 도덕적 가치 등 다양한 면에서 나타나는 지속적인 변화이다. 인간발달은 기능적으로 수준이 높아지는 상승적 변화뿐만 아니라 퇴행적 변화를 포함한다. 본 교재에서는 태아기, 영아기, 유아기, 아동기, 청소년기, 청년기, 중장년기, 노년기의 생애주기별 특징을 기술하였다.

인간행동이란 사고나 인지과정 등 정신적 · 심리적 · 정서적 측면을 주로 포함한다. 생애주기별로 점진적 변화가 인간발달이라면 인간행동은 생애주기별로 각기 다른 행동의 특성을 갖게 된다. 이런 인간행동을 설명하고 예측하는 프레임으로 성격이론이 제시되었는데 본 교재에서는 정신분석이론, 인지행동이론, 인본주의이론 등을 기술하였다.

PREFACE

본 교재는 총 3부, 13장으로 구성되어 있다. 1부는 인간발달과 사회복지실천, 2부는 성격과 사회복지실천, 3부는 사회환경이해와 사회복지실천으로 구성되어 있다. 1부 인간발달과 사회복지실천에서는 제1장은 총론으로 인간행동과 사회환경 이해로 사회환경 속에서의 인간발달과 인간행동의 이론을 기술하였다. 2장부터 7장까지는 인간발달 이론으로 2장 태아기와 영아기, 3장 유아기와 아동기, 4장 청소년기, 5장 청년기, 6장 중장년기, 7장 노년기 등으로 구성되어 있다. 2부 성격과 사회복지실천에서는 8장 정신분석이론, 9장 인지행동이론, 10장 인본주의이론으로 구성되어 있다. 3부 사회환경이해와 사회복지실천에서는 11장 사회체계이론, 12장 생태체계이론, 13장 가족, 집단, 지역사회, 문화로 구성되어 있다.

본 교재의 집필진은 사회복지현장의 경험과 다년간 인간행동과 사회환경을 강의하면서 갖게 된 경험을 바탕으로 사회복지실천 현장과 사회복지사1급 자격시험 준비에서 수강생들에게 꼭 필요한 내용을 파악하고 분석하여 본 교재에 반영하였다. 각과의 뒷부분에 사회복지사1급 기출 문제를 비롯해 예상 문제들을 수록하여 사회복지사1급 자격시험을 준비하는 수험생이 자격시험의 유형을 파악하여 용이하게 준비할 수 있게 하였다.

모든 집필진은 이 교재를 학습함으로써 사회복지실천 현장에서 사회복지사가 갖추어야 하는 이론과 지식을 얻는 데 도움이 되기를 기대하며, 아울러 사회복지사1급을 준비하는 수험생들이 성공적으로 자격증을 취득하는 데 도움이 되기를 바란다.

2020년 1월

저자

차 례

CONTENTS

CONTENTS

Human Behavior and Social Environment

I

인간발달과 사회복지실천

1 인간행동과 사회환경 이해

1. 인간발달의 이해

1) 인간발달의 개념

인간발달이란 유전과 환경의 상호작용에 의해 이루어지며 유기체가 생활하는 동안의 구조, 기능, 의식, 행동 등의 변화로 수정되는 순간부터 출생한 후 사망에 이르기까지 일생에 걸쳐 일어나는 신체적, 심리적, 사회적 영역의 총체적 변화를 의미한다. 즉 인간은 태내기부터 노년기에 이르기까지 주위 환경과 지속적으로 반응하며 과업을 수행하며 지적, 심리적, 신체적 능력과 영적, 도덕적인 가치 및 경제적, 사회적 관계 등 모든 면에서 나타나는 지속적인 변화가 인간발달이다. 따라서 인간발달은 신체적, 정신적으로 성장하고 기능적으로 수준이 높아지는 상승적 변화뿐만 아니라 신체적, 지적 구조가 쇠퇴하고 기능이 무능화되는 퇴행적, 하강적 변화를 포함한다.

인간발달은 성장(growth)이나 성숙(maturation), 학습(Learning)과 유사하게 사용된다. 성장(growth)은 시간의 경과에 따라 신장이나 체중, 근력의 증가 등 양적인 변화를 의미하며, 크기, 복잡성, 기능이 정점에 이를 때까지 계속 양적인 확대가 이루어지다가 일정한 시기가 지나면 정지되는 인간의 신체적 부분에 한정하여 변화를 설명할 때 사용한다(구혜영, 2015).

성숙(maturation)은 경험이나 훈련과 같은 외적 환경과 관계없이 유전적 메커니즘에 의해 나타나는 체계적이고 규칙적으로 진행되어 가는 생물학적인 변화를 의미한다. 즉 성장하는 동안 어느 기간에 이르면 환경의 영향이나 외부의 자극 없이도 자연적으로 그 기능을 발휘하게 되는 과정이다. 예를 들면, 감각처럼 특별한 학습을 하지 않더라도 완전한 발육상태에 이르거나, 사춘기를 지나는 동안 신체적 발달은 성인과 거의 같은 수준까지 진행되어 청소년기가 끝나면 더 이상 키가 자라지 않거나 성징이 발달하지 않는 성숙단계에 도달하게 된다.

학습(learning)은 직접 또는 간접적 경험이며 후천적으로 훈련과 연습의 결과로 가치관이나 태도 등을 형성하면서 일어나는 개별적이며 내적인 변화이다. 예를 들면, 외국어 사용 능력, 컴퓨터 활용 능력 등은 훈련과 연습에 의해 이루어진 결과로 유전적 요인 및 경험이나 훈련에 의해 일어나는 변화, 내적 및 외적 변화까지 포함하는 발달보다는 협의의 개념이다. 성숙은 행동발달에 있어 기본 조건으로 충분히 성숙되지 않았을 때 학습시키는 것은 역효과를 가져온다.

성장, 성숙, 학습은 상호 분리되어 있는 것이 아니라 서로 연결되어 있으며, 세 가지 과정이 공존할 때 비로소 인간발달은 이루어진다. 즉 일생을 통해 성장, 성숙, 학습에 의해 이루어지는 복합적 과정이 인간발달이다.

2) 인간발달의 원리

(1) 유선과 환경의 상호작용

인간의 발달은 모든 유전적, 환경적 특성들의 복합적인 상호작용을 통해 이루어진다. 그 정도의 차이가 정확하게 알려지지는 않았으나, 일반적으로 생물학적 발달에는 유전적 특성이, 심리적 발달에는 환경적인 영향이 더 큰 것으로 간주되고 있다. 이는 일란성 쌍생아의 연구가 경험적으로 뒷받침한다. 일란성 쌍생아의 경우, 유사한 유전적 특성을 가졌지만 발달의 결과 신체, 심리, 행동적으로 유사하기도 하지만, 환경의 영향에 의해서 차이가 나는 부분들도 있다는 점은 상호작용을 지지한다(강상경, 2018).

(2) 순서와 방향성

인간의 발달은 일정한 순서와 방향성이 있어 발달의 변화는 예측이 가능하다. 간단한 것에서부터 복잡한 것으로(세분화발달의 원칙), 상부에서 하부로 즉 머리에서 발끝 방향으로(두미발달의 원칙), 몸통과 같은 신체의 중심에서 시작하여 손가락의 움직임과 같은 말초 방향으로(근원발달의 원칙), 보다 일반적이고 전체적인 과정에서부터 구체적이고 특수한 과정으로 발달한다.

예를 들어, 아기들은 고개를 먼저 가누기 시작하며, 뒤집고 일어나 앉고 길 수 있게 된 다음에 비로소 설 수 있게 되고 걸을 수 있게 된다. 물건을 잡으려 할 때도 처음에는 무작정 손을 움직이다가 차차 손목과 손가락을 세미하게 사용하게 되며, 걸음걸이도 처음에는 부자연스럽게 몸 전체를 움직이며 넘어지곤 하다가, 점차 보행에 필요한 근육과 팔다리만을 사용하게 된다(오창순 외, 2015).

(3) 발달의 연속성 및 발달속도의 다양성

인간의 발달은 계속적으로 나타나는 점진적이고 연속적인 변화과정으로 어느 한 시기에 발달한 부분이 다음 시기에 발달하지 않고 멈추는 것이 아니라 계속적으로 발달이 진행된다. 즉 어느 시기에는 특정한 부분이 급격히 발달되고, 어느 시기에는 발달이 느리게 진행되는 것과 같이 발달의 속도가 일정하지 않지만 시간의 경과에 따라 발달이 점진적으로 계속적으로 이루어진다(심의보 외, 2016). 예를 들어, 신체적 발달은 유아기와 사춘기에 급속하게 이루어지지만 다른 시기에는 그 속도가 느리며, 언어의 발달속도는 유아기에 가장 빠르고, 성인이 되면 발달이 거의 멈추게 된다.

(4) 결정적 시기

인간의 발달은 어느 시기에나 가능한 것이 아니라 발달영역에 따라 가장 용이하게 이루어지는 최적의 시기가 있다. 발달영역에서 급격하게 성장을 보이는 특정 시기를 '결정적 시기(critical period)'라고 한다. 이 시기에 발달과업을 성취하지 못하면 영구적인 발달장애, 성격 결함이 나타날 수 있으므로 특정시기에 특정발달과업을 성취하는 것이 중요하다.

(5) 개인차

인간의 발달속도는 모든 사람이 동일하지 않고 개인 간 차이가 있다. 즉 신체적 구조나 운동능력의 발달이 일정한 순서를 따르지만 특정 기술을 습득하고 완성하는 시기는 개인에 따라서 많은 차이가 난다. 예를 들어, 아기가 걷기 시작하는 평균연령은 15개월이지만 운동신경이 발달한 경우에는 8개월에 걷기도 하고 늦으면 22개월이 되어서야 걷기 시작하기도 한다. 연령이 증가할수록, 환경 등 외적 변수들의 영향이 많을수록 개인차의 폭은 커지고 발달을 예측하기 어려워진다.

(6) 상호관련성

인간의 발달은 신체, 인지, 언어, 정서, 사회성발달이 각각 분리되어 이루어지는 것이 아니라 서로 연결되어 통합적으로 이루어진다. 즉 한 영역의 발달은 다른 영역의 발달과 독립적으로 이루어지지 않고 상호 간에 밀접하게 관련되어 영향을 미친다. 예를 들어, 신체발달은 지적발달, 도덕성발달, 사회성발달 등과 관련되어 있으며, 정서발달은 성격발달, 사회성발달 등과 관련되어 있다(심의보 외, 2016).

3) 발달단계

인간의 발달은 개인차가 존재하지만 질서정연하면서도 안정적이며 체계적인 과정에 따라 이루어지는 일관성 있는 규칙적인 변화를 갖는다. 인간의 출생 전후에서부터 사망까지 시간의 흐름에 따라 나타나는 특징적인 변화를 근거로 그 과정을 세분화한 것을 인간발달단계라고 한다. 각 단계에서 성취한 발달은 그 이후 모든 단계에 영향을 미치며 새로운 단계에 도전하기 위한 자원이 된다. 인간의 발달단계는 학자에 따라 다양하게 구분하나 본 교재에서는 교육제도, 법적 연령규정에 기반하여 다음과 같이 구분하고자 한다.

수정 후 출생 전까지를 태내기(수정~출생 전), 출생 직후부터 2년까지를 영아기(0~2세)로 구분하며, 초등학교 입학 전까지를 유아기(3~6세), 초등학교 재학시기를 아동기(7~12세), 중 · 고등학교 시기를 청소년기(13~19세)로 분류한다. 이후 성인기 초기의 청년기(20~39세), 중후기를 중장년기(40~64세), 그리고 노년기(65세 이상)로 7단계 구분한다. 각 발달단계의 연령구분은 평균연령을 제시한 것으로 개인의 특징이나 사회문화적 배경에 따라서 조금씩 차이가 있다.

발달단계를 구분하는 것은 각 단계마다 특징적인 발달전환이 이루어지기 때문이다. 모든 생물체가 태어나서 성장하고 노화하여 죽어가는 과정에서 각각의 고유한 과정을 거치듯이, 수명이 길고 복잡한 요인이 작용하는 인간의 삶도 여러 단계를 거치게 되고 각 단계별로 그 특성이 존재하는 것이다. 이러한 특성을 발달과제 또는 발달과업이라고 하며, 이는 개인이 각 발달단계에서 필수적으로 성취해야 할 일이나 발달해야 하는 기능 또는 능력을 의미한다.

각 단계별로 과업을 잘 해결하면 그 이후의 삶이 만족스럽고 행복하게 살 수 있는 가능성이 증가하고, 반대로 잘 해결하지 못한다면 그 이후의 시기는 불만족스럽고 불행한 삶을 살게 될 가능성이 증가하게 된다(구혜영, 2015). 발달과업은 각 발달단계에 놓여 있는 인간에 대한 교육적 입장에서 하나의 과제로 설정한 것으로 인간의 생물학적 발달과정에 근거하는 보편적인 특성을 의미하지만 개인의 사회경제적 수준이나 사회문화적, 환경적 특성 등에 따라 차이가 있다(이희세 외, 2015).

발달과업은 가장 기본적인 생물학적인 발달과업, 그와 동시에 나타나는 인지 및 정서체계의 변화인 심리적 발달과업, 그리고 변화와 동시에 개인이 주위 환경과 영향을 주고받으면서 서로 변해 가는 사회적 발달과업으로 구분할 수 있다. 인간은 환경과 끊임없는 상호작용을 통하여 안정을 유지하고 변화해 나가며, 인간의 신체적 발달, 심리적 발달 그리고 사회적 발달은 밀접한 상호관련성을 지니고 있으며 통합적 기능을 한다. 인간은 전 생애에 걸친 발달과정을 거치지만 각 단계에서 수행해야 할 발달과업과 욕구는 서로 상이하다.

〈표 1-1〉 발달단계에 따른 주요 발달과업

단계	주요 발달과업
영아기	신체적 성장, 감각 및 운동기능의 성숙, 즐거움 · 분노 등 감정의 분화, 사회적 애착의 확립
유아기	운동능력 정교화, 언어발달, 자기통제능력 습득, 양심발달, 집단놀이
아동기	활발한 신체적 활동, 구체적 조작사고, 학습능력과 기술습득, 사회적 규범학습
청소년기	신체적 성숙, 성적 성숙, 형식적 조작사고, 또래집단 경험, 자아정체감 확립
청년기	부모로부터 독립, 직업에 대한 준비와 선택, 친밀한 사회집단 형성
중장년기	결혼 및 출산, 자녀양육, 부부관계 유지, 중년기 생리적 변화 인정 및 적응, 사회적 책임수행
노년기	감각과 행동의 둔화에 대한 적응, 은퇴와 수입 감소에 대한 적응, 배우자 사망에 대한 적응

만약 한 개인이 특정 발달단계에서 수행해야 할 발달과업을 적절히 수행하지 못하였을 경우에는 다음 단계로의 발달에 방해를 받게 되고 환경과의 상호작용에서 부적응을 경험하게 되어 결국 미충족 욕구를 갖게 되거나 문제 상황에 직면하게 됨으로써 적정수준의 삶의 안녕상태를 유지할 수 없게 된다. 이와 같이 인간의 전 생애에 걸쳐 직면하게 되는 욕구, 문제, 부적응상태를 해결하고 보다 높은 수준의 삶의 질을 도모하기 위한 제도, 법, 프로그램 등이 바로 사회복지이다.

〈표 1-2〉 발달단계에 따른 발달장애와 주요 문제

단계	발달장애 및 주요 문제
태내기	유전적 결함에 따른 장애, 저체중
영아기	지적장애, 자폐증
유아기	언어장애, 수면장애, 야뇨증

단계	발달장애 및 주요 문제
아동기	학교부적응, 행동장애, 주의력결핍 과잉행동장애, 반응성 애착장애, 아동학대
청소년기	비행, 우울증, 자살, 섭식장애, 성정체감 장애, 집단따돌림, 약물중독 및 남용
청년기	군대 부적응, 실업, 주거, 직장 부적응
중장년기	이혼, 가정폭력, 실업, 갱년기장애, 우울, 스트레스
노년기	우울, 치매, 학대, 빈곤, 자살, 신체적 질병

2. 인간행동의 이해

사회복지는 인간이 행복한 삶을 살아갈 수 있도록 인간의 행동과 사회환경 변화를 꾀하는 실천으로 인간에 대한 이해를 필수로 한다. 인간을 깊이 있게 이해하는 것은 매우 힘든 일이지만 사회복지사는 미시적인 방법과 거시적인 방법을 통해 인간을 이해하기 위한 노력을 지속한다.

인간행동은 겉으로 드러난 신체적 움직임에 한정하여 정의하기도 하나 새독과 새독(Sadock & Sadock, 2007)은 인간행동을 움직이는 활동으로 표출되는 충동, 동기, 소망, 욕망, 본능, 갈망을 포함한 정신의 총합으로 정의하였다. 이는 찡그리는 것, 턱을 괴는 것, 손을 흔드는 것 등 겉으로 드러난 측정 가능하고 관찰 가능한 것과 사물에 대한 느낌, 생각, 감정, 무의식 등 정신적 요인 및 정서적 요인을 포함할 뿐만 아니라 인간이 처해 있는 상황적인 측면까지도 포괄한다.

인간행동의 기저에는 생물학적, 심리적, 사회구조적, 문화적 요인이 있다. 먼저, 생물학적 요인으로 기질이나 지능, 신체적 특성이나 장애 유무와 같이 유전적, 신체적 요인들이 인간행동의 일부분을 결정짓는다. 기질이 까다로운 아이는 순한 아이와 달리 학교에서 적응이 쉽지 않거나, 지능이 낮은 아동이 언어나 사회적인 행동을 습득하는 것이 느린 것은 타고난 요인에 기반한다.

둘째, 심리적 요인으로 어떻게 인간이 느끼고 생각하는가에 따라 같은 사건과 상황에 대한 개인의 반응과 행동이 달라진다고 본다. 구직에 실패한 경우, 우울감과 스트레스를 많이 받고 있는 사람의 경우 다시 도전하기보다 심각하고 극단적인 행동으로 이어질 수 있는 반면, 긍정적인 마음을 가진 경우 자신의 부족한 점을 성찰하거나 다음의 도전을 준비한다.

셋째, 사회구조적 요인으로 인간의 행동은 거시적 차원들에 의해 좌우된다. 정치, 경제, 종교 등과 같은 사회구조적 여건들은 인간이 사회적 상호작용을 하는 형태를 결정짓기도 하며, 인간행동을 통제하거나 가능하게 하는 역할을 한다. 교통관련 법규들은 신호체계를 준수하고 음주운전을 금하도록 하며, 치솟는 물가는 합리적인 소비를 할 수 있도록 자극하기도 한다.

넷째, 문화적 요인으로 문화란 여러 세대를 걸쳐 축적되고 보존되어 온 가치나 생활양식, 물질적 유산과 기술까지 포함하는 것으로 사람들의 사고나 행동을 안내하거나 혹은 제한한다. 문화는 각 나라, 지역, 그리고 집단마다 다르며 서로 다른 문화는 그 문화에 속한 사람들의 행동양식을 결정짓는 중요한 요소가 된다(김윤정, 2015). 문화권에 따라 인사하는 법이 다르다.

인간의 행동은 개인적이고 미시적인 차원의 생물학적 요인과 심리적 요인, 개인이 속한 사회와 문화와 같은 인간을 둘러싼 환경적 요인에 의한 결과물로, 네 가지 요인은 각각 분리되지 않고 복합적으로 작용하면서 전 생애에 걸쳐 인간의 행동에 영향을 미치므로 인간의 발달, 사회환경에 대한 이해가 필요하다.

인간의 행동을 이해하는 것은 인간의 부적응행동(maladaptive behavior)을 이해하는 것도 포함한다. 부적응행동이란 사회문화적 규범에서 벗어나는 행동, 이상적(理想的) 인간행동 유형에서 벗어나는 행동, 통계적으로 보통 사람의 평균적 특성에서 벗어나는 행동, 환경의 요구에 순응하거나 환경을 변화시키는 환경과의 적응능력을 저하시키는 행동, 개인에게 불편감, 고통 또는 심리적 갈등을 유발하는 행동 등과 같은 부적응적 심리특성을 의미한다. 이러한 이상행동은 인간의 다양한 심리적 측면에서 개인의 부적응을 초래하는 특성을 포함한다(권중돈, 2014). 특히 유전적 요인과 삶의 과정에서 겪게 되는 불행한 경험들로 인해 더 악화된 이상행동과 정신장애는 당사자뿐만 아니라 가족, 배우자, 주변사람과 더불어 가정폭력, 범죄, 자살, 도박중독 등과 같은 고통과 불행을 초래한다. 예를 들어, 조현병 스펙트럼 및 기타 정신병적 장애는 망상, 환각, 사고 및 언어혼란, 의욕상실, 감정둔화, 비사회적 행동의 주요 증상을 나타내는 장애로 살인과 같은 범죄의 원인이 되기도 한다.

3. 사회환경의 이해

인간은 자연적 환경과 인위적 환경의 요구에 순응하거나 자연적 환경을 자신이 생활하기에 적합하게 바꿈으로써 환경에 적응해 간다. 물리적 환경이 인간의 생존을 좌우하는 필요조건이라고 한다면, 물리적 환경의 기초 위에 형성된 사회환경은 다양한 인간의 삶이 펼쳐질 수 있게 하는 충분조건이라 할 수 있다. 사회환경이란 인간의 삶과 행동에 직접 혹은 간접적인 영향을 미치는 조건, 상황 그리고 인간 존재 간의 상호관계를 의미한다(Zastrow & Kirst-Ashman, 2001). 이러한 사회환경에는 미시체계인 개인이 접촉하는 타인, 가족, 집단, 조직, 이웃 등의 중간체계와 국가, 문화 등의 거시체계가 포함된다. 개인을 둘러싸고 있는 사회환경, 즉 다양한 수준의 사회체계는 인간의 삶과 행동에 직접 또는 간접적인 영향을 미치며 인간으로부터 영향을 받기도 한다(권중돈, 2014).

인간은 그들이 속한 사회환경과의 상호작용을 통해 발달이 이루어지고 행동특성이 형성되는 한편 환경을 변화시키기도 하는 능동적이고 적극적인 존재이다. 이와 같은 인간관을 토대로 사회복지실천은 '환경속의 인간'이라는 기본틀의 전제하에 개인에 대한 접근 혹은 사회환경에 대한 접근으로 구분하지 않은 채 인간과 환경 간의 상호작용에 초점을 두고 있다(이인정 외, 2012). 즉 상호작용하는 사회체계 내에서 성장, 발달하는 개인과 사회환경 간에 역동적 균형을 이룰 수 있도록 돕고 개인과 사회환경의 불균형에서 비롯되는 문제들을 다루기 위해서는 인간을 환경과 분리된 실체가 아니라 하나의 통합된 총체로 이해하는 것이다.

사회복지사는 개인에 한정되지 않는 광의의 시각으로 인간행동을 이해하고 포괄적인 접근으로 인간이 사회환경과 상호작용하는 과정에서 적응적 균형을 달성하도록 도와야 한다. 이때 적응(adaptation)이란 개인과 환경이 지속적으로 상호작용하는 과정에서 적합성(goodness of fit)을 획득하는 과정이라 할 수 있으며, 신체, 심리, 사회적 측면에서 성공적으로 발달적 전이를 하는 것은 또 다른 측면의 적응이다. 환경에 대한 지배력 또는 적응력은 스트레스, 위기 그리고 대처의 개념들과 직접 연결되어 있다. 사회복지실천의 상당 부분이 위기상태에 처한 내담자(체계)와의 관계를 형성하는 것이기 때문에 개인이 환경을 지배하고 적응하는 능력을 어떻게 발달시키는가를 이해하는 것은 매우 중요하다. 카로프(Caroff, 1982)는 스트레스를 경감시킬 수 있는 수단을 발견하고, 대처자원을 강화하고 적응능력을 표출하게 함으로써 사회복지 개입전략을 수립할 수 있는 기반을 갖출 수 있다고 하였다. 내담자의 대처능력을 고양시키는 것, 즉 스트레스를 해결하고 각 발달단계의 도전에 대한 새로운 해결책을 만들어 내기 위해 적극적인 노력을 기울이는 것이 사회복지실천의 핵심이다(권중돈, 2014).

환경 속의 인간이라는 개념에 기초하여 인간을 변화시키기 위한 실천방식은 체계이론과 생태이론의 영향에서 비롯되었다. 체계이론은 인간과 환경 간의 상호작용과 상호의존성을 설명해주고, 변화하는 주변환경과의 상호작용을 통하여 인간행동이 어떻게 변화하고 안정화되면서 체계를 유지시키는가를 설명한다. 생태이론은 개인과 개인을 둘러싼 여러 환경체계들이 끊임없이 상호교류를 하면서 자신들이 접하는 물리적, 사회적 환경을 변화시키기도 하고 환경과의 지속적인 상호적응 과정을 통하여 인간이 변화하기도 하는 상호영향력을 설명한다(심의보 외, 2016). 두 이론은 개인행동을 이루는 개인들이 서로 상호작용하는 사회환경의 부분들인 다양한 요소들의 상호관련성에 관심이 있고, 또한 적응이 개인만을 변화시키는 것이 아니라 환경을 변화시키는 것까지 포함한다. 즉 인간행동의 원인과 결과를 단선적으로 이해하는 것이 아니라 인간이 갖고 있는 문제를 해결하기 위하여 문제의 출발, 문제를 해결하기 위한 자원, 개입해야 할 체계 등을 종합적으로 파악하고 전문적으로 지원한다. 반면 두 관점의 차이는 체계이론이 변화하는 체계의 능력을 강조하고, 생태이론은 환경과 협상하는 개인의 능력에 초점을 둔다는 것이다(이인정 외, 2012).

연습문제

1. 인간발달이론이 사회복지실천에 기여한 바를 설명한 것 중 가장 거리가 먼 것은?
   ① 각 발달단계에서 개인이 수행할 발달과업을 제시한다.
   ② 전 생애에 걸친 안정성과 변화를 설명할 수 있게 한다.
   ③ 인간의 생리, 심리, 사회적 측면으로 분리시켜 이해하게 한다.
   ④ 생활전이에 따른 위기를 설명할 수 있게 한다.
   ⑤ 특정 발달단계와 이전 발달단계의 연관성을 파악할 수 있게 한다.

2. 인간발달의 원리에 대한 설명으로 옳은 것은?
   ① 발달에는 개인차이가 없다.
   ② 발달은 유전과 환경의 상호작용에 의해 이루어진다.
   ③ 발달은 연속적이며 발달의 속도는 일정하다.
   ④ 발달은 꼬리에서 머리, 하부에서 상부로 진행된다.
   ⑤ 발달에는 결정적 시기가 따로 있을 수 없다.

3. 인긴발달에 대힌 정의로 바른 것은?
   ① 발달이 진행될수록 보다 단순한 단계로 변화한다.
   ② 인간의 발달은 특정시기에 모두 이루어진다.
   ③ 인간발달의 결정적 요인은 유전적 기제 때문이다.
   ④ 인간의 발달은 연령의 증가와는 관계가 없다.
   ⑤ 인간의 발달은 모든 신체적, 심리적 변화를 가리키는 발달적 변화라 할 수 있다.

4. 인간행동과 성격에 관한 설명으로 옳지 않은 것은?
   ① 인간행동은 개인의 성격특성에 따라 다르게 표출된다.
   ② 성격을 이해하면 행동의 변화추이를 예측할 수 있다.
   ③ 인간행동의 이해와 개입을 위해서는 성격의 이해가 필요하다.
   ④ 성격은 심리역동적 특성이 있어 일관된 행동을 기대할 수 없다.
   ⑤ 성격이론은 인간행동의 수정 방법을 찾는 데 도움이 된다.

5. 인간발달에 관한 설명으로 옳지 않은 것은?

① 발달은 일정한 순서를 거친다.
② 발달과 변화는 전 생애에 걸쳐 이루어진다.
③ 발달은 특수활동에서 전체활동으로 이루어진다.
④ 발달을 이해하는 데 사회환경은 필수적 요인이다.
⑤ 발달은 환경 속의 인간의 맥락으로 이해되어야 한다.

정답	1. ③	2. ②	3. ⑤	4. ④	5. ③

2 태아기와 영아기

1. 태아기

임신과 출산이 이루어지는 기간은 인간발달의 전 과정을 통틀어 가장 극적인 변화가 일어나는 시기이다. 수정 후 몇 주일 내에 단세포에서 수십억 개의 세포로 폭발적으로 불어나고 이 모든 세포는 뇌, 내장기관, 손과 팔다리를 형성하는 등 각기 맡은 바 임무를 수행함으로써 인간이 되어간다(구혜영, 2015). 이 기간을 태아기라고 한다.

1) 태아의 발달

(1) 임신 1~3개월 : 배란기, 배아기

배란기는 수정란이 자궁벽에 착상할 때까지의 2주로 임신 중 가장 중요한 시기이다. 배아가 빠른 속도로 분화하고 조직이 발달하기 때문에 임신부가 복용하는 약물이나 건강상태의 영향을 크게 받는다.

난자와 정자는 수정 후 급속하게 세포분열을 하게 되는데 1주일 지난 후에는 약 100~150개의 세포로 분열한다. 수정란은 세포분열을 하는 동안 난관 내부의 섬모운동과 수축작용으로 3~4일 후에 자궁에 도착한다. 이때 수정란은 작은 공 모양의 배반포로 변해 자궁 속을 떠다니다가 자궁 내에 착상하게 되며 착상까지는 약 1주

일이 걸리고 착상과 동시에 배아기가 시작된다.

배아기는 수정란의 착상으로부터 수정 후 약 8주까지를 말한다. 수정 후 약 2주경이 되면 수정란은 자궁벽에 확실히 착상하게 되며 이때부터 수정란을 배아라 부른다. 배아기는 주요 신체기관과 조직의 발달로 태반이 발달하고 탯줄이 태반과 태아를 연결한다(정옥분, 2018a). 임신 2개월째로 들어서면 배아의 성장이 급격히 진행되어 소화기관, 신체 외부기관이 생기며 내부기관이 더욱 뚜렷해진다(이영 외, 2017). 배아기는 모든 신체 부위의 토대가 결정되는 가장 중요한 시기로 모체가 섭취하는 일부 위험물질들에 의해 영구적인 손상이 일어날 수 있기 때문에 태내환경에 각별한 주의가 요구된다.

이 시기는 임산부의 입덧이 시작되는데 입덧은 태반에서 나오는 물질에 대한 일종의 거부반응으로 입덧을 줄이기 위해서는 소량의 음식을 자주 먹도록 하는 것이 도움이 된다.

(2) 임신 4~6개월

임신중기는 비교적 안정된 시기로 태아는 계속해서 성장하며 손가락과 발가락, 피부, 지문, 머리카락도 발달한다. 임신 4개월경이 되면 태아는 탯줄과 입을 통해 영양분과 수분을 흡수하게 되고, 임신 5개월경부터는 태아가 급성장하면서 운동이 활발해져서 산모는 태동을 느낄 수 있으며, 태아는 소리에 반응하고 자궁 안에서 비치는 빛을 손으로 막아 눈을 방어하려고도 한다. 그러나 폐는 충분히 성숙되지 않았으며, 뇌도 호흡과 체온을 조절할 수 있는 능력이 아직 발달되지 않은 상태이다. 이 기간에 조산된 태아는 생존 가능성이 희박하며, 생존하더라도 만성적 폐질환 혹은 신경계 손상 비율이 임신 3기(7~9개월)에 조산한 경우보다 높다. 이 단계에서 임산부의 입덧은 대부분 사라지고 호르몬의 균형이 조절되어 정서적으로도 안정이 된다.

(3) 임신 7~9개월

임신말기는 태아의 발달이 완성되는 시기이다. 신체의 내부기관들이 완성되어 기능하게 되며 뇌와 신경체계도 완전히 발달하게 된다. 이 시기에 태아는 키 50cm, 몸무게 3.2kg 정도로 자라며 자극에 대해 더 큰 반응을 보인다. 특히 여러 가지 소리의 음과 박자를 구별하게 된다. 심장박동의 변화를 통해 태아가 남성과 여성의 말하는 소리, 어머니와 낯선 사람의 소리를 구분한다. 이 시기 이후에는 모체로부터 분리되어도 생존이 가능하다.

2) 태아의 발달에 영향을 미치는 요인

임산부와 태아는 한 몸으로 이루어져 서로 영향을 주고받는다. 임산부는 임신에 의해 구토, 두통, 피로 등의 신체적 불편함을 겪으며 심리적으로 우울, 불안, 두려움과 함께 기대감, 설레임, 희망 등 다양한 감정을 경험한다. 이러한 임산부의 신체적, 심리적 변화 및 주변 환경은 태아의 발달에 중요한 영향을 미치며 임신기간과 출산을 쉽거나 어렵게 할 수 있다. 임산부가 태아에게 미칠 수 있는 영향은 다음과 같다.

(1) 염색체 이상

인간은 23쌍의 염색체를 가지며 22쌍은 상염색체, 1쌍은 성을 결정하는 성염색체이다. 상염색체 이상에 의해 가장 많이 나타나는 것은 다운증후군으로, 21번째 염색체가 하나 더 많은 많은 경우이다. 600~800명 중 한 명 정도 발생하며, 임산부의 연령이 높을수록 발생 위험도가 높아지며, 아버지의 연령과 역시 관련이 된다. 다운증후군(Down syndrome)은 둥글 납작한 얼굴, 외방향으로 경사진 눈꼬리, 내안각의 주름, 낮은 코, 짧은 목 등의 신체적 특징을 보이며 정신지체나 발달장애를 동반한다. 다운증후군 영아들은 생후 첫 6개월 동안 정상적으로 발달하는 것처럼 보이나 2세경이 되면 지적 발달이 저하되어 주위의 복잡한 정보에 의해 주의를 기울이거나 변별하고 해석하는 데 어려움을 갖는다. 질병에 대한 저항력도 약하고 심장질환 등의 호흡기 질환에도 쉽게 감염되기 때문에 다운증후군 아동 40%는 10세 이전에 사망하며 평균수명은 약 50세 정도이다.

성염색체 이상에서 가장 흔한 문제는 X나 Y염색체가 더 있거나 부족한 터너증후군과 클라인펠터증후군이 있다. 터너증후군(Turner syndrome)은 여아에게 나타나는 이상으로 성염색체 XX 중 하나가 없기 때문에 전체 염색체수가 45개인 경우이다. 2,500명~3,000명당 1명꼴로 발생하며 비교적 흔한 염색체 이상 질환이다. 터너증후군 여성은 정상적인 지능을 가지고 있으나 키가 작고 목이 짧으며 삼각형의 얼굴, 작은 턱, 귀의 기형, 팔꿈치 변형이 있다. 대부분의 터너증후군을 가진 여성은 생식기능을 제대로 하지 못하며 2차 성징이 잘 나타나지 않는다. 터너증후군 치료는 신체적 이상을 교정하면서 성장장애 및 성적발달장애를 치료해 나가는 것이다.

클라인펠터증후군(Klinefelter syndrome)은 남성의 성염색체 XY에 X염색체나, Y염색체를 하나 더 가지고 있어 총 47개의 염색체를 가진 것이다. 이러한 남성들은 고환이 작고 정자를 만들지 못하며 2차 성징이 불완전하게 나타나면서 사춘기가 늦다. 대부분 연약하고 팔다리가 길며 때로는 유방이 비대해지고(여성화유방) 25% 정도가 정신지체를 보인다.

(2) 임신연령 및 건강상태

모체의 연령은 태아의 건강한 성장과 발달에 영향을 준다. 임산부의 연령이 16세 이하일 경우 저체중아로 인한 미숙아 출산의 가능성이 높으며, 35세 이상일 경우 유산 위험이 두 배로 증가한다(김윤정, 2015). 특히 첫 출산일 경우 이러한 문제가 일어날 가능성이 높다. 40세 이상의 임산부에게서 태어난 아기들 가운데 다운증후군 발생률은 매우 높다. 즉 임산부가 35세 미만일 때에는 1,500명 중 한 명, 35세에는 300명 중 한 명, 45세 이상일 때는 25명 중 한 명의 비율로 다운증후군을 가진 아이를 출산할 가능성이 높아진다(이인정 외, 2012).

임산부의 건강이나 영양상태는 태아의 신체발달에 영향을 미친다. 임산부가 매독이나 임질에 감염된 경우에 감염된 태아의 30%는 출산 이전에 사망하며, 기형아나 지적장애아를 출산할 가능성이 높으며, 당뇨병은 태아가 유전인자를 물려받을 가능성이 높으며 사산되거나 태어나도 곧 사망할 확률이 높다(심의보 외, 2016). 태아에게 영양을 공급하기 위하여 임산부는 평상시보다 300칼로리 정도의 열량을 더 섭취하여야 하며 불충분한 영양섭취는 미숙아의 출생과 출생 후 아기가 질병에 걸리거나 사망할 가능성을 증가시킨다. 태아의 영양결핍은 내장기관과 중추신경계의 정상적인 발달과 기능을 저해할 뿐만 아니라 행동장애, 학습장애, 특정한 정신질환의 발생에도 영향을 미치는 것으로 보고되었다(이인정 외, 2012). 특히 임신 3기 동안에는 뇌의 크기가 급격히 커지기 때문에 임산부가 기초 영양분을 많이 섭취하는 것이 아기의 뇌를 충분히 자라게 하는 데 필수적이다.

(3) 약물

술, 담배, 안정제, 감기약, 항생제와 같은 약품이나 물질이 임산부의 체내에 들어가면 태아에게 바로 영향을 미치게 된다. 직접흡연이나 간접흡연은 유산이나 조산의 위험을 증가시키며, 태아의 성장을 늦추어 저체중아나 미숙아를 낳게 될 확률을 높인다(대한산부인과학회, 2010). 음주는 태반까지 전달되어 태아의 중추신경계통 장애, 체중미달, 안면기형 등 선천적 기형을 초래할 가능성이 높아지며 최악의 경우 태아 알코올 증후군(Fetal Alcohol syndrome)을 가진 아이를 출산하게 된다.

약물중독자인 임산부에게서 태어난 아기들은 높은 사망률과 선천성 기형 발생률을 보이며 발달지체와 학습장애 등의 행동문제를 가진 경우도 많다. 또한 이들이 생존할 경우 나중에 약물에 중독되는 경향이 있다. 현재 널리 사용되고 있는 가장 강력한 기형발생물질은 심한 여드름 치료에 사용되는 비타민 A 유도체인 아큐탄이다. 임신 1기 동안 이 약물에 노출되면 눈, 귀, 두개골, 뇌, 심장, 면역계 이상이 초래된다. 따라서 이 약물을 복용할 경우는 반드시 임신을 피해야 한다(김윤정, 2015).

아스피린은 가장 많이 복용하는 약물로 적은 양의 사용은 유해하지 않으나 반복적인 사용은 산모와 태아에게 출혈을 일으킬 위험이 있다. 그 밖에 임산부가 환경오염이나 공해, 유독한 물질에 노출되면 태아에게 해로운 영향을 미치게 된다. 특히 임신기간 동안 미세먼지 노출은 태반형태 변형, 태아 혈액공급 억제, 조산, 저체중아 출산 등 태아건강 및 임산부 건강에 영향을 미친다(Shah & Balkhair, 2010).

(4) 임산부의 정서적 상태

임신과 출산은 이미 양육하고 있는 자녀들의 수, 경제적 여건, 남편과의 관계, 그리고 정서적 성숙 정도 등과 같이 개인이 어떤 상황에 처해 있느냐에 따라 매우 다른 의미를 지니며 태교를 통해 태아에게 미치는 영향 또한 다르다. 특히 임신에 대한 기대감과 거부하는 태도가 교차하는 양면적 입장이 가장 흔하게 나타나는데 원하지 않는 임신이나 그 밖의 다양한 생활 스트레스로 불안이나 우울을 자주 경험할 경우 태아에게 부정적인 영향을 미칠 수 있다.

분노, 공포, 불안 등과 같은 정신적 스트레스는 유산 또는 조산과 난산의 가능성, 두뇌발달과 관계가 높으며, 출생 후 과잉행동 등 자녀의 행동이나 성격문제에 관련이 있다. 임산부가 장기간 스트레스를 경험하면 약물복용이나 음주 및 흡연을 할 가능성이 높아지고, 영양섭취에 소홀하게 되므로 태아에게 추가적인 부정적 영향을 주게 된다. 따라서 임신기간 불안과 스트레스를 최소화할 수 있도록 노력을 기울여야 한다.

3) 사회복지실천에의 적용

생물학적 문제는 임산부의 연령이 매우 많거나 적은 것, 습관성 유산경험이 있거나 유전적 결함이 있는 자녀를 출산한 경우, 만성질환, 약물사용이나 중독 등으로, 태아와 임산부의 건강을 위협할 경우 보건의료서비스를 받을 수 있도록 정보제공 및 교육, 철저한 의료적 진단이 이루어져야 할 것이다. 자발적으로 자녀를 갖지 않는 부부가 증가하고 있으나 불임 및 난임은 스트레스, 가족갈등, 이혼으로까지 영향을 미칠 수 있다. 따라서 자녀를 갖고자 하는 부부의 불임, 난임 문제를 해결할 수 있는 경제적, 의료적 지원에 관한 정보를 제공하며 부부가 서로 지지할 수 있도록 도와야 한다.

심리적 문제는 의도하지 않은 임신에 대한 정서적 혼란, 임신과 출산의 과정에 대한 지식 부족, 부모로서의 준비와 책임을 받아들이는 것이 매우 어렵고 부적합하게 느껴지는 것 등이다. 아기를 갖는 것은 삶에서 매우 중요한 사건이며 가능한 많은 정보와 정서적 지지를 필요로 한다. 그러나 때때로 임신은 계획되지 않는 상태에서 일어나며 이것은 임신에 필요한 지식의 결핍으로 이어진다. 그러므로 가족과 친척, 친구들과 같은 지지적 관계망을 활성화시키고 이들로부터 동원할 수 있는 정보와 지지를 확보하는 것이 필요하다. 또한 임신기간에는 많은 육체적, 정서적 변화가 일어나며 이러한 변화에 잘 적응하도록 해야 한다(이인정 외, 2012). 특히, 청소년기의 임신, 성폭력에 의한 임신 등은 출산 여부의 결정, 학업, 출산 후의 양육 등 결혼으로 인한 임신보다 더 복잡한 문제를 동반하므로 클라이언트 및 가족과의 상담 및 자원연계에 더 적극적이어야 한다.

사회적 문제는 임신기간 중 영양공급 부족, 병원 정기검진 소홀, 열악한 주거환경, 과다한 노동, 가정폭력 등과 같은 태아를 위한 환경의 열악성을 들 수 있다. 따라서 빈곤층 및 청소년층의 임산부를 위한 재정적 지원과 위생적인 주거환경을 갖출 수 있도록 개입해야 하며, 특히 직장여성의 과도한 업무 부담으로 인한 스트레스는 정상적인 태아발달을 저해할 수 있으므로 사회적으로 모성보호, 일가정양립을 위한 제도가 확고히 실행될 수 있도록 정비해야 할 것이다.

2. 영아기

1) 신생아

신생아는 태어나서 1개월간의 아기를 말하며 이 시기는 기본적인 생물학적 반사반응만으로 주위에 적응하는 시기이다.

(1) 신체적 발달

신생아의 평균 신장은 남아 49.9cm, 여아 49.1cm 정도로 첫돌이 될 때는 출생 시의 1.5배가 되고 두 돌 무렵에는 86~87cm로 성인 키의 1/2 정도 된다. 체중은 3.2~3.3kg 정도이며 12개월이 되었을 때 8.9~9.6kg 정도가 된다(질병관리본부, 2017).

신생아의 뇌발달은 매우 빠르게 진행된다. 출생 시 350g 정도인 뇌는 성인의 25%에 불과하지만 6개월경에는 50%, 첫돌 무렵에는 800g이 되어 성인 뇌 무게 1,350g의 60%에 이른다. 다른 신체기관에 비해 두뇌발달은 출생 초기가 결정적 시기로 이 시기 동안 충분한 영양을 뇌에 공급해야 한다.

신생아의 두개골은 완전히 형성되지 않아서 정수리에 6개의 숫구멍이 있는데 두 개는 눈으로 관찰이 가능하다. 출생 후 뼈 조직이 급속히 발달하면서 두개골의 전방에 있는 대천문은 생후 16~18개월경에 밀폐된다. 후방에 있는 소천문은 생후 6~8개월경이 되면 밀폐되고 두 돌이 되기 전에 모든 숫구멍이 밀폐된다(정옥분, 2018a).

신생아의 맥박은 1분에 120~160회 정도로 빠르고 불규칙하다. 신생아는 출생 후 첫 울음을 통하여 공기가 폐로 들어가면서 비로소 산소의 독립적 흡입이 가능하고 동시에 폐순환도 시작되는데 1분당 33~45회 정도의 불규칙적인 복식호흡을 한다. 만약 호흡조절과 관련된 뇌기능에 이상이 있는 경우에는 호흡반사를 의식적이고 자발적인 호흡으로 대체하지 못하여, 1,000명당 1~3명의 영아에게서 나타나는 영아돌연사 증후군(sudden infant death syndrome)의 희생양이 될 수도 있다(권중돈, 2014).

신생아의 신체적 움직임은 출생 직후부터 나타나는 일련의 무의식적 반사운동으로 이루어진다. 반사운동은 신생아가 환경에 적응하고 생존하기 위해 필요한 생존반사와 환경적 적응과는 관계가 없고 진화의 흔적인 원시반사로 나누어진다. 주로 척수 및 뇌간의 성숙도에 의한 원시적 또는 비생존반사는 대뇌피질이 발달하면서 수정과 협응을 통한 고차원적인 운동단계로 대치된다. 환경적 적응을 위해 쓰일 필요가 없는 반사들은 생후 약 1년 이내에 사라지는데 이들은 영아들의 중추신경계의 정상적인 발달을 평가하기 위해서 쓰이기도 한다. 중추신경계에 결함이 있으면 특정반사가 사라져야 할 시기에 사라지지 않는다. 대표적인 신생아기 반사운동들은 다음과 같다(최경숙, 송하나, 2010; 오창순 외, 2015).

〈표 2-1〉 신생아기의 반사운동

반사운동 유형		내용
생존반사	젖찾기반사	탐색반사/근원반사. 입 부근에 부드러운 자극을 주면 자극이 있는 쪽으로 입을 벌리는 반사운동
	빨기반사	입에 닿는 것은 무엇이든 빠는 반사운동. 음식을 받아 먹을 수 있는 능력 촉진
	연하(삼키기)반사	음식물을 삼키는 반사운동
원시반사	바빈스키반사	발가락을 펴고 오므리는 반사운동. 생후 1년경에 사라짐
	발바닥반사	발바닥의 볼록 나온 부분을 누르면 모든 발가락을 발바닥을 향해 구부림. 생후 8~9개월에 사라짐
	모로반사	경악반사. 큰소리가 나면 팔과 다리를 쫙 펴면서 고개를 뒤로 젖힌 후 껴안는 행동. 생후 3~4개월에 사라짐
	파악반사	손바닥반사. 손에 잡힌 것을 쥐고 놓지 않으려는 반사운동. 생후 1개월 동안 증가하고 3~4개월에 사라짐
	걸음마반사	걷기반사. 발을 바닥에 대고 들어주면 걷는 행동을 보이는 반사

(2) 감각의 발달

신생아는 출생 직후부터 감각적 탐색을 통하여 자신의 주변 환경과 접촉을 시작한다. 그리고 이러한 감각적 경험을 통하여 사물을 판단하고 적응능력을 기르게 된다. 신생아에게 감각기관의 장애가 있을 때에는 지적 발달의 지연이 나타날 가능성이 높다.

시각은 출생 후 2일이 되면 동공반사를 할 수 있게 되며 생후 하루가 지나면 눈꺼풀과 안구가 활발하게 움직이고, 2~3일이 지나면 움직이는 물체를 눈으로 추적할 수 있다. 응시와 깊이 지각에 필요한 눈의 협응과 집중작용은 출생 시부터 발달하기 시작하여 생후 7, 8주 무렵이면 완성된다(정은, 2014). 신생아는 15일이 지나면 색채식별이 가능하며 흰색, 황색, 녹색, 적색, 청색의 순으로 반응을 보인다.

청각기관은 출생 후 이틀간은 귓속에 양수 등 점액질이 있기 때문에 청각반응을 잘 나타내지 않지만, 3~4일이 지나면 소리에 조금씩 반응을 보이기 시작한다. 출생 후 4주가 되면 어머니의 음성을 식별할 수 있게 된다.

미각은 생후 2주일이 경과하면 맛의 차이에 대한 반응을 보이는데 단맛을 선호하며, 쓰거나 신 것은 내뱉고 얼굴을 찡그린다.

후각은 출생 직후에는 완전하지 못하지만 첫 주가 지나면 어머니의 젖 냄새를 맡을 수 있으며, 자극적인 냄새로 코를 자극시키면 반응을 보인다. 촉각은 신체의 모든 부위에 발달되어 있으며 특히 손과 입의 감각이 예민하다(권중돈, 2014).

(3) 사회적 발달

신생아는 태내발달을 통하여 최소한의 생존능력을 갖추긴 하지만, 출산 이후의 비보호적인 환경에서 생존하기 위해서는 어머니의 모성애적 보호가 절대적으로 필요하다. 안정된 모성보호가 이루어지면 신생아는 자신의 긴장상태를 해결해주고 만족을 가져다주는 모성인물에 대해 기본적인 신뢰감을 형성할 수 있게 될 것이다. 만약 불안정하고 불규칙적인 모성보호가 이루어지게 되면, 신생아는 기본적으로 타인을 불신하고 이후의 사회화 과정에도 부정적 영향을 미치게 된다(권중돈,

2014).

신생아의 사회적 관계는 울음과 미소반응을 통하여 표현된다. 신생아의 울음은 생리적인 불편함을 부모에게 알리는 신호이며, 이에 대한 부모의 적절한 대처가 신뢰감 형성에 중요하다. 신생아의 울음은 폐의 용량을 증가시키고 심장과 호흡계의 활동을 강화시켜 주므로 신체발달을 위해서도 매우 중요하다. 울음소리에 따라서 건강상태를 파악할 수 있는데 신체 문제가 있을 때는 찌르는 듯한 불쾌한 울음소리를 낸다(오창순 외, 2015).

신생아는 생후 1개월 전에는 아무 의미 없이 웃는 반사적 미소 반응을 보이지만, 생후 5주부터는 눈앞에 보이는 사람의 얼굴표정에 반응하여 따라 웃는 사회적 미소를 보이고, 생후 4개월경이 되면 미소반응이 분화되어 상황에 따라 웃음의 정도가 달라진다(권중돈, 2014).

(4) 사회복지실천에의 적용

신생아의 발달은 출생 후 주위 환경에 따라 영향을 받지만 신생아의 출생도 부모 및 가족에게 큰 영향을 미치며 가족 전체의 역동을 변화시킨다. 대부분의 부부들은 아기 양육에 몰두하느라 서로 간의 관계를 소홀히 하게 되어 시간이 흐르면서 결혼만족도가 낮아진다. 특히 신생아의 건강상태와 타고난 기질은 부모의 양육방법 및 태도에 영향을 미치게 되고, 결국 부부 및 가족관계의 변화를 가져오게 한다. 기질적으로 까다로운 아기들은 부모의 관심을 더 필요로 하므로 부모들은 양육 스트레스로 인해 부부간의 갈등이 생기거나 관계가 소원해질 수 있다(오창순 외, 2015).

미숙아나 선천성 장애아 등 신체적으로 취약한 경우 부모의 양육스트레스는 가중된다. 대다수의 부모는 매우 실망하고 당황하게 되며, 자신들의 인생 전체에 대한 위기감을 느끼게 된다. 또한 분만 후 며칠 또는 길게는 수개월 동안 산모가 우울증을 겪는 경우가 많은데 이는 호르몬의 변화와 정신적 부담감의 복합적인 작용으로 발생한다.

클라이언트에게 이러한 문제가 있는 경우 사회복지사는 신생아의 특성, 부모역할의 중요성, 인간발달과정 등에 대한 교육을 제공하고, 부부상담 및 가족상담을 통해 가족 전체가 신생아의 등장에 적응하여 새로운 가족구조를 만들어가도록 지원하여야 한다(Urdang, 2008; 오창순 외, 2015). 산후우울증은 임신 기간 중 불안이나 우울을 경험하거나 주변 사람 및 사회로부터 격리되어 있거나 정서적 · 육체적으로 지지해 줄 수 있는 사람이 없는 등의 경우 위험이 높아질 수 있으며, 일상생활이 어려울 정도의 문제나 자살시도 등의 문제가 발생할 수 있으므로 본인과 가족들이 이러한 상태를 잘 이해하고 받아들이도록 도와주고 적절한 정신과 치료를 받도록 연계해 주어야 한다.

2) 영아기

영아기는 출생 직후부터 만 2세까지의 시기로 가장 급속하게 신체적, 심리적 발달이 이루어지는 시기이다. 특히 출생 후 첫 1년간은 뇌와 신체의 성장이 급속도로 이루어지므로 제1성장급등기(the first growth spurt)라고 하며, 주 양육자와의 신뢰관계를 형성함으로써 이후 대인관계 및 사회적 발달의 토대를 마련하게 되는 매우 중요한 시기이다.

(1) 신체적 발달

① 신체적 성장

질병관리본부(2018)의 소아청소년 성장도표(표 2-2 참조)에 따르면 신생아의 신장은 남아 49.9cm, 3.3kg, 여아 49.1cm, 체중 3.2kg으로, 생후 1년이 되었을 때 신장은 출생 시의 1.5배, 체중은 약 3배 정도 증가한다. 특히, 출생 후 첫 1년 동안에는 몸통이 가장 빠르게 성장하며, 출생 후 1년 후부터는 다리가 가장 빠른 속도로 성장한다. 출생 후 2년 차에는 성장속도가 다소 둔화되는데, 영아기가 끝나는 두 돌 무렵 영아의 신장은 1.7배, 체중은 약 4배 정도가 된다.

〈표 2-2〉 영아기의 성장도표

월령	남아		여아	
	신장(cm)	체중(kg)	신장(cm)	체중(kg)
신생아	49.9	3.3	49.1	3.2
3개월	61.4	6.4	59.8	5.8
6개월	67.6	7.9	65.7	7.3
12개월	75.7	9.6	74.0	8.9
18개월	82.3	10.9	80.7	10.2
24개월	87.1	12.2	85.7	11.5

출처: 질병관리본부(2018), 2017 소아청소년 성장도표.

② 치아 발달

인간의 치아는 20개의 유치와 32개의 영구치로 형성되는데, 유치는 영아기에 거의 완성되며, 만 6세경이 되면 유치가 빠지고 영구치가 나기 시작한다. 유치는 태내기부터 잇몸 속에서 형성되기 시작하여 생후 6개월경에 아래 앞니부터 젖니가 나기 시작한다. 1년이 되면 6~8개의 앞니가 나고, 24~30개월이 되면 20개의 유치가 모두 나서 성인이 먹는 음식을 대부분 잘 먹을 수 있게 된다(오창순 외, 2015).

③ 운동능력 발달

영아기의 운동발달은 신체성장, 뼈와 근육의 성장, 신경계의 성숙의 결과로 획득된다. 운동기능은 특정 운동에 사용되는 근육과 신체부위에 따라 대근육 운동과 소근육 운동으로 구분된다. 대근육 운동은 큰 근육을 사용해 움직이는 것으로 걷기, 달리기, 뛰기, 공던지기, 계단 오르내리기 등이 포함된다(권중돈, 2014).

영아는 출생 후 1년 반 정도가 지나면 혼자서 걸어 다닐 정도로 대근육 운동이 발달하게 된다. 영아의 대략적인 운동발달단계는 엎드린 상태에서 가슴 들기(2개월), 몸 뒤집기(3개월), 받쳐주면 앉기(6개월), 붙잡고 서기(7개월), 기기(10개월), 붙잡고 걷기(11개월), 혼자서 걷기(12개월), 도움을 받아 계단 오르기(17개월), 달리기

(24개월)의 순으로 발달한다.

소근육 발달은 주로 손, 손가락, 팔 등의 움직임과 관련된다. 물체를 쥐고 그림을 그리고 글씨를 쓰는 능력이 모두 소근육의 발달을 통해 가능해진다. 생후 3~4개월에는 손으로 물체를 쥘 수 있으며, 5~6개월 정도가 되면 팔을 뻗어 장난감을 잡을 수 있고, 8~9개월경에는 자기에게 던져지는 물건을 잡으려 하지만 놓치는 경우가 많다. 그리고 10개월 정도가 되면 엄지와 집게손가락으로 물체를 잡을 수 있고, 첫돌이 지나면 자기에게 던져지는 물건을 제대로 잡을 수 있게 된다. 15개월이 되면 집게로 작은 물건을 집을 수 있으며, 18개월이 되면 펜을 잡고 끄적거릴 수 있게 된다(장휘숙, 2000; 오창순 외, 2015). 영아기 운동발달의 순서와 시기는 영아의 성숙수준 및 환경적 조건에 따라 차이가 있으며 운동능력이 발달함에 따라 다양한 환경과의 접촉을 통하여 자발적 탐색이 가능하다.

(2) 심리적 발달

① 뇌의 발달

뇌의 발달은 태내기와 마찬가지로 영아기 동안에도 매우 빠른 속도로 진행된다. 출생 시 영아의 뇌무게는 성인 뇌의 1/4정도인 300~400g이지만 생후 6개월경에는 성인 뇌 무게의 50%가 되며, 2세경에는 75%, 5세경에는 90% 정도에 이르게 된다.

뇌의 각 부위별 발달 시기는 각기 다른데, 출생 시에 이미 반사운동과 소화, 호흡, 수면, 배설 등의 생물학적 기능을 담당하는 뇌간과 중뇌는 이미 완전한 기능을 한다. 생후 6개월경에는 대뇌피질부위의 운동영역과 감각영역의 발달이 본격화되면서 반사운동이 사라지고 의도적인 운동이 나타나게 된다. 2세경에는 운동영역과 감각영역을 관장하는 뇌의 발달수준이 비슷해지며 감각영역과 운동영역을 통합하는 뇌의 발달은 보다 늦게 이루어지고, 언어생성영역과 문제해결영역은 아동기 그리고 청소년까지 계속적으로 발달한다(권중돈, 2014). 따라서 이 시기 동안 충분한 영양을 뇌에 공급할 수 있도록 하고 적절한 자극을 주는 것이 필요하다. 만약 충분한 영양을 제공받지 못한 경우 뇌의 신경세포 수나 크기, 구조의 형성에 부정적인 영향이 가게 되며, 발달장애나 뇌 손상을 초래할 수 있다. 또한 환경에서 풍부한 자극을 제공받아야 뇌의 발달이 더욱 정교해질 수 있다(김윤정, 2015).

② **감각의 발달**

뇌의 발달로 이루어지는 감각 및 지각의 발달은 2세경이 되면 운동발달과 유사한 수준에 이르게 된다. 감각은 감각세포가 외부의 자극을 뇌로 전달하는 과정으로 빛이나 소리에 반응하고, 맛과 냄새를 느끼며 아픔을 느끼는 것 등을 의미한다.

영아의 청각은 출생 후 2주 정도가 지나면 사람의 목소리와 다른 소리를 구분할 수 있고 3주경에는 낯선 사람이나 부모의 목소리에 민감하게 반응하며, 생후 2~3개월이 되면 유사한 음을 구별할 수 있게 되어 어머니의 익숙한 목소리를 지각할 수 있다. 생후 4~6개월이 되면 소리 나는 방향을 정확하게 파악할 수 있다. 그리고 생후 1년 정도가 되면 작은 소리에도 예민하게 반응하고 소리의 높낮이도 구분할 수 있게 된다.

시각은 인간의 감각 중에서 가장 늦게 발달한다. 신생아는 시각이 발달되지 않은 상태에서 태어나는데 생후 1~2주가 지나면 물체에 시선을 고정시킬 수 있게 되고 6주경에는 물체를 따라 눈을 움직이며, 2~3개월이 되면 색채를 구별할 수 있게 되어 색채를 근거로 물건을 구분할 수 있으며, 4~5개월 정도가 되면 시각조절 능력이 성인 수준에 도달한다. 그리고 생후 1년이 되면 사람의 얼굴 표정을 지각할 수 있게 되며 시력이 1.0에 가까워진다.

영아기의 시 · 지각 발달의 가장 대표적인 측면은 형태지각과 깊이지각의 발달이다. 영아는 전체보다는 부분을, 정지된 것보다는 움직이는 물체를, 흑백보다는 컬러를, 직선보다는 곡선을 선호하며, 단순한 도형보다는 좀 더 복잡한 도형을, 다른 사물보다는 인간의 얼굴 그 중에서도 눈을 가장 선호하는 것으로 알려져 있다. 이러한 형태지각의 발달로 인하여 1~2개월경에는 사람 얼굴의 윤곽을 지각할 수 있으며, 2개월이 되면 눈, 코, 입을 구분하고, 6개월경에는 낯익은 얼굴과 낯선 얼굴, 남녀의 얼굴을 구별할 수 있게 된다(정옥분, 2018a).

후각과 미각은 출생 초기부터 다른 감각에 비해 상당히 발달되어 있으며, 생후 1주일 정도가 지나면 어머니의 젖 냄새를 구분할 수 있으며 단맛이 나는 향기에는 얼굴을 향기가 나는 쪽으로 돌리는 반응을 보인다. 미각은 태내에서도 어느 정도 기능을 하며, 출생 직후에도 여러 가지 맛을 구분하는 것이 가능하다. 생후 2~3개월경에는 특정한 맛에 대한 기호가 발달하고, 4개월이 되면 싫어하던 짠맛을 좋아하기 시작하며, 생후 2년이 지나면 미각이 매우 예민해진다. 촉각은 출생 시에 입술과 혀를 제외하고는 그다지 발달되어 있지 않지만, 6개월이 지나면 촉감으로 주위의 물체를 탐색하기 시작한다.

③ **인지발달**

인지란 인간의 정신적, 지적능력으로 사고, 기억, 추론, 문제해결 및 창조 등의 모든 정신활동을 포함한다. 인지발달은 생태적인 반사운동에 의해 얻어지는 초기의 감각적 경험으로 시작하여 반복적으로 보고, 듣고, 느끼는 자극과 반응의 순환적 과정을 통해 세상을 탐색하고 이해하고 적응하면서 정해진 단계에 따라 순서대로 거쳐 가며 이루어진다.

영아기에는 인지발달이 급격하게 이루어지는데 반사능력만을 갖고 태어난 신생아는 점점 목적의식을 갖고 행동하는 존재로 바뀌게 된다. 즉 영아는 자극에 자동적으로 반응하는 '반사적 유기체'에서 점차 자신의 행동을 통제할 수 있고 사고할 수 있는 '생각하는 유기체'로 발달하게 된다(정옥분, 2018a).

언어가 발달하지 않은 영아는 지각과 환경탐색을 통하여 개념형성의 기초를 구축하며, 운동기능이 활발해짐에 따라 세상을 이해하고 조작하기 위한 감각운동유형이 복잡해진다. 영아기에 발달하는 감각운동지능 중의 가장 중요한 발달은 '울면 우유를 준다'와 같은 현상들 간의 인과관계를 이해하는 것이다.

영아는 반복적 경험과 실험을 통하여 이러한 현상들 간의 예언적 관계를 학습하게 되는데 피아제는 영아기의 인지발달을 감각운동기로 정의하고 6단계로 구분한다.

첫 번째 단계는 출생 후부터 1개월까지의 반사운동기로 특정자극과 반사적 행동을 연결시킴으로써 외부 환경에 적응한다. 두 번째 단계는 생후 1~4개월까지로 1차 순환반응기이다. 영아가 어떤 행동을 하여 흥미로운 결과를 얻었을 때 이를 다시 얻기 위해 같은 행동을 반복하고 그 대상의 요구에 따라 반응을 수정해 간다. 세 번째는 생후 4~8개월까지로 2차 순환반응기이다. 활동 자체의 흥미가 아니라 환경 내의 변화에 흥미를 갖고 활동을 반복하며, 자신의 행동에 대한 결과를 예측할 수 있게 되므로 자신의 욕구충족을 위해 의도적으로 행동을 한다. 네 번째는 생후 8~12개월까지의 2차 도식 협응단계로, 원하는 목적을 달성해 내는 문제해결단계에 도달하는데 이때는 새로운 목적을 달성하기 위해서 익숙한 행동을 사용할 수 있으며, 영아의 행동은 의도적이고 목적적이다. 다섯 번째는 생후 12~18개월경까지의 3차 순환반응단계이다. 친숙한 행동으로 목표를 성취할 수 없을 때 목적 달성을 위해서 자신의 행동을 수정해 보는 새로운 수단의 실험단계로, 도식 자체가 크게 변화하게 되고 능동적으로 새로운 수단을 발견할 수 있게 된다. 마지막 단계는 통찰기로 생후 18~24개월까지이다. 이 단계에서는 행동을 하기 전에 사고를 하여 행동결과를 예측하며 수단과 목적의 관계에 대한 정신적 조작이 가능해진다.

영아기의 또 다른 중요한 인지적 발달은 대상영속성(object permanence)을 습득하는 것이다. 대상영속성은 어떤 대상이 눈앞에서 사라진다 해도 그것이 계속 존재한다고 믿는 것이다. 4개월 이전에는 자기 외부에 존재하는 사물을 인식하지 못한다. 즉 대상영속성이 발달하지 않아 자신의 눈앞에 있는 장난감을 치우거나 어머니가 사라지면 더 이상 존재하지 않는다고 여기게 되어 찾으려 하지 않는다. 4~8개월이 되면 차츰 대상영속성을 이해하게 되면서 눈앞에서 없어지면 계속해서 찾으며 떼를 쓰고 울게 되나 12개월경에는 눈앞에서 물건을 감추면 찾아내지만 물건을 다른 곳으로 옮기면 존재하지 않는 것으로 간주하여 더 이상 찾지 않게 된다. 2세 정도가 되면 물건이 다른 곳으로 이동했음을 이해하고 계속 다른 곳을 찾아보게 된다(오창순 외, 2015). 대상영속성의 개념을 이해하게 되면서 영아는 눈앞에 자신이 볼 수 있는 것에만 전적으로 의존하던 것에서 벗어날 수 있으며 어머니가 자리를 비우더라도 다시 돌아올 것이라는 믿음을 갖는다.

④ 정서발달

인간의 정서는 출생 직후부터 발달하기 시작하여 영유아기 동안 대부분의 정서가 분화되는데 혐오, 분노 등의 부정적 정서가 애정, 즐거움 등의 긍정적 정서보다 빨리 발달한다. 2개월경에는 불쾌감이 분화되고 이를 울음 등을 통하여 표현하고 즐거움은 미소를 짓는 방법으로 표현할 수 있게 된다. 3개월이 되면 놀람, 슬픔, 분노의 감정이 분화되며 5~6개월이 되면 혐오감과 공포감이 나타나고 분노 표현 강도도 증가한다. 12개월이 되면 의기양양 그리고 부모(성인)에 대한 애정이 더욱 강해지고 18개월에는 아동에 대한 애정과 질투의 감정이 나타나며, 19개월경에는 환희의 감정이 나타난다. 만 2세가 되면 성인에게 나타나는 거의 모든 감정을 보여주게 된다(오창순 외, 2015).

이러한 감정의 표현뿐 아니라 정서를 이해하고 규제하는 능력 또한 발달하게 된다. 6개월 된 영아는 행복해서 미소 짓는 얼굴과 찡그린 얼굴을 구분할 수 있을 뿐만 아니라 타인의 정서에도 영향을 받게 된다. 8~10개월 된 영아는 낯선 상황에서 어머니의 얼굴표정 등을 단서로 그 상황이 안전한지 위험한지 해석해 내고 그것을 참조로 자신의 행동을 조절한다. 18개월 정도가 지나면 영아는 부정적인 정서를 숨길 수 있게 되고 3세가 되면 자신의 감정을 더 잘 숨길 수 있게 된다.

영아기의 정서발달 전반에 주 양육자가 미치는 영향은 매우 중요하여 지속성과 일관성을 가지고 아이의 욕구에 민감하게 반응할 뿐 아니라 적절한 자극을 제공하고 보호해야 한다. 만약 주 양육자가 아이를 심리적으로 거부하거나 장기간 부재할 경우 성인기가 되어 우울증을 앓게 될 위험이 높아진다.

⑤ 언어발달

언어는 생각과 감정을 표현하는 의사소통 도구로 영아기의 언어발달은 인지발달 및 사회성 발달과 밀접한 관련성을 지니고 있어 매우 중요한 발달과업이다. 영아는 울음, 표정, 몸짓 등과 같은 비언어적 행동을 통하여 의사소통을 하며, 첫돌 무렵 다른 사람이 알아들을 수 있는 단어를 사용하기 시작한다.

영아들은 3개월부터 옹알이를 시작하고 5~6개월이 되면 엄마를 '엄~', '마마~'라고 하는 등 단어의 음절을 소리 낼 수 있게 된다. 그리고 8개월 정도가 되면 모음과 자음이 반복되고 억양이 명확해진다. 12개월 정도가 되면 '엄마', '아빠'와 같은 한 단어를 사용하며, '네', '아니오'로 답할 수 있다. 만 1세가 지나면서 영아가 사용하는 단어의 수는 점차 증가한다. 특히 18개월에서 24개월 사이에는 어휘 획득 속도가 놀라울 정도로 빨라진다. 16~18개월경에는 50개 정도의 단어를 사용하게 되며, 두 단어를 사용하기 시작한다. 24개월경이 되면 50개 이상의 단어를 사용할 수 있으며, 두 개 이상의 단어로 구성된 구절을 자발적으로 만들어 내고 의사소통 행동이 증가하고 언어에 대한 흥미가 높아진다. 그리고 30개월 정도가 되면 두세 단어 이상의 언어를 사용하고, 자신의 이름을 사용하는 등 수식어와 접속어의 사용이 늘게 된다.

영아기 언어발달의 특징은 자기중심적인 언어를 사용하며 상대방의 입장을 이해할 수 있는 능력이 없기 때문에 반복, 독백 등을 사용한다. 언어는 지적능력과 마찬가지로 주위환경에서 주어지는 다양한 경험에 따라 발달하므로 부모가 아동에게 적절한 자극을 제공하면 언어발달이 보다 촉진될 수 있다. 언어발달은 개인차가 있으며, 성별, 가정환경, 가족형태 등에 영향을 받는다.

(3) 사회성 발달

영아의 사회성 발달의 기본적 원천은 기질과 주 양육자와의 애착관계 형성으로 이를 통해 자아개념 및 성격발달의 기초를 형성한다.

① 기질

기질(temperance)이란 한 개인의 행동양식과 정서적 반응유형을 의미하는 것으로 활동수준, 사회성, 과민성과 같은 특성을 포함한다. 영아의 경우 성격 대신 기질이라는 용어를 사용하는데 기질연구가들은 기질은 타고난 것으로 유전의 영향을 많이 받는다고 믿고 있으며, 심지어는 성인기까지 지속된다고 믿기도 한다. 하지만 영아의 기질형성에는 부모, 특히 주 양육자인 어머니와의 관계가 중요한 영향을 미친다.

기질에 대한 뉴욕종단연구(NYLS : New York Longitudinal Study)는 영아를 대상으로 관찰과 면접, 다양한 심리검사를 통해 영아의 기질을 순한(easy), 까다로운(difficult), 반응이 느린(slow to warm up)의 세 유형으로 구분했다. 전체의 40%를 차지하는 순한 영아는 행복하게 잠을 자고 일어나고, 장난감을 가지고 혼자서도 잘 놀며, 개방적이고 순응적이며 미소를 잘 지으며 일상생활에서도 비교적 규칙적이다. 반면 전체의 10%인 까다로운 아이는 쉽게 울고 보채며 낯가림이 심하고, 욕구좌절 상황에서 부정적인 기분을 강하게 드러내고 불규칙적이며 예측이 어렵고 변화에 적응이 느리다. 전체의 15%를 차지하는 반응이 느린 영아는 낯선 사람이나 사물에 부정적인 반응을 보이며 새로운 자극에 회피적이지만 기회가 주어지면 조금씩 흥미를 보인다. 나머지 35% 정도의 영아는 세 유형으로 구분하기 어려웠다.

영아의 기질은 주 양육자와의 관계에 영향을 미치며, 영아의 발달은 자신의 타고난 기질과 그를 사회화시키는 사람의 기질 간의 상호작용의 산물로 양육자는 영아의 기질을 잘 이해해야 한다. 무엇보다 성격형성에 중요한 영향을 미친다는 점에서 기질에 대한 이해는 양육자에게 필수적이다. 따라서 주 양육자는 영아의 타고난 잠재력을 잘 발휘할 수 있도록 풍부한 환경을 제공해야 한다.

부모의 양육태도와 영아의 기질은 상호영향을 미치게 되는데 까다로운 기질을 가진 영아의 부모는 자녀양육 시 과잉반응을 하는 경우가 많고, 강압적 통제를 많이 하는 경향이 있다(권중돈, 2014).

② 애착

애착(attachment)이란 한 개인이 어떤 특정한 사람에게 느끼는 강한 정서적 유대를 의미한다. 극히 소수의 선택적 대상들에게 집중적으로 형성되며 그 애착인물과 항상 가까이 있고 싶은 욕구를 갖는 것이다. 영아는 아버지와는 주로 놀이를 통해,

어머니와는 계속적인 상호작용을 통해 애착관계를 형성한다. 영아기 부모에게 애착을 경험하는 것은 후에 친근한 인간관계를 확립할 수 있는 능력의 기초가 된다.

영아는 부모, 그 중에서도 엄마로부터 따뜻함, 편안함, 자신을 돌봐주는 것, 그리고 여러 가지 자극들을 추구한다. 그러나 돌봐 주는 사람이 영아의 욕구에 적절히 반응하지 못하거나 거칠게 다룰 때 영아의 내부에서 환경에 대한 신뢰감에 의심이 생긴다. 그러므로 영아기에 불신의 형성은 육체적 그리고 심리적 편안함을 얻을 수 없는 데서 비롯되는 것이다.

할로(Harlow)와 짐머만(Zimmerman)은 원숭이에 대한 실험을 통해 수유보다는 접촉이 애착형성의 더 중요한 요인이라는 점을 발견하였다. 이런 결과에 근거해 볼 때, 인간에게 있어서도 수유가 애착형성의 결정적 요인이 아니며, 영아기의 신체접촉이 애착관계를 형성하는 데 더욱 중요한 요인임을 알 수 있다(정옥분, 2018a). 보울비(Bowlby)에 의해 최초로 개념화되고 에인스워스(Ainsworth)와 동료들에 의해 정교화된 애착이론은 영아기 애착형성을 4단계로 구분한다.

첫 단계는 출생 후부터 3개월까지로 영아는 빨기, 쳐다보기, 쥐기, 웃기, 응시하기 등을 통해 자신을 돌봐주는 사람의 형상을 기억하며 관계를 익혀 간다. 비사회적 단계로 아직 주양육자에 대한 친밀감을 드러내지는 않는다.

둘째 단계는 4개월에서 6개월경으로 영아는 어느 정도 애착이 형성되기 시작하여 어머니(주양육자)를 알아보고 어머니가 떠나면 싫어하지만 다른 사람이 대신 안아 주면 울음을 그치고 낯을 많이 가리지는 않는다. 그러나 낯선 사람보다는 친밀한 사람에게 더 반응을 보이며 6개월 전후가 되면 본격적으로 낯가림이 시작된다. 이 단계는 애착형성의 가장 결정적 시기이다.

셋째 단계는 6개월부터 만 2세 반 정도까지로 어머니와의 강한 애착이 형성되어 항상 어머니 가까이 있으려 하고 떠나면 강한 저항을 한다. 9개월경이 되면 부모와 분리되기 싫어하는 분리불안(separation anxiety)이 나타난다. 영아가 특정 인물과 애착관계를 형성했다는 증거는 낯가림과 분리불안을 통해 확인할 수 있다.

영아가 특정 인물과 애착을 형성하게 되면 낯선 사람이 다가오거나 낯선 사람에게 맡겨지게 되면 큰 소리로 우는 반응을 보인다. 이러한 낯가림은 6~8개월경에 나타나기 시작해서 첫돌 전후에 최고조에 달했다가 서서히 사라지게 된다. 낯가림은 낯선 사람 자체에 대한 호불호가 아니라 낯선 사람의 얼굴이 친숙한 주 양육자의 얼굴과 일치하지 하는 것에 대해 영아가 보이는 정서적 반응이다. 낯가림을 한다는 것은 변별할 수 있는 인지능력이 있다는 것이고 이는 주 양육자에 대한 애착이 형성되고 있다는 것을 의미한다.

낯가림이 낯선 사람의 접근에 대한 반응이라면, 분리불안은 친숙한 사람과의 분리에 대한 불안반응이다. 이러한 분리불안은 첫돌 무렵에 나타나기 시작하여 20~24개월경에 사라지게 된다. 안정된 애착이 형성되면 영아는 주 양육자에 대한 영상을 간직함으로써 그리고 자신에 대한 부모의 사랑을 기억함으로써 주 양육자와 떨어져 있는 동안 자신을 달랠 수 있게 된다.

3) 사회복지실천에서의 적용

(1) 신체적 발달 : 선천성 질병과 장애

영아기 신체적 발달과 관련한 가장 중요한 문제는 선천성 질병과 장애이다. 영아가 유전적 요인 및 출산과정상의 문제로 신체 내부기관의 결함, 선천적 질병 또는 신체적 장애를 갖고 있는 경우, 생존에 필요한 기능 수행에 어려움을 겪을 수 있으며 부모와의 상호작용에도 제약을 초래한다(권중돈, 2014).

장애를 가진 영아들은 여러 가지 자극에 대하여 정상적 아동들이 보이는 수준의 반응을 나타내지 못한다. 또한 출생할 때부터 분간할 수 있는 장애를 지닌 영아들은 가족에 큰 혼란을 초래하며 이에 적응하는 것이 가족성원들에게 매우 심각한 과제로 등장한다. 장애아를 출산한 산모는 영아를 거부, 회피하기 쉬우며 우울증에 걸릴 확률도 높고, 부부의 유대에 긴장을 가져오며 가족 내의 다른 자녀들에게도 다양한 문제를 일으킬 수 있다. 따라서 사회복지사는 선천성 질병이나 장애가 있는 영아들이 조기치료와 교육, 훈련을 받을 수 있는 정보 및 기회를 제공해 주어야 하며, 부모나 가족에 대한 지지적 서비스를 제공하여 부모의 고통과 가족 내의 갈등을 완화시켜 나가야 할 것이다(이인정 외, 2012).

(2) 심리적 발달 : 인지발달장애

감각 및 지각의 발달문제에 관심을 기울여야 한다. 영아의 경우 주 양육자와 촉각, 시각, 청각 등을 통하여 접촉하고 애착관계를 형성해 나가기 때문에 감각 및 지각 기능의 장애는 신체발달은 물론 심리사회적 발달에도 부정적 영향을 미치게 된다. 따라서 사회복지사는 영아가 감각 및 지각발달 정도에 대한 정확한 의료적 진단과 치료를 받을 수 있도록 의료기관에 의뢰할 수 있어야 하며, 주 양육자에게는 정서적 지지상담을 실시할 필요가 있다.

인지발달에서 평균 이하의 지적 기능과 적응행동상의 결함을 보이는 지적장애는 대표적인 문제이다. 지적장애는 유년기를 포함하는 발달 기간 중에 일어나며 명백한 평균 이하의 지적인 기능과 더불어 적응행동에서 나타나는 결함을 가리킨다. 인지적 측면에서 영아가 동년배들과 같은 속도로 개념이나 기능을 인지적으로 이해하지 못할 때 정신적 발달이 지체되었다고 말할 수 있다(이인정 외, 2012). 지적장애를 지닌 영아의 경우에는 조기치료와 훈련을 받을 수 있게 하여야 하며, 부모에게는 자조집단 참여 등 지지적 상담서비스를 제공하여야 한다. 그리고 언어발달장애를 갖고 있는 영아에 대해서는 의학적 진단을 통하여 언어발달지체의 원인을 정확히 밝혀내고 조기에 언어치료를 받을 수 있는 기회를 부여하여야 한다. 그리고 부모교육프로그램을 개설하여 영아의 인지 및 언어발달과 정서발달에 촉진적인 환경을 조성할 수 있는 기술을 교육할 필요가 있다(권중돈 외, 2014).

(3) 사회적 발달 : 애착결핍

애착형성은 학령기를 거쳐서 성인기의 대인관계에도 영향을 미치게 된다. 따뜻하고 일관성있는 보호에 의한 만족스럽고 안정된 애착을 형성하게 되면 아동은 자신이 소중하고 사랑받을 수 있는 인간이라는 자기이미지를 형성하게 되어 주위환경에 긍정적이고 합리적인 관점을 갖게 되고 스트레스에 대응하는 능력이 커지게 된다(Ashford et al., 2001; 오창순 외, 2015).

영아기에 애착을 확립하지 못하면 영아는 반응이 없고 언어발달이 늦으며 위축되고 주위 사람들에 무관심하며 불안한 관계를 형성하는 등의 문제를 보인다. 그리고 영아가 지속적으로 자신이 애착하는 대상으로부터 분리될 경우 심각한 심리적 손상이 초래된다(Bowlby, 1980; 이인정 외, 2012). 뿐만 아니라 영아기의 애착결핍은 이후 아동기, 청소년기에도 자부심, 인지적 발달, 사회적 적응 등에서 지장을 가져올 수 있다(Jacobson & Hofmann, 1997; 이인정 외, 2012). 따라서 주 양육자가 정서심리적인 문제를 겪고 있거나 나이가 어린 미혼모인 경우, 또는 맞벌이를 하거나 영아가 시설에 수용되어 있는 경우 등 아기의 양육과 보호에 일관성이 없는 위험이 있는 경우에는 영아가 부정적인 애착관계를 형성할 수 있으므로 그에 따른 교육과 상담 및 정보를 제공하도록 한다(Ashford et al., 2001; 오창순 외, 2015).

18~24개월에 나타나는 분리불안은 발달상 정상적인 것이므로 염려하지 않아도 되지만 그 이후에도 애착대상과 분리되는 것에 심하게 불안해하면 주의를 기울여야 한다. 특히 4주 이상 과도한 불안이 지속되는 경우는 분리불안 장애를 의심해 볼 수 있다. 예를 들면, 애착대상과 떨어져 있을 때 잠자기를 거부하거나 분리와 관련된 내용으로 반복적인 악몽을 꾼다. 또한 애착대상과의 분리가 예상될 때 두통이나 복통, 구토 등 반복적인 신체 증상을 호소한다. 이와 같은 분리불안 장애는 불안정한 애착형성 때문이기도 하며, 부적절한 가족관계 속에서 성장하게 될 경우 나타나는 것으로 알려져 있다(오은하, 1998; 김윤정, 2015 재인용). 따라서 분리불안 장애를 보이는 경우, 부모-자녀 관계와 함께 가족환경에 대한 고려가 반드시 필요하다.

연 습 문 제

1. 태내기에 관한 설명으로 옳지 않은 것은?
   ① 임산부의 연령이 16세 이하 또는 35세 이상일 경우, 태아의 선천성 결함 가능성이 높아진다.
   ② 정자의 X염색체와 난자가 만나 XX로 결합하면 여아가 태어나게 된다.
   ③ 다운증후군은 21번 염색체의 이상으로 나타난다.
   ④ 터너증후군은 47개의 염색체를 가지므로 남성에게 여성적인 성징이 나타난다.
   ⑤ 일반적으로 16~20주가 되면 임산부가 태동을 느낄 수 있다.

2. 신생아기의 반사운동의 유형과 특성으로 맞는 것은?
   ① 빨기반사 : 음식물을 삼키는 반사
   ② 모로반사 : 갑자기 목이 뒤로 젖혀질 때 팔을 벌리고 손가락을 쫙 펴며 목을 쭉 폈다가 가슴에 모으고 손을 꽉 쥐는 것
   ③ 파악반사 : 눈을 깜박거리는 반사
   ④ 바빈스키 반사 : 빠르게 무릎을 펴는 반사
   ⑤ 찾기반사 : 무엇이든지 빠는 반사

3. 일생 중 가장 빠른 속도로 성장, 발달하는 시기는?
   ① 태아기 ② 신생아기 ③ 유아기
   ④ 아동기 ⑤ 청년기

4. 태아에게 영향을 줄 수 있는 요인은?

가. 영양 나. 임신부의 연령 다. 흡연, 음주 라. 약물과 질병 마. 임신부의 혈액

   ① 가, 나, 다 ② 다, 라 ③ 다, 라, 마
   ④ 라 ⑤ 가, 나, 다, 라, 마

5. 태아의 발달과정 중 가장 먼저 발달하는 것은?
   ① 귀 ② 눈 ③ 다리
   ④ 심장 ⑤ 외부생식기

정답	1. ④ 2. ② 3. ① 4. ⑤ 5. ④

3 유아기와 아동기

1. 유아기

유아기의 연령을 세부적으로 구분하는 학자들도 있으나, 일반적으로는 만 2세 이후부터 만 6세 미만으로 정의한다. 이에 이 책에서는 영아기가 끝나는 시점부터 초등학교에 입학하기 전까지의 시기로 본다. 유아기는 발달의 전 영역에서 꾸준하게 성장한다. 신체적으로는 균형이 조금씩 잡히면서 대근육 운동기술이 크게 발달하고 소근육 운동이 점차 정교화된다. 또한 신체움직임이 활발해지면서 주변 환경을 적극적으로 탐색한다. 이러한 호기심은 발달을 자극하여 촉진하는 역할로 기능한다. 인지발달 측면에서는 언어적 상징을 적극적으로 사용하고 정서적으로 복잡한 감정을 표현할 줄 알게 된다. 유아기는 부모와의 정서적 안정감을 바탕으로 사회관계를 배워나가게 되며 인격의 기초가 되는 중요한 시기를 보내게 된다.

1) 신체발달

(1) 신장과 체중

유아기 신체발달은 영아기의 신체발달 속도와는 차이가 있으나 꾸준하게 성장한다는 점에서 차이가 있다. 가장 눈에 띄는 외형적인 변화는 신장과 체중이다. 신장은 매년 5~7cm 정도 증가하며, 6세가 되면 출생 시 신장의 2배 정도가 성장한다. 신체의 비율에서도 몸의 균형을 갖게 되는데 근육과 골격이 단단해지고 머리 크기는 작아지며 배가 들어가게 된다. 전체적으로 몸통과 팔 다리가 길어져 성인의 신체 비례에 가까워진다. 우리나라 유아의 성별에 따른 신장과 체중의 변화는 다소 차이가 있으나, 만4세 남아의 평균 신장은 103.1cm, 체중 16.8kg인 반면, 만4세 여아는 신장 101.9cm, 체중 16.3kg의 차이가 있다. 유아시기 동안 완만하게 성장이 이루어지고 있음을 알 수 있다. 유아기 신체발달은 개인차가 있으며 유전요인, 영양상태, 생활환경 조건 등에 의하여 성장에 영향을 받게 된다.

〈표 3-1〉 우리나라 유아의 신장과 체중

연령	남아		여아	
	표준신장(cm)	표준체중(kg)	표준신장(cm)	표준체중(kg)
만3세	96.5	14.7	95.4	14.2
만4세	103.1	16.8	101.9	16.3
만5세	109.6	19.0	108.4	18.4
만6세	115.9	21.3	114.7	20.7

출처: 질병관리본부(2018), 2017 소아청소년성장도표.

유아기는 신체적 변화뿐 아니라 뇌와 신경계의 발달이 빠르게 진행된다. 두미발달 원칙(머리가 먼저 발달되고 발 방향으로 진행됨)에 의해 뇌와 머리의 크기는 신체의 다른 어떤 부분보다 더 빨리 성장한다. 특히 5세의 뇌의 무게는 성인의 90%에 이른다(정옥분, 2018b). 종합적인 사고를 담당하는 전두엽이 가장 빠르게 성장하고 6세부터 사춘기까지는 측두엽과 두정엽이 빠르게 발달하게 된다. 유아기에는 신체, 인지, 언어, 사회정서의 발달영역이 세부적으로 발달하기 때문에 뇌 손상에 주의를 해야 한다. 아울러 유아기의 수면시간은 점차 줄어들게 되어 5세가 되면 9~10시간 정도의 잠을 자게 된다. 수면시간이 줄어들면서 잠자는 문제와 관련된 문제들이 주로 발생하는데 수면주기의 변화, 잠이 들기 전의 두려움, 악몽, 야뇨증 등의 경험이다.

(2) 운동발달

유아기에는 몸의 균형이 잡히면서 대근육 운동기술이 크게 발달하고 소근육 운동이 세부적으로 발달한다. 이러한 신체 균형을 기초로 하여 새로운 운동기술을 습득하게 된다. 대근육 운동기술은 달리기, 뛰기, 공 던지기, 자전거타기, 그네타기 등을 할 수 있다. 소근육 운동기술에는 혼자서 옷 입기, 단추를 벗거나 채우기, 크레용으로 색칠하기 등이 가능하다.

〈표 3-2〉 연령별 대근육 운동 발달의 특징

연령	대근육 발달의 특징	연령	대근육 발달의 특징
3세	• 율동적으로 잘 걷는다. • 몸을 뻣뻣하게 세우고 달린다. • 방향을 바꾸거나 갑자기 멈추는 것이 어렵다. • 두 발로 깡충 뛴다. • 장난감을 자동차에 올라타고 두 발로 민다. • 높은 곳에 올라갈 수 있지만 내려오지는 못한다. • 목표물을 향해 공을 던지는데 두 팔을 사용한다. • 발이나 몸은 움직이지 못한다.	4세	• 팔을 앞뒤고 흔들며 걷는다. • 직선 위를 잘 걷는다. • 유연하게 잘 달리고 출발과 정지를 잘 한다. • 두 발로 높이 뛰어오른다. • 세발자전거를 탈 수 있다. • 계단을 오를 때는 한 발로 차례차례 오르지만 내려올 때는 두 발을 모아서 내려온다. • 몸을 앞뒤로 흔들며 한쪽 팔로 공을 던진다.
5세	• 곡선 위를 걷는다. 평균대 위를 걷는다. • 빨리 잘 달리고 달리면서 방향을 바꿀 수 있다. • 깡충깡충 뛰면서 앞으로 나아간다. • 세발자전거를 빠르고 유연하게 잘 탄다. • 발을 번갈아 가면서 계단을 오르내린다. • 사다리, 정글짐, 미끄럼틀, 나무 등을 타고 오르내린다.	6세	• 성인처럼 걷는다. • 속력을 내서 잘 달린다. • 높이뛰기와 멀리뛰기를 할 수 있다. • 줄넘기를 할 수 있다. • 두발자전거를 탈 수도 있다. • 성인처럼 오르고 내린다. • 발을 앞으로 내밀고 팔을 쭉 뻗어 공을 던진다.

출처: 심성경 외(2010), 아동발달, 그림표 재구성, p.123.

2) 인지발달

유아기의 인지능력은 감각기능과 지각기능에 기초하여 발달한다. 감각은 주위 환경으로부터 오는 여러 가지 자극을 감각기관을 통해 단순히 받아들이는 수동적인 의미가 있다. 반면 지각은 외부로부터의 감각적인 자극을 선택적으로 받아들여서 조직하고 해석하는 능동적인 의미를 지닌다(Berk, 1994). 예를 들면, 유아의 주변에서 어떠한 소리가 났을 때 듣게 되는 것이 감각기능이고, 그 소리가 어떠한 소리인지를 분별하는 과정이 지각기능이라 할 수 있다. 이러한 감각과 지각의 기능이 상호 균형감을 갖고 발달함으로써 인지영역에도 큰 영향을 미친다. 즉 발달의 모든 영역은 서로 유기적으로 관련이 있으며 통합적으로 발달한다.

(1) 유아기 사고의 특징

유아기의 인지발달은 피아제의 전조작기 단계에 해당된다. 문제해결 과정에서 논리적인 조작이 어렵기 때문에 전조작기라고 부른다. 전조작기는 전개념적 사고와 직관적 사고로 구분한다. 먼저 전개념적 사고는 어떠한 사물에 대해 본질적인 속성을 완전히 이해하지 못하는 것을 말한다. 유아기 초반에는 전개념적 사고가 많으며 상징적 사고, 자기중심적 사고, 물활론적 사고 등으로 생각하게 된다. 반면 유아기 후반에는 직관적 사고를 하게 되는데 자신의 직관에 의존하여 사물을 이해하려는 경향이 생긴다. 직관적 사고는 보존개념, 유목화, 서열화 등을 이해하는데 어려움이 있다.

① 상징적 사고

유아기는 상상력의 사고가 풍부하기 때문에 어떠한 사물을 이해할 때 이러한 사고를 동원한다. 예를 들면, 소꿉놀이, 병원놀이 등의 가상놀이를 통해 상징적인 물건이나 역할을 이해하게 된다.

② 자기중심적 사고

자기중심적 사고란 다른 사람의 관점을 고려하지 못하고 자신의 입장에서만 바라보는 경향을 말한다. 이러한 사고는 인지적 발달과 사회적 발달을 통해 점차 감소하게 된다. 피아제(Piaget & Inhelder, 1956)는 유아기는 자기중심적 사고가 많다는 것을 세 산 모형실험을 통해 보여주고 있다.

> 산 모형을 만들어서 탁자 위에 놓는다. ㉠한 산의 정상에는 작은 집을, ㉡또 다른 산의 정상에는 십자가를 꽂아 놓았고, ㉢마지막 산의 정상에는 흰 눈으로 덮여있는 모습으로 만들어 놓았다. 그리고 유아로 하여금 산 모형 주위를 한 바퀴 돌아보도록 한 후 한 쪽 의자에는 a. 인형을 앉혀놓고 반대편 의자에는 b. 유아를 앉게 하였다. 이후 몇 개의 사진을 보여준 후 자신이 본 사진과 똑같은 산을 고르라고 하자 자신이 본 사진의 산을 잘 선택하였으나 인형이 본 사진도 자신이 본 것과 똑같은 산의 사진을 선택하였다.

피아제는 이 실험을 통해 유아가 타인의 관점을 이해하는데 어려움이 있다는 것을 발견한다. 이 실험연구는 많은 주목을 받았으나, 최근에는 세 산 모형실험을 비판하는 경향이 있다. 세 산 모형실험은 유아의 입장에서는 이해하기 힘든 실험설계라는 것이다. 즉 유아에게 인형, 동물, 병원놀이 등의 친숙한 물건으로 제시되었을 때 자기중심적 사고의 변화가 있었다(Cohen, 1983; Newcombe & Huttenlocher, 1992).

③ 물활론적 사고

물활론적 사고는 생명이 없는 사물이나 대상에게 생명을 부여하는 것을 말한다. 예를 들면, 해, 달, 별, 바다 등은 자신처럼 살아있으며 감정을 느끼고 생각할 수 있다고 믿는다. 유아기 초반에는 이러한 사고의 경향이 많으나 후반기에 갈수록 감소하게 된다. 반면에 이러한 견해에 대해 상반된 연구들이 있다. 유아기의 물활론적 사고는 자신에게 친숙하지 않은 대상일 경우에만 이러한 사고 경향성이 높았다(Richards & Siegler, 1986).

④ **보존개념**

유아기에는 사물의 본질에 대해 완전히 이해하지 못한다. 어떤 사물의 외형에 변화를 줄 때 그 속성은 바뀌지 않는다는 것을 이해하는데 어려움이 있다. 이러한 사고 경향을 알아보기 위해 양, 수, 길이, 무게, 부피 등의 보존개념 실험으로 알아볼 수 있다.

> 가장 유명한 실험은 양의 보존개념 실험이다. 유아가 보는 앞에서 두 개의 컵에 같은 양의 우유를 담는다. 그리고 어느 컵의 우유 양이 많은지 물어보면 두 개 컵 모두가 양이 같다고 대답한다. 이어서 넓이가 다른 컵에 우유를 부은 후 우유 양이 많은 컵을 선택하라고 지시한다. 유아는 긴 컵의 우유가 많다고 대답한다. 유아의 이러한 선택은 눈앞에 보이는 지각된 사물의 현상에만 집중하여 사고하기 때문이다.

⑤ **서열화, 유목화**

서열화의 개념은 유아에게 길이가 서로 다른 막대기를 주었을 때 짧은 막대기부터 긴 막대기 순서대로 나열할 수 있는지를 말한다. 유아기 초반에는 차례대로 나열하는 것에 어려움을 보이지만 5~6세가 되면 순서대로 나열할 수가 있다. 유목화의 개념은 같은 속성끼리 범주화할 수 있는 능력을 말한다. 예를 들면, 고양이, 강아지, 토끼 등이 동물이라는 개념으로 이해할 수 있는지를 말한다.

(2) 기억발달의 특징

유아기에는 영아기에 비해 기억능력이 크게 발달한다(Shaffer, 1999). 정보를 저장할 수 있는 기억용량의 증가, 정보를 체계적으로 저장하고 인출할 수 있는 기억전략의 발달이다. 또한 어떤 정보를 기억하는데 더 효과적으로 기억할 수 있을지를 아는 상위기억의 발달과 기존의 지식과 새로운 정보를 조합할 수 있는 인지능력이 발달하게 된다. 유아기의 기억발달은 개인의 인지능력과 직접 몸으로 체험하는 경험을 통해서 그리고 부모나 성인과의 관련 있는 대화 발전을 통해 기억능력이 향상된다.

3) 언어발달

유아기는 뇌 발달과 인지능력의 성장으로 인해 언어발달이 활발해진다. 단어의 수가 급격하게 증가되고 단어의 의미를 이해할 수 있으며 문장을 만들어 표현할 수 있게 된다. 문법과 문장체계가 발달하고 어휘력이 향상됨에 따라 기본적인 의사소통이 가능해진다. 특히 유아기 후기에는 자기중심적 언어가 줄어들고 점차 사회화된 언어를 사용하게 된다. 이러한 언어습득은 생물학적인 영향요인에 의해서, 양육자와 주변 환경의 언어자극에 의해서 강화된다. 언어발달이 향상되기 위해서는 아이가 자신의 욕구와 감정을 언어로 잘 표현할 수 있도록 지도해야 한다.

■ 언어발달의 특징

① 만 3세경에는 세 단어의 문장을 사용할 줄 알며 주로 비교, 소유, 과거형을 사용하여 표현한다. ② 만 4세경은 언어규칙에 점차 익숙해지고 5단어 이상의 긴 문장을 만들어 표현할 수 있다. ③ 만 5~6세경은 언어사용이나 이해가 활발해져서 보다 복잡한 문법의 형태를 사용할 수 있게 된다. 유아의 언어발달을 촉진시키는 것은 양육자의 민감한 반응과 충분한 언어자극이다. 유아의 언어가 미숙하다 할지라도 양육자의 풍부한 언어 표현력을 통해 어휘력을 향상시킬 수 있다. 함께 놀이를 하거나 책을 읽어 주는 언어적 자극 등이 좋은 모델이 될 수 있다.

4) 사회정서 발달

유아기는 인지발달로 인해 보다 복잡한 감정을 느끼거나 표현할 수 있게 된다.

영아기의 정서표현은 크게 울음, 미소 등으로 나타나지만, 유아기에는 공포, 부끄러움, 질투, 기쁨 등의 분화된 형태로 발달한다.

(1) 울음의 분화

유아기의 정서발달은 영아기의 울음, 미소 등의 일차정서를 바탕으로 배우면서 확장하게 된다. 예를 들면, 영아기 울음의 형태는 배고픔의 울음, 불쾌감의 울음, 고통스러움의 울음 등으로 욕구를 표현하여 타인의 반응을 이끌어낸다.

(2) 미소의 분화

다양한 미소의 형태는 타인과 상호작용하는 방법을 배우게 된다. 반사적 미소를 시작으로 사회적 미소와 선택적 미소를 알게 된다(Papalia & Olds, 1998). 반사적 미소는 유아의 중추신경계가 발달하는 과정에서 자동적으로 나타는 미소이다. 주로 잠잘 때 반사적 미소가 등장한다. 사회적 미소는 자신이 직접 상호작용하는 사람에게 관심을 보이는 반응이며, 선택적 미소는 자신이 선택하여 반응하는 미소의 형태이다.

(3) 다양한 정서표현

유아기는 영아기 정서발달을 기초로 발전하게 된다. 3~4세는 정서 표현이 좀 더 다양해지고 자신의 감정을 다루는 방법을 배우게 된다. 5~6세가 되면 자신의 감정을 감추거나 과장하는 방식을 알게 되고 불안의 상황을 인지하고 어떻게 대처해야 할지를 고민하게 된다. 유아기는 타인의 감정을 조금씩 이해하게 되고 자신의 감정을 적절히 조절해 나감으로써 사회관계를 유지해 나간다.

(4) 성역할 발달

유아기 후반 정도가 되면 자신의 성을 뚜렷하게 인식하게 되며 그에 따른 적합한 행동을 하게 된다. 동성 친구들과 어울려 놀거나 성에 어울리는 옷차림에도 관심을 갖는다. 본질적으로 내면화된 성의 개념과 더불어 부모를 비롯한 또래, 교사 등의 주변 환경을 통해 자연스럽게 성역할을 배운다.

① 4~6세의 연령

4세에는 고정화된 성역할에 대한 지식이 많아지면서 일반적인 여성의 역할과 남성의 역할이 있다고 믿는다(Taylor & Nguyen, 2004). 6세의 연령이 되면 개인의 생물학적인 성은 개인의 소망과 상관없이 변하지 않는다는 것을 인식한다(이숙재 외, 2013).

② 모델링의 효과

어린 나이일수록 부모의 역할모델을 통해 성 고정관념이 형성된다. 엄마는 주로 요리와 설거지를 하고, 아빠는 주로 자동차 청소와 물건을 고치는 역할을 하는 경우이다. 유아는 부모의 성역할을 통해 남자는 강하고 활동적이라고 인식하며, 여자는 섬세하고 가정적이라고 인식하게 된다. 그러나 현대 부모들은 가정 내에서 뚜렷한 성역할의 구분이 급속히 변화되고 있어서 유아의 성 고정관념이 과거보다 유연해지고 있다.

(5) 놀이활동

놀이는 유아의 사회성 발달에 중요한 영향을 미친다. 놀이를 설명하는 정신분석이론, 인지발달이론, 사회학습이론이 강조하는 측면은 다르지만 놀이가 유아의 사회성 발달에 중요한 역할을 한다는 데는 견해를 같이 한다.

① 관련 이론

정신분석이론에서는 놀이를 통해 심리적 갈등을 표출하거나 감정을 완화시켜 준다고 본다. 즉 유아기는 언어로 자신의 감정을 표현하는데 한계가 있으나 놀이를 통해서는 다양한 감정을 투사하게 된다. 사회학습이론에 의하면 관찰학습과 모방과정을 통해 사회적 기술을 습득하는 방법을 배운다. 인지발달이론은 놀이를 통해 새로운 개념을 습득하고 사고와 행동을 통합해 나가면서 문제해결 능력이 증가된다고 한다. 이처럼 유아기의 놀이활동은 모든 발달영역에서 중요하게 영향을 미친다.

② 놀이의 유형

유아기의 놀이 행태는 몰입되지 않은 놀이, 방관자적 놀이, 혼자 놀이, 평행 놀이, 연합 놀이, 협동 놀이 순으로 발달하게 된다(Berk, 1996). 몰입되지 않은 놀이와 방관자적 놀이는 혼자 놀이처럼 비사회적 놀이의 행태이며, 점차 평행 놀이라는 제한된 사회적인 활동으로 옮아간다. 마지막 놀이 발달단계는 연합 놀이, 협동 놀이 같은 사회적 상호작용의 행태로 참여하게 된다.

유아 놀이의 행태는 순서대로 나타나는 것은 아니며 인지발달과 사회성의 개인차에 따라 영향을 받는다. 특히 유아의 연령이 어릴수록 혼자 놀이가 많아지다가 연령이 높아질수록 자연스럽게 집단 놀이로 병행하는 것을 관찰할 수 있다.

유형	설명
몰입되지 않은 놀이	주변 환경에 호기심을 갖고는 있으나 한 곳에 머물면서 놀이에는 집중하지 못하는 경우
방관자적 놀이	다른 유아에게 관심을 갖고 상호작용을 시도하며 관찰을 하지만 놀이에는 적극적으로 참여하지 않는 경우
혼자 놀이	오랜 시간 동안 장난감을 가지고 혼자 놀이에 몰입하는 경우
병행 놀이	같은 공간에서 또래 유아와 같은 놀이를 하고 있으나, 혼자 놀이에만 집중하는 경우
연합 놀이	같은 유아들과 함께 상호작용을 함. 서로 어울리면서 장난감 교환과 관련된 말을 하면서 긴 시간 동안 연합하여 놀이하는 경우

[그림 3-1] 유아 놀이 유형

2. 유아기 문제와 사회복지실천

1) 반응성 애착장애

애착이란 유아가 양육자에게 느끼는 정서적 안정감을 말한다. 이러한 정서적 안정감은 사회적 · 정서적 발달에 기초가 된다.

(1) 애착유형

안정애착을 형성한 유아는 타인과의 관계 형성과 새로운 환경 상황에서 적응을 잘한다. 이러한 유아는 양육자로부터 따뜻한 보살핌을 받으며 성장했기 때문에 타인과 환경을 긍정적으로 바라본다. 반면 불안정 애착을 형성한 유아는 타인에게 거부당할지 모른다는 두려움, 예민함 등의 감정을 경험하며 타인과 환경을 신뢰하지 못한다. 이러한 유아는 양육자로부터 안정감을 제공받지 못했기 때문에 타인을 신뢰하지 못하고 부정적인 관점에서 바라본다. 유아는 애착인물과의 경험에 기초하여 환경을 바라보기 때문에 양육자와의 관계가 매우 중요하다.

(2) 애착장애

부모가 자녀의 욕구에 대해 민감하게 반응해 줄 때 안정된 애착을 형성하게 된다. 하지만 자녀의 욕구에 반응하지 않거나 보살핌에 무관심할 경우 애착과 관련된 정서적인 문제가 발생한다. 즉 양육의 결핍으로 인해 반응성 애착장애를 경험하는 문제이다. 반응성 애착장애란 주로 영유아기에 나타나며 양육자와의 애착문제로 인해 발달이 지연되는 현상을 말한다(APA, 2013).

(3) 애착장애의 특징

반응성 애착장애의 특징은 양육자에 대한 억제되고 감정적으로 위축된 행동양식을 말한다. 애착장애의 아동은 상황의 어려움에 처했을 때 애착의 대상자를 찾지 않거나 반응을 보이지 않는다. 또한 양육자와 상호작용하는 동안 긍정적인 감정표현이 부족하거나 아예 없는 경우이다. 아울러 타인과 관계를 맺는 능력이 현저하게 떨어짐으로 인해 사회성발달과 언어발달이 지연되는 특징으로 나타난다. 종단연구에 의하면 아동기에도 화를 잘 내고 불안해하며 충동적이고 쉽게 좌절하는 것으로 나타났다. 또한 낮은 자아존중감으로 인해 또래들로부터 괴롭힘의 대상이 되었으며 교사에게 관심을 얻기 위해 말썽을 일으키기도 하였다(Howes & Ritchie, 2002). 이처럼 불안정 애착으로 어려움을 보인 유아들은 성장기 동안에도 발달의 어려움을 갖는다.

(4) 양육환경

유아기에는 양육자의 보살핌 부족으로 반응성 애착장애가 발견되기도 한다. 유아시기 부모의 환경 특징을 살펴보면 양육기술의 부족, 맞벌이 부부의 경우 자녀를 질적으로 돌볼 수 있는 시간 부족, 산후 우울증, 부부관계 갈등, 기타 생활사건 등의 문제로 인해 자녀 보살핌에 문제가 발생한다. 특히 자녀가 기질적으로 민감한 경우에는 돌봄을 더 요구하기 때문에 양육스트레스가 증가된다. 이러한 측면에서 유아기 발달과 부모역할을 지원하는 서비스가 국가 차원에서 적극적으로 필요하다. 현재 우리나라는 반응성 애착장애 치료를 지원하는 정책으로 영유아건강검진, 영유아발달지원서비스 등 공공기관과 민간 차원에서 서비스가 이루어지고 있다. 영유아발달지원서비스는 영유아의 신체, 언어, 인지, 정서 발달을 예방하고 중재하는 서비스이다.

2) 자아통제, 공격성

(1) 자아통제

자아통제는 자신의 행동을 스스로 통제하고 유혹에 충동적으로 반응하지 않는 것을 말한다. 유아기에 획득해야 할 과제는 자신의 욕구를 지연하는 방법을 배워

나가는 것이다. 자아통제능력은 유아기를 시작으로 아동기까지 꾸준하게 증가한다(Neufeld, 2003).

① 발달의 문제

자아통제력이 부족한 유아는 사회성에 어려움을 보이며 분노, 공격성, 충동성 등의 행동으로 주변 사람들을 어렵게 한다. 유아시기에 자아를 통제하는 힘을 기를 경우 집중력, 대인관계, 사고능력이 향상되어 이후 발달에서도 긍정적인 영향을 미치게 된다.

② 부모의 양육태도

자아통제에 영향을 미치는 요인은 부모의 양육태도이다. 부모는 자녀와 많은 시간은 함께 보내면서 자녀의 발달에 큰 영향을 미친다. 부모는 유아에게 애정을 주는 것과 동시에 통제를 명확히 보여주어야 한다. 특히 바람직하지 못한 행동을 할 때 일관성 있는 양육태도를 보여줌으로써 아이가 통제를 내재화 할 수 있도록 해야 한다.

③ 유아의 기질

자아통제에 영향을 미치는 요인은 유아의 기질이다. 개인의 성격적인 기질로 인해 충동적이거나, 불안이 높을 경우 조절능력에 어려움이 따른다. 어린 연령에서 충동성을 보일 경우 자아를 통제하는 방법을 점진적으로 가르쳐 나가야 한다.

(2) 공격성

공격성은 자아통제능력과 밀접하게 관련이 있다. 유아기는 자아중심성으로 인해 자신의 욕구를 만족시키는 것에 일차적으로 목적을 둔다. 이에 자신이 원하는 것을 얻는데 실패할 경우 떼를 쓰며 울기, 고집 부리기, 소리 지르기 등의 행동으로 감정을 표출한다.

① **관련 이론**

정신분석이론에서는 공격성에 대해 자기를 보호하는 본능적 행동이라고 보는 반면, 욕구좌절이론에서는 욕구가 좌절된 상황에 의해 공격성이 유발된다고 본다. 사회학습이론에서는 공격성이 가정폭력, 미디어 매체, 친구관계 등에 의해 학습된다고 보았다. 그리고 유아기에는 본능적인 공격행동과 아울러 환경에 의해 더욱 강화되기 때문에 조절능력의 힘을 키워 나가야 한다.

② **공격성의 유형**

공격성은 도구적 공격성과 적대적 공격성으로 구분한다. 적대적 공격성은 다른 사람을 다치게 할 수 있는 언어적, 신체적 공격성이며 상대방을 밀치거나 때리는 행동, 소리 지르기 등으로 공격성을 표출하는 것이다. 도구적 공격성은 자신이 원하는 목표를 획득하기 위해 사용하는 공격성이다. 예를 들면, 자신이 원하는 물건을 갖기 위해 억지로 상대방의 물건을 빼앗으려 하거나 밀치는 행위 등을 말한다. 연령이 증가할수록 적대적인 공격성이 더 많이 나타나게 된다.

③ **공격성의 원인**

공격성의 근원은 개인의 생물학적 요인, 가족, 주변의 사회문화요인에 의해 영향을 받는다. 유아가 기질적으로 까다롭거나 주의력이 부족할 경우 공격성이 많아진다. 또한 부모의 강압적이고 무관심한 양육태도가 공격성을 높일 수 있으며, 또래폭력과 미디어 매체를 통해서도 공격성을 학습하게 한다. 부모가 유아기의 공격성을 간소화 하거나 무관심할 경우 아동기의 사회관계 및 정서적 발달에 부정적인 영향을 미치게 된다. 유아기에는 자신의 감정을 적절히 표현하거나 상대방의 반응을 효과적으로 이끌어내는데 기술이 부족하기 때문에 이에 따른 양육방법이 요구된다.

3) 미디어 과다 사용문제

미디어는 유아의 발달에 강한 영향을 미친다. 우리나라 대부분의 유아들은 텔레비전, 태블릿, 게임기, 컴퓨터, 스마트폰 기기 등을 이용하여 영상물을 본다. 유아들의 스마트폰 사용량이 갈수록 증가되고 있으며 직접 기기를 조작하는 능력도 연령이 더 빨라지고 있다. 요즈음 어디서나 흔히 볼 수 있는 광경은 부모와 함께 있을 때에도 아이들의 손에 스마트폰이 들려져 있다는 점이다.

(1) 스마트폰 사용량

최근 유아의 스마트폰 사용 문제로 인해 어려움을 보이는 사례가 많아짐에 따라 실태 조사에 유아의 연령을 포함하고 있다. 조사에 따르면, 유아가 스마트폰을 사용할 때 부모의 활동은 집안일을 하는 경우가 58%, 타인과 대화하고 있을 때가 55%, 휴식 중일 때가 51% 순으로 나타났다(과학기술정보통신부, 2017). 스마트폰을 과도하게 사용하는 유아를 분석해 볼 때 부모의 양육 부재 현상을 알 수 있다. 유아기는 신체활동이 많아지고 부모와의 직접적인 피드백을 통해 사회정서발달이 촉진된다. 하지만 부모들은 직접적인 양육을 미디어 매체로 대체하고 있다.

(2) 발달과의 관련성

유아가 미디어 환경에 과도하게 노출될 경우 수면주기, 집중력, 시력 저하, 충동성, 공격성 등의 발달에 부정적인 어려움이 따른다. 이러한 현상은 많은 연구에서 공통적으로 밝혀지고 있다. 미디어에서 나오는 강한 빛은 시력을 떨어뜨리며, 수면문제와도 연결된다. 깊은 수면을 취하지 못함으로 인해 분노와 짜증, 집중력 저하 등의 충동성과 공격성이 높아지게 하는 원인이 된다. 뇌의 불균형 현상으로 이어지면서 감정조절 능력과 의사소통 능력에 어려움을 주게 된다(신의진, 2013). 특히 스마트폰을 사용하여 미디어를 보는 문제는 연령이 어릴수록 발달에 많은 어려움을 준다.

(3) 양육환경

우리나라 만 3~9세의 스마트폰 이용률은 70%가 넘고 있으며, 대부분 부모의 의사결정에 의해서 인터넷을 사용하게 된다(디지털중독연구회, 2015). 유아기에는 주로 양육자에 의해 스마트폰 사용에 노출되는 경우가 많다. 부모가 자녀를 돌보면서 스마트폰 사용이 많아질 경우 자연스럽게 자녀의 스마트폰 사용을 허용하게 된다. 어떤 부모는 유아의 시선을 집중시키기 위해 스마트폰을 의도적으로 손에 쥐어주는 경우도 자주 목격된다. 영아기는 부모의 감독 아래 스마트폰이 경험되었다면, 유아기에는 부모의 보호가 느슨해지고 아이의 고집으로 인해 사용시간이 더 증가하게 된다.

(4) 예방

연령이 어릴수록 환경을 조절할 수 있는 능력이 부족하기 때문에 부모의 양육태도가 중요하다. 부모들은 자녀의 미디어 매체 이용에 대해 어떠한 관점을 가지고 양육해야 할지를 고민해야 한다. 영유아기의 스마트폰 사용문제를 가볍게 여길 경우 청소년기와 성인기의 중독 위험률을 높이는 원인으로 제공될 수 있다. 유아기에는 부모가 직접 비디어 매체를 올바로 선택하여 이용하는 습관을 조절해 주는 역할이 중요하다.

3. 아동기

아동기는 대체적으로 7세부터 12세 미만으로 초등학교 입학부터 졸업까지의 시기를 말한다. 아동기는 다양한 측면에서 발달의 변화를 경험하게 된다. 자아의 발달, 인지발달, 사회관계발달, 도덕성 등이 발달하게 된다. 즉 자기이해 증가와 상상력, 추리력, 판단력 등의 인지능력 향상이다. 아동기는 생활의 중심이 학교로 확대되면서 근면성이 발달하게 되고 사회관계 기술에 필요한 지식을 학습해나간다.

1) 신체발달

아동기는 급속한 신체발달이 이루어지지는 않으나 꾸준한 성장이 이루어진다. 유아기의 귀엽고 통통한 몸매에서 길쭉하고 날씬한 신체로 변화되면서 성인 모습처럼 보이기 시작한다. 아동 초기에는 여아가 남아보다 신체적 성숙이 조금 더 빠르지만 아동 후기에는 이러한 발달 양상이 역전되는 경향이 있다. 여아는 체지방이 많아지고 남아는 근육과 운동기술이 더 발달한다. 특히 신장과 체중의 변화로 인해 뼈와 근육이 발달하게 되어 성장통을 경험하기도 한다.

〈표 3-3〉 우리나라 아동의 신장과 체중

연령	남아		여아	
	표준신장(cm)	표준체중(kg)	표준신장(cm)	표준체중(kg)
만7세	122.1	24.2	120.8	23.4
만8세	127.9	27.5	126.7	26.6
만9세	133.4	31.3	132.6	30.2
만10세	138.8	35.5	139.1	34.4
만11세	144.7	40.2	145.8	39.1
만12세	151.4	45.4	151.7	43.7

출처: 2017 소아청소년성장도표, 보건복지부 질병관리본부.

우리나라 만 8세 남아의 평균 신장은 127.9cm, 체중이 27.5kg이며, 만 12세는 151.4cm, 체중이 45.4kg으로 나타났다. 만 8세 여아의 평균 신장은 126.7cm, 체중이 26.6kg이며, 만 12세의 경우는 151.7cm, 체중이 43.7kg으로 나타났다.

2) 운동발달

아동기는 대근육과 소근육의 운동기능이 보다 정교하고 유연하게 발달한다. 전속력으로 달리기, 점프하기, 높이뛰기, 공을 유연하게 다룰 수 있는 운동기술 능력이 발달한다. 이러한 운동기술은 신체의 민첩성, 균형감각, 유연성 등이 요구되는 능력이며 발달과정에서 개인차와 성별로 차이가 크게 나타난다.

(1) 성별차이

남아는 17세까지 운동능력이 계속적으로 발달하는 반면, 여아는 13세경에 최고조에 달하고 이후부터는 쇠퇴하거나 기존의 능력을 유지하게 된다(정옥분, 2018b). 남아는 여아에 비해 힘과 근력이 좋아져서 축구, 야구, 농구 등 대근육의 운동기술이 발달하게 된다. 여아는 몸의 유연성이 발달하여 체조, 무용, 수영 등 소근육의 운동기술이 더 우세해진다. 그리고 성인의 운동수준으로 자전거타기, 달리기, 줄넘기 등의 대근육 운동과 피아노 치기, 신발 끈 매기, 글씨를 안정되게 쓰기, 종이접기 등의 소근육 움직임이 활발해진다.

(2) 발달의 연관성

이러한 운동기능 발달은 사회성과 자아개념에도 영향을 미친다. 아동은 다양한 신체 운동과 놀이를 통하여 또래관계를 형성하거나 사회성 기술에 필요한 많은 경험을 쌓게 된다. 특히 남아는 자신의 운동기술 능력을 친구들과 비교하거나 인정받으려는 욕구가 강해지지만 이를 충족하지 못할 경우 위축될 수 있다.

3) 인지발달

아동기의 인지적 발달은 피아제가 정의한 구체적 조작기에 해당한다. 자기중심적인 사고 경향이 점차 사라지면서 구체적이고 논리적인 사고가 가능해진다. 그러나 아동기의 사고는 자신이 경험한 주관적인 세계에 한정해서 사고하기 때문에 추상적이고 가설적인 개념을 이해하는데 한계가 있다. 아동기의 인지발달 특징은 구체적으로 조작하여 사고할 수 있다는 점이다. 조작이란 주어진 정보를 특정한 목적을 위해 변형시키거나 관련된 사고로 통합하는 정신적 활동을 의미한다. 구체적 조작이 가능하기 위해서는 보존개념, 탈중심화, 서열화, 유목화 등의 개념 이해가 중요한데, 아동기에는 이러한 개념을 습득하게 된다(Berk, 1996).

(1) 구체적 조작기의 인지 특성

구체적 조작기의 인지 특성을 요약하여 정리하면 다음과 같다.

보존개념	물체의 모양이 바뀌어도 물질의 속성은 동일하다는 점을 인정한다.
탈중심화	어떠한 상황의 한 면에만 주의를 집중하지 않고 여러 측면을 한꺼번에 고려할 수 있다.
가역성	물질이 어떤 상태로 변화하였다가 다시 원래대로 되돌아갈 수 있다는 것을 이해한다.
위계적 유목화	물체를 여러 가지 특성에 따라 다양하게 나눌 수 있다는 것을 이해한다.
서열화	물체를 배열할 때 높이와 넓이 등의 기준으로 정해서 순서대로 배열하는 것을 이해한나.
전이적 추론	물체를 머릿속에서 서열화할 수 있으며 비교를 통해 인과관계를 추론할 수 있다.
공간적 추론	거리 보존개념을 이해할 수 있으며 거리와 시간, 속도 등의 관계를 이해한다.

[그림 3-2] 구체적 조작기 인지 특성

(2) 인지양식

인지양식이란 넓은 의미로는 개인이 환경에 대해 인식하고 반응하는 사고를 말한다. 좁은 의미는 정보를 처리하는 방법과 과제를 해결할 때 사용하는 인지전략으로 이해할 수 있다. 즉 문제를 해결해 나갈 때 개인이 주로 사용하는 인지전략으로 이러한 경향은 아동기부터 나타나기 시작한다. 예를 들면, 어떤 아동은 주어진 문제에 곧바로 답을 말하는가 하면, 또 다른 아동은 한참 생각한 후에 답을 말하기도 한다. 이러한 인지양식은 아동의 성격을 반영할 뿐만 아니라 주변 환경에 의해 영향을 받아 형성된 것이다. 아동기에는 수렴적 사고 및 확산적 사고, 장 의존성(field dependence), 장 독립성(field independence), 사려성과 충동성 등의 인지양식이 발달한다(Seifert et al., 1996).

① 수렴적 사고와 확산적 사고

수렴적 사고는 어떠한 문제를 해결하기 위해 다양한 해결책 가운데 가장 적합한 답을 찾으려고 생각하는 인식양식을 말한다. 확산적 사고는 문제를 해결하기 위해 한 가지 답에만 의존하지 않고 다양한 가능성을 열어놓고 답을 모색하는 사고를 말한다. 즉 유창성, 융통성, 독창성 등이 확산적 사고에 포함되는 사고능력이다.

② 장 의존성과 장 독립성

개인이 어떠한 사물을 인식할 때 전체적인 관점으로 지각하는 경우와 부분적으로 지각하는 경우의 사고과정을 가리킨다. 장 의존성의 인지양식은 사물을 둘러싼 전반적인 배경을 보며 문제를 해결해 나가지만, 장 독립성은 부분적으로 나눈 후 구체적으로 사고하는 경향이 높다.

③ 사려성과 충동성

사려성은 어떤 과제가 주어졌을 때 서둘러 답을 하지 않고 천천히 생각하면서 문제를 해결해 나가지만, 충동성은 즉각적인 반응을 보이기 때문에 실수가 많아진다. 이러한 인지양식은 자기통제와 깊은 관련성이 있는데 아동기 초반에 나타나기 시작하여 이후에도 이어지는 경우가 있다.

(3) 지능과 창의성

지능은 단일한 차원으로 구성되어 있기보다는 다양한 차원으로 이루어져 있다. 특히 아동기에는 개인 차원에서 더 우세한 지능영역이 창의력으로 발현되는 경우가 많으며 이러한 강점요인을 이해하고 개발하는 노력이 필요하다.

① 스턴버그이론

스턴버그(Sternberg, 1986)의 삼원지능이론에 의하면, 지능에는 구성적 지능, 경험적 지능, 상황적 지능의 요소로 구성되어 있다고 한다. ㉠ 구성적 지능은 정보를 얼마나 효율적으로 처리하는가와 관련된 일반적인 지능을 말한다. ㉡ 경험적 지능은 문제를 해결하는 데 이전 경험을 어떻게 사용할 수 있을지를 사고하는 능력을 의미한다. 즉 이전 경험을 바탕으로 이미 알고 있는 정보와 현재의 정보를 비교하여 문제를 해결해 나간다. ㉢ 상황적 지능이란 환경에 어떻게 대처하는지와 관련된 지능을 가리킨다. 실용적 지능을 말하며 이론적인 지식보다 일상생활에서 경험을 통해 배우게 되는 지식을 가리킨다.

② 가드너이론

가드너(Gardner, 1983)의 다중지능이론에 의하면 지능에는 다양한 차원의 지능이 있다고 보았으며 개인마다 강점의 지능이 있다고 말한다. ㉠ 언어능력은 문장의 뜻을 이해하고, 효과적으로 의사소통을 할 수 있는 능력, ㉡ 논리수학능력은 논리적인 사고와 수리능력, ㉢ 음악능력은 음악을 통하여 자기표현을 할 수 있고 소통할 수 있는 능력, ㉣ 공간능력은 사물의 입체적 공간관계를 이해할 수 있는 능력, ㉤ 신체운동능력은 운동신경이 민감하고 운동도구를 잘 다룰 수 있는 능력, ㉥ 대인관계능력은 타인의 감정과 상황에 공감할 줄 알며 돕는 것을 좋아하는 능력, ㉦ 자기이해능력은 자신의 감정을 잘 이해할 줄 알고 자신을 믿고 자기 가치를 실현시킬 수 있는 능력, ㉧ 자연주의적 지능은 자연을 잘 관찰하고 자연체계를 분류하고 이해하는 능력, ㉧ 실존지능은 인생의 목표 및 삶과 죽음과 같은 궁극적 문제를 고려할 수 있는 능력을 말한다.

(4) 인지와 도덕성

도덕성은 인지, 정서행동의 발달과 밀접하게 관련되어 있다. 아동기에는 도덕성이 본격적으로 발달하는 시기이다. 도덕성은 옳고 그름을 바르게 판단하고 사회관계에서 지켜야 할 규범과 질서를 지키는 행동을 말한다. 도덕성의 발달은 가까운 주변 환경을 통해 학습에 영향을 받고 점차 사회 문화 속에서 도덕성을 발달시켜 나간다. 콜버그(Kohlberg, 1976)는 아동의 도덕성은 크게 전 인습적 수준, 인습적 수준, 후 인습적 수준으로 구분되며 단계적으로 발달한다고 주장한다.

① 전 인습적 수준

전 인습적 수준의 아동은 도덕성의 기준이 아직 정해져 있지 않은 경우이다. 아직 규칙이 내면화되어 있지 않으므로 벌을 피하기 위해 혹은 보상을 받기 위해 외부에서 주어진 규칙을 따르는 수준이다.

② 인습적 수준

인습적 수준의 아동은 사회적 권위에 따른 기대 때문에 도덕성을 보다 내면화한다. 그리고 사회관습에 걸맞은 행동을 하는 것이 도덕적 행동이라 생각한다.

③ 후 인습적 수준

이 단계의 아동은 사회규범은 사회질서를 위해 만들어졌다고 이해하나 도덕성의 가치기준은 상황에 따라 다르게 적용될 수 있다는 점을 이해한다. 콜버그의 도덕성 발달은 1단계부터 6단계까지 순서대로 진행되는 것은 아니다. 도덕성은 개인의 인지적, 정서적 성숙에 따른 차이가 있으며 부모, 친구, 교사, 대중매체 등의 영향 요인에 의해 강화된다.

〈표 3-4〉 콜버그의 도덕성 발달단계

대분류	소분류		내용
전 인습적 수준	1단계	벌 또는 복종 지향의 도덕	한번 정해진 법은 바뀔 수 없으며, 권위자가 내려준 규칙이기에 이를 어겼을 때는 벌을 받는 것이 당연하다고 생각함
	2단계	목적과 상호교환 지향의 도덕	법은 절대적인 것이 아니며 목적과 상황에 따라 달라질 수 있다고 생각함
인습적 수준	3단계	착한 아이 지향의 도덕성	행위의 동기와 목적의 관점으로 생각하며 주변 사람들도 인정하게 되는 행동이라고 생각함
	4단계	법과 사회질서 지향의 도덕	사회질서가 유지되기 위해서는 법을 잘 지켜야 한다고 생각하며 예외적인 상황도 고려될 수 없다고 판단함
후 인습적 수준	5단계	사회계약 지향의 도덕	바람직하지 못한 법으로 인해 어려움에 직면해 있는 사람들이 많다면 민주적인 절차와 방법을 통해 법을 개정할 수도 있다고 생각함
	6단계	보편성 원리 지향의 도덕	법의 기능은 보편성의 원리에 입각해서 만들어진 것이므로 지켜야 한다고 생각함. 그러나 법이나 관습 등은 인간의 존엄성이 바탕이 되어야 한다는 개인의 가치 기준을 적용하여 사고하게 됨

출처: Kohlberg(1976), Moral stages and moralization.

4) 사회정서 발달

아동기에는 감수성이 풍부해지고 자신이 느끼는 감정을 보다 잘 표현할 수 있게 된다. 자신의 욕구를 지연하는 방법을 알거나 내적인 감정을 스스로 통제할 수도 있다. 이러한 능력은 타인과의 관계를 형성해 나가는데 있어서 중요한 요인이 된다. 자아중심성의 경향이 점차 사라지고 친사회적인 행동이 증가하게 된다. 친사회적인 행동이란 다른 사람의 입장에서 생각할 줄 아는 행동을 말한다. 일반적으로 친구관계에서 친사회적 행동이 나타나는데 어려운 친구를 도와주거나 배려하는 행위들이 해당된다.

(1) 경험확장과 정서발달

아동기는 타인의 감정을 이해하는 공감능력이 발달하게 되면서 유아기보다 풍부한 사회관계 기술을 사용하게 된다. 아동기는 가족 내에서 사회환경으로 활동범위가 확장되면서 보다 다양한 상황들을 경험하고 이로 인한 복잡한 정서를 경험하게 된다. 특히 가족이 어려운 상황에 놓여있을 경우 내적 갈등을 경험하거나, 학업성취에서 좌절을 경험할 때 비교의식과 열등감 등의 감정을 경험하기도 한다.

(2) 친구관계와 정서발달

아동기에 긍정적인 감정보다 부정적인 감정을 더 많이 경험할 경우 발달에 좋지 않은 영향을 미치게 된다. 아동기의 특정한 사회적 관계는 또래관계이다. 친구들과 소통하는 능력이 부족할 경우 갈등을 경험하거나, 집단 따돌림을 경험할 경우 우울, 불안, 위축 등의 감정을 경험하게 된다. 따라서 아동기에는 타인을 이해하는 공감능력을 발달시키고 친사회적 행동을 증가시키는 환경 여건이 중요하다.

(3) 성역할 발달

성역할은 자신이 속한 사회문화에서 성별에 따라 적합하다고 규정하거나 기대되는 행동양식, 태도, 가치관, 성격 등을 말한다. 일반적으로 유아기가 되면 남성과 여성에게 적절하다고 판단되는 성역할을 배우게 되고 자신이 남성 또는 여성인지를 지각하는 성 정체감을 키워 나가게 된다. 초등학교 저학년의 아이들은 남아는 신체적으로 힘이 더 세고 공격적이며, 여아는 언어적으로 공격적이라고 믿는다(Giles & Heyman, 2005). 대부분 초등학교 시기 동안 성역할에 대한 지식이 확장되고 성 고정관념이 형성된다.

① 성 고정관념

성역할 사회화는 가정을 비롯해 주변의 관찰과 모방 등을 통해서 학습하게 된다. 아동기에는 남자와 여자의 역할 구분을 명확히 이해하는데 이를 성역할 고정관념이라고 말한다. 성역할 고정관념은 남자와 여자는 성격 특성과 흥미, 행동측면에서 서로 다르다고 생각하는 신념이다. 예를 들면, 남자는 독립적, 경쟁적, 공격적, 사교적, 지배적인 특성을 갖고 있으나, 여자는 언어 표현이 풍부하고, 감정적이며, 예의바르고, 친절하고, 신중하다고 생각한다. 또한 남자는 활동적이고 진취적이기 때문에 사회 일을 더 잘하고, 여자는 차분하고 감성적이기 때문에 아이 돌보기와 가정 일을 더 잘한다고 생각한다.

② 성역할의 융통성

일반적으로 아동기에 성역할에 대한 고정관념이 형성되면 성역할의 융통성은 감소하게 된다. 성역할에 대한 융통적인 사고는 남자보다 여자가 더 높은 사고의 경향을 보인다. 바람직하지 않은 성 고정관념은 성별에 따른 역할 수행을 당연한 것으로 여기거나 기대하기 때문에 갈등이 발생한다. 또한 성별에 따라 역할을 제한함으로써 개인의 잠재된 능력을 발휘하는 데 방해요인이 된다. 현대사회는 성역할의 융통성이 요구되기 때문에 보다 어린 연령의 시기에 사고의 유연성을 훈련하는 것이 필요하다.

(4) 자아존중감

아동기에는 가정생활 중심에서 학교생활로 확대되면서 자아존중감의 변화를 경험하게 된다. 자아존중감은 아동의 사회정서발달에 많은 영향을 미치게 된다. 자아존중감이란 자신의 신체적 외모, 공부, 친구관계, 운동 등에 대해서 얼마나 능력이 있다고 생각하는지에 대한 자기인식을 말한다. 자아존중감은 유아기일 때가 가장 높고 초등학교에 입학하는 시기부터 자아존중감이 다소 낮아지는 경향이 있다. 또래와 자신을 비교하면서 자신을 평가하기 시작한다. 이러한 비교는 대부분 친구관계, 교사관계, 학업에서의 성공과 실패 경험을 하게 되면서 자신의 능력을 이해하고 평가한다.

① 자아존중감의 중요성

자아존중감의 기반은 아동기에 완성된다고 한다. 자아존중감이 높은 아동은 자신감과 긍정적인 사고로 인해 스트레스 상황을 극복하는 힘으로 발휘된다. 반면 자아존중감이 낮을 경우 자신을 믿지 못하거나 부정적인 사고 경향이 높아져 스트레스 상황을 극복하는 데 어려움을 겪는다. 아동기에는 부모로부터 점차 독립되어 가는 환경 속에서 스스로 문제를 해결해 나가야 하는 상황에 놓이게 되는데 이때 자신의 자아존중감 여부가 중요한 영향을 미친다.

② 자아존중감과 부모의 양육태도

아동의 자아존중감은 부모의 양육태도에 의해 가장 크게 영향을 받는다. 타인이 자신의 능력을 어떻게 보는지 보다 자신에게 중요한 사람이 자신을 어떻게 평가하는지가 더 중요한 시기이다. 즉 타인의 평가(친구, 성적 등)에 의해 자신에게 실망했으나 부모의 사랑과 지지를 받는 경우 다시 자존감을 회복하게 된다. 이처럼 자신에게 중요한 사람으로부터 좋은 평가를 받았을 때 자신을 괜찮은 사람으로 인식하게 되는 것이다. 따라서 안정되고 따뜻한 분위기 속에서 성장한 아동일수록 자아존중감이 건강하게 발달한다. 반면에 부모로부터 애정과 보살핌을 잘 받지 못한 아동의 경우 부모를 신뢰하지 못하기 때문에 자신과 환경을 믿지 못한다. 아동기에는 자신의 능력을 긍정적으로 인식하고 개발해 나가는 중요한 시기이다.

(5) 성취동기와 자기효능감

에릭슨은 아동기에 성취해야 할 발달과업은 근면성이라고 보았다. 아동기에 근면성이 잘 발달할 경우 청소년기의 발달에 영향을 미치게 된다. 아동기는 학교 교육과정을 통해 기본적인 근면성을 발달하게 되는데 학업의 성공과 실패 경험이 중요해진다. 특히 자신에게 중요한 선생님의 칭찬과 보상을 통해 근면성이 발달하는 동기로 작용한다. 아동기는 친구관계나 학업의 과제들을 성공적으로 잘 해결해 나감으로써 성취감을 느끼며, 이러한 경험이 바탕이 되어 자기효능감의 발달로 이어지게 된다. 자기효능감은 어떤 과제를 해결할 때 자신의 능력을 믿고 잘 할 것으로 기대하는 신념을 말한다. 성공경험이 많아질수록 자기효능감이 높아지며 이후 청소년기 발달에도 영향을 미친다. 자기효능감이 잘 발달할수록 긍정적인 사회관계뿐 아니라 자신의 목표를 달성하기 위해 충동적인 욕구를 조절할 수 있는 힘이 된다.

(6) 또래와의 관계

이 시기의 아동은 또래와의 상호작용을 통해서 자신을 새롭게 지각하게 된다. 친구들과 함께 보내는 시간이 길어짐에 따라 또래집단의 행동기준이나 태도, 가치관 등을 배우게 된다. 자신과 비슷한 성격, 외모, 운동기술, 학업 성적, 취미활동 등의 호감 정도에 따라 친한 친구 정도가 정해진다. 초등학교 저학년의 경우 유치원 친구 또는 부모 간의 교류는 그 자녀 간에 친구를 선택하는 경향이 많다. 고학년일 경우 자신과 성격이 비슷하거나 취미, 미래 꿈, 리더십 등의 호감 정도에 의해 친구를 선택하게 된다.

① 아동기 친구관계 특징

아동기는 주로 동성 친구와 어울리며, 이성 친구에 대해서는 관심을 두지 않는다. 특히 마음이 맞는 친구관계를 통해 자신들만의 특별한 우정관계를 만들어 가기도 한다. 초등학교 고학년 시기에는 집단을 만들어 어울려 행동하기를 좋아한다. 또래집단과의 상호작용은 소속감과 애착의 감정을 느끼게 해주며 사회적 기술을 학습하는 기회가 되기도 한다. 부적절한 친구관계는 또래 괴롭힘에 참여하거나 비행 행동에 노출되는 기회가 많아진다는 점이다. 건전하지 못한 친구관계는 비행과 반사회적인 행동을 학습하게 되어 일탈행동의 영향 요인이 된다. 성숙이 빠른 고학년일수록 자아가 불안정하여 친구들의 반응에 민감하다. 친구들이 자신을 어떻게 평가하는지에 따라 자신의 능력과 자아를 다르게 인식한다.

② 아동기 친구관계 유형

아동기 친구관계는 "어떤 친구를 제일 좋아하는가", "어떤 친구를 제일 싫어하는가", "생일에 누구를 초대하고 싶은가" 등의 질문을 통해 유형을 파악해 볼 수 있다(East, 1991).

유형	설명
인기아동	인기아동은 친구들 사이에서 가장 인기 있으며 신체적인 매력, 운동기술, 공부를 잘하고, 사교적이며 지도력이 있는 아동이다. 이 유형은 교사, 친구와 관계가 좋고 주변에 다양한 친구들을 많이 알고 지낸다.
보통의 아동	보통의 아동은 대부분이 이 유형에 속한다. 친구들이 특별히 좋아하지도 특별히 싫어하지도 않으며 친구들과 원만하게 지내는 경우이다.
고립아동	고립아동은 소심하고 위축된 성격으로 인해 우울, 불안 등의 내적인 어려움을 갖고 있다. 이 아동은 친구들에게 거의 눈에 띄지 않는 아동이며 스스로 존재감을 드러내지 않는다.
거부아동	친구들에게 공격적이고 교실분위기를 어렵게 하는 유형이다. 이 아동은 정서적으로 불안정하고 충동적인 행동문제가 많아 교사와 친구들에게 자주 지적을 받는다.
혼합형 아동	좋아하는 친구가 많거나, 싫어하는 친구도 많은 혼합형이다. 예민하고 신경증적인 면이 있으나 자기주장이 강하고 리더십이 많다는 점에서 친구들이 좋아하거나 싫어하는 경우이다.

[그림 3-3] 친구관계 유형

친구관계를 잘 형성하기 위해서는 일차적으로는 부모와의 안정된 애착형성이 중요하다. 부모와 애착이 잘 형성된 아동들은 어떻게 상호관계를 맺어야 하는지를 이해하고 있다. 즉 갈등상황에서 자신의 의견을 표현하거나 감정을 어떻게 통제하게 되는지를 배우게 된다. 반면 친구들로부터 거부당하는 아동은 가정에서 자신의 의견과 감정을 자주 무시당하고 어떻게 의사소통을 해야 하는지를 배우지 못했다. 친구들과 친해지고는 싶으나 어떻게 표현하고 행동해야 하는지를 모르기 때문에 공격행동으로 표출한다.

(7) 친사회적 행동

친사회적 행동이란 자기중심적 사고에서 벗어나 타인의 관점에서 생각하고 행동하려는 경향을 말한다. 타인의 사고와 감정을 깊이 이해할수록 이타적인 행동을 하게 된다. 아동기에는 타인의 관점에서 바라볼 수 있는 공감능력이 가능해지면서 사회적 기술도 발달한다. 유아기부터 친사회적 행동을 하게 되지만 아동기에는 타인과의 관계를 통해 배우면서 발달한다는 차이가 있다. 친사회적인 행동에 영향을 미치는 요인은 아동의 사회적 기술능력, 현재 환경 상황요인, 부모요인에 의해 발달하게 된다.

〈표 3-5〉 아동의 친사회적 행동에 영향을 미치는 요인

범주	유형	친사회적 행동이 증가하는 경우
사회적 기술	• 조망수용 • 감정이입 • 도덕적 추론	• 아동이 타인의 관점을 수용할 때 • 아동이 타인의 정서를 느낄 수 있을 때 • 아동이 도덕적인 원칙에 근거하여 의사결정을 할 수 있을 때
상황적 영향	• 책임감 • 유능감 • 기분 • 이타주의 비용	• 아동이 도움이 필요한 사람에 대해 책임감을 느낄 때 • 아동이 타인을 도울 능력이 있다고 느낄 때 • 아동이 행복하고 즐거운 기분에 있을 때 • 이타주의적 행동을 하더라도 비용이 적을 때 • 자신이 특별히 좋아하지 않은 간식을 친구에게 양보하기
부모의 영향	• 모델링 • 훈육 • 기회	• 부모가 친사회적으로 행동할 때 • 부모와 도덕성에 대한 추론늘 할 때 • 가정 내 뿐 아니라 다른 곳에서 돕는 기회를 자주 가질 때

출처: Robert(2007), Children and Their Development.

아동의 친사회적 발달은 가정환경 요인에서 크게 영향을 받는다. 부모의 모델링을 통해 행동을 모방하고 학습한다. 부모가 타인에게 관심을 기울이는 모습을 지켜보거나, 부모와 이와 관련된 주제로 피드백이 많을수록, 그리고 직접 친사회적인 행동 기회를 가질수록 친사회적 행동이 발달하게 된다. 특히 가족 모두가 타인을 돕고 협동할 수 있는 기회를 자주 가질수록 좋은 영향요인이 된다.

4. 아동기 문제와 사회복지실천

1) 아동학대

아동학대란 보호자를 포함한 성인이 아동에게 신체적 학대, 정신적 학대, 성적 학대와 유기 및 방임을 하는 것을 말한다. 아동학대를 경험하게 되면 외상의 흔적이 남게 되어 발달과정 동안 고통을 겪게 된다. 성인이 되어서도 우울증, 자살시도, 자해행동, 대인관계 문제, 알코올중독 등으로 이어진다(Righthand et al., 2003). 이처럼 어린 연령의 학대경험은 발달에 심각한 손상을 주게 되어 발달과정 동안 정서적, 행동적인 문제들의 원인이 된다.

(1) 아동학대 원인

아동학대는 복합적인 원인요인에 의해서 발생한다. 학대 행위자의 개인적 요인, 가족 스트레스 요인, 사회문화적 요인, 아동의 개인적 특징의 관련요인이다. 아동학대 가해자는 대부분 부모인 경우가 많다. 부모가 어린 시절 학대경험이 있거나, 알코올중독 문제, 자녀의 욕구에 대한 이해 부족 등으로 인해 학대를 하는 경우이다. 또한 부모가 오랜 시간 빈곤과 실업의 문제로 경제적, 정신적 스트레스를 경험할 경우 학대행위가 발생한다. 아울러 체벌에 대해 허용적일수록 자녀 학대를 합리화하게 되며, 자녀가 신체적, 정신석 상애를 가진 경우 양육의 어려움을 주게 되어 학대를 하게 된다. 이처럼 아동학대 현상은 개인의 특성과 아동을 둘러싸고 있는 주변 환경과 역동적 관계를 고려하여 접근할 필요가 있다. 아동학대 유형에 따른 구체적인 행위는 다음과 같다(중앙아동보호전문기관).

(2) 학대의 유형

① 신체학대 : 신체학대는 ㉠ 직접적으로 신체에 가해지는 행위(손, 발 등으로 때림), ㉡ 꼬집고 물어뜯는 행위, 조르고 비트는 행위, 할퀴는 행위 등, ㉢ 도구

를 사용하여 신체를 가해하는 행위(도구로 때림, 흉기 및 뾰족한 도구로 찌름 등), ㉣ 유해한 물질로 신체를 가해하는 행위(화학물질 혹은 약물 등으로 신체에 상해를 입히는 행위), ㉤ 화상을 입히는 행위 등, ㉥ 완력을 사용하여 신체를 위협하는 행위(강하게 흔듦, 떠밀고 움켜잡음, 벽에 밀어붙임, 물에 빠뜨림 등)이다.

② 정서학대 : 정서학대는 ㉠ 원망적 · 거부적 · 적대적 또는 경멸적인 언어폭력, ㉡ 잠을 재우지 않는 것, ㉢ 발가벗겨 내쫓는 행위, ㉣ 형제나 친구 등과 비교 · 차별 · 편애하는 행위, ㉥ 가족 내에서 왕따 시키는 행위, ㉦ 아동이 가정폭력을 목격하도록 하는 행위 등이다.

③ 성적학대 : 성적학대는 ㉠ 자신의 성적만족을 위해 아동을 관찰하거나 아동에게 성적인 노출을 하는 행위, ㉡ 옷을 벗기거나 벗겨서 관찰하는 등의 관음적 행위, ㉣ 성관계 장면을 노출, 나체 및 성기노출, ㉤ 자위행위 노출 및 강요, ㉥ 음란물을 노출하는 행위 등, ㉦ 아동을 성적으로 추행하는 행위, ㉧ 아동에게 유사성행위를 하는 행위 등이다.

④ 방임 : 방임은 ㉠ 기본적인 의식주를 제공하지 않는 행위, ㉡ 불결한 환경이나 위험한 상태에 아동을 방치하는 행위, ㉢ 아동의 출생신고를 하지 않는 행위, ㉣ 보호자가 아동을 가정 내 두고 가출한 경우, ㉥ 교육적 방임은 보호자가 아동을 특별한 사유 없이 학교를 보내지 않고 방치하는 행위 등이다.

대체적으로 신체학대, 정서학대, 방임학대는 보호자에 의한 학대가 가장 많고, 성적 학대는 성인에 의한 학대가 많다. 피해아동에 대한 개입은 통합적인 관점에서 치료가 이루어져야만 효과적이다. 가장 중요한 개입은 개인치료와 가족을 포함하는 접근이다. 개별치료는 피해아동의 특수한 욕구와 발달수준을 사정하여 도움을 주는 것과 부모에 대한 개입을 상담과 교육과정에 포함시키고 있다. 아동학대

문제에 개입할 경우 전문적인 지식과 기술이 요구된다. 현재 아동학대 서비스지원은 대표적으로 아동보호전문기관, 해바라기센터 등이 있다.

2) 주의력결핍 과잉행동장애와 특정학습장애

(1) 주의력결핍 과잉행동장애

주의력결핍 과잉행동장애(ADHD)는 아동기에 시작된다. 필수증상은 발달을 저해하는 지속적인 양상의 부주의, 과잉행동, 충동성이다. 부주의는 행동적 측면에서 과제를 수행하지 않고 돌아다니기, 인내심 부족, 지속적으로 집중의 어려움, 무질서함과 같은 모습으로 발현된다. 과잉행동은 과도한 신체활동(여기저기 뛰어다님)과 수다스러운 말 등과 연관된다. 또한 충동성은 신중함 없이 순간적으로 행동(차도로 뛰어들기)하거나 즉흥적인 말 등으로 나타난다(APA, 2013).

① 발현의 경로

최근 주의력결핍 과잉행동장애를 경험하는 아동이 증가하고 있다. 조기에 치료하지 않을 경우 청소년기의 발달에서 어려움을 더 겪는다. 주의력과 과잉행동이 본격적으로 증가되는 시기는 초등학교에 입학한 이후이다. 학교수업에 어려움을 갖거나 친구관계 문제가 두드러지면서 문제 상황으로 인식한다. 학년이 높아질수록 공부의 양이 많아지고 친구들과 갈등이 빈번해질수록 스트레스를 더 경험하게 된다. 특히 학업을 따라가지 못할 경우 특수학급에서 공부하거나 학업을 조기에 중단하는 사례가 많아지고 있다. 치료가 되지 못할 경우 성인이 되어서도 품행장애, 반사회성장애, 기분장애, 불안장애, 섭식장애, 중독 등으로 어려움을 겪기도 한다(Barkley, 2006; Biederman et al., 2010).

② 치료적 개입

어린시기에 치료적 개입이 이루어지지 않는다면 발달상의 어려움이 이어질 수 있다. 주의력결핍 과잉행동장애 아동은 자신의 부주의, 과잉행동으로 인해 주변 환경에서 주목을 받기 때문에 위축, 긴장감, 우울, 불안, 낮은 자아존중감 등의 정서적 어려움을 경험한다. 따라서 먼저 개인치료를 통해 긴장된 감정과 자존감을 향상시켜 주는 것이 필요하다. 또한 약물치료를 병행하여 치료하는 경우가 많으나 장기간 약물치료에 의존할 경우 부작용의 문제가 발생하기도 한다. 약물치료 부작용은 식욕감퇴, 불면증, 두통, 어지럼증 등으로 나타나고 있다. 최근에는 약물치료를 감소시켜 나가는 치료 개입의 필요성이 논의되고 있다.

(2) 특성학습장애

특정학습장애는 주의력결핍이나 과잉행동장애와 동반되기도 한다. 특정학습장애는 생물학적 근원이 있는 신경발달장애이다. 읽기, 쓰기, 셈하기 등에서 또래연령과 비교해서 기대하는 수준에 도달하지 못한 상태를 말한다. 특정학습장애의 특징은 핵심적인 학업기술을 학습하는 데 있어서 지속적인 어려움을 경험하는 것으로 정규 교육과정 중에 시작된다. 단어를 정확하고 유창하게 읽기, 독해력, 쓰기와 철자, 산술적 계산, 수학적 추론이 포함된다(APA, 2013). 이러한 어려움으로 인해 집중력과 학업의욕을 상실하게 되어 긴장, 위축, 불안 등의 감정을 경험한다. 이에 특정학습장애 아동에 대한 주변의 따뜻한 시선이 필요하며, 아동을 돕는 치료접근이 학교와 가정 내에서 체계적으로 이루어져야 한다.

3) 불안장애

아동기에 흔히 나타나는 심리적 부적응 현상은 불안장애이다. 불안은 두려움, 걱정, 긴장 정도가 지나치게 심한 경우를 말한다. 특히 새로운 환경 상황에서 불안해하고 심장 두근거림, 숨이 가빠짐, 땀 흘림, 손 떨림 등의 신체증상이 나타난다. 불안장애는 다양한 유형으로 분류되나 아동기에 흔히 나타나는 장애가 특정공포증과 분리불안장애이다(APA, 2013).

(1) 특정 공포증

특정 공포증은 어떠한 특정 대상이나 상황에 대해 과도한 두려움과 공포를 느끼고 이를 피하려고 애쓰면서 심리적인 고통을 경험한다. 예를 들면, 벌레, 피, 주사바늘 등에 극심한 공포, 몸의 경직이 있는 경우이다. 공포증이 심할 경우 일상생활에 어려움을 갖거나 아동기의 발달을 방해하는 요인이 되므로 보다 적극적인 치료가 필요하다.

(2) 분리불안장애

분리불안장애는 집이나 애착대상과 떨어질 때 느끼는 과도한 공포와 불안을 말한다. 특히 유아기보다 아동기에 분리불안 문제로 어려움을 갖는 경우가 더 많다. 이는 초등학교 입학 이후 부모와 떨어져 있는 시간이 길고 환경 변화로 인해 긴장감을 더 느끼게 된다. 분리불안장애 진단기준은 애착대상과의 분리에 대한 공포나 불안이 발달수준에 비추어 볼 때 부적절하고 지나칠 정도로 3가지 이상에서 나타나야 한다(APA, 2013).

(3) 분리불안장애 진단기준

㉠ 집 또는 애착대상과 떨어져야 할 때 과도한 고통을 반복적으로 겪음, ㉡ 주 애착대상을 잃거나 질병이나 부상, 재앙 혹은 죽음 같은 해로운 일들이 그에게 일어날 것이라고 지속적으로 과도하게 걱정함, ㉢ 곤란한 일이 발생하여 주 애착대상과 떨어지게 될 것이라고 지속적으로 과도하게 걱정함, ㉣ 분리에 대한 공포 때문에 집을 떠나 학교 혹은 다른 장소로 외출하는 것을 지속적으로 거부하거나 거절함, ㉤ 집이나 다른 장소에서 주 애착대상이 없거나 혼자 있는 것에 대해 지속적으로 과도하게 두려워하거나 거부함, ㉥ 집에서 떠나 잠을 자는 것이나 주 애착대상 곁이 아닌 곳에서 자는 것을 지속적으로 과도하게 거부하거나 거절함, ㉦ 분리에 대한 주제와 연관해서 반복적인 악몽을 꿈, ㉧ 주 애착대상과 떨어져야 할 때 신체 증상을 반복적으로 호소함(두통, 복통, 구토).

(4) 치료개입

아동이 자신의 불안을 정확히 인지하지 못하거나 주변에서도 아동의 상황을 알아차리지 못할 경우 치료시기를 놓치는 경우가 많다. 때문에 청소년에서 불안장애의 유병률은 20%까지 높게 나타나고 있다(대한소아청소년정신의학회, 2013). 불안장애는 우울, 주의력결핍과 과잉행동장애, 학습장애, 언어장애 등과 함께 동반되는 경우가 흔히 있다. 불안장애 아동은 학업이나 사회관계에서 실수를 자주 하기 때문에 자신의 능력을 과소평가하는 경향이 있다. 이에 자아존중감이 낮아지고 아동기 발달을 건강하게 보내지 못한다. 아동기 불안장애를 조기에 발견하여 단계적으로 치료해 나가는 것이 중요하다.

연 습 문 제

1. 유아기 인지발달의 특성에 관한 설명으로 옳은 것은?
   ① 피아제의 구체적 조작기에 해당한다.
   ② 피아제의 형식적 조작기에 해당한다.
   ③ 자아중심성 사고가 활발해지는 시기이다.
   ④ 상징적 사고와 물활론적 사고가 감소한다.
   ⑤ 보존개념을 완전하게 이해한다.

2. 유아기의 발달에 관한 설명으로 옳지 않은 것은?
   ① 놀이를 통해서 사회적 기술을 배우게 된다.
   ② 공격성은 자아통제능력과 관련이 있다.
   ③ 자기중심적 언어가 증가하기 시작한다.
   ④ 부모의 역할모델을 통해 성 고정관념이 형성된다.
   ⑤ 놀이는 인지발달과 관련성이 있다.

3. 다음 중 과도한 신체 움직임, 부주의, 충동성으로 인해 학업성취도와 대인관계에 어려움을 초래하는 장애에 해당하는 것은?
   ① 불안장애 ② 학습장애
   ③ 반사회적 성격장애 ④ 수의력결핍 과잉행동장애 ⑤ 공황장애

4. 아동기의 자아존중감에 관한 설명으로 틀린 것은?
   ① 가정생활 중심에서 학교생활로 확대되면서 변화를 겪는다.
   ② 학업성취도와 친구관계에 의해 영향을 받는다.
   ③ 또래와의 비교를 통해 자신을 평가하기 시작한다.
   ④ 부모의 양육태도에 의해 영향을 받는다.
   ⑤ 자아존중감과 사회정서발달은 관련성이 없다.

5. 다음 중 아동기에 대한 설명으로 옳은 것은?
① 피아제의 구체적 조작기에 해당하는 시기이다.
② 신체적 성장과 발달이 급격하게 진행되어 골격이 완성되는 시기이다.
③ 자기중심적 사고에서 벗어나 추상적 개념을 획득하게 된다.
④ 동성친구보다는 이성친구와 더 친밀한 관계를 가지려고 한다.
⑤ 자아정체감이 발달하는 시기이다.

정답	1. ③	2. ③	3. ④	4. ⑤	5. ①

4 청소년기

청소년기의 연령기준은 명확하지 않으나 대체적으로 아동기가 끝나는 13세에서 18세까지로 정의한다. 법률에서는 아동복지법이 18세 미만, 청소년보호법에서는 19세 미만으로 규정하고 있다. 이는 중 · 고등학교에 해당되는 시기이며 미성년자로서 법적인 보호를 받게 되는 연령이기도 하다. 청소년기는 발달 변화가 급격히 이루어지 때문에 정서적으로 가장 민감하며 불안정한 시기이다. 이에 청소년기를 십대, 사춘기, 주변인, 질풍노도의 시기, 심리적 이유기, 반항기 등의 용어로 표현하기도 한다. 십대라는 용어는 생애발달의 측면에서 사용하는 문화적인 용어이며, 사춘기는 성적 성숙을 가리키는 발달 측면의 용어이다. 심리적 측면에서는 부모의 보호와 감독으로부터 독립하고자 하는 심리적 이유기, 감정변화가 급격해진다고 해서 질풍노도의 시기로 불린다. 그리고 부모와 사회의 권위에 도전한다고 해서 반항기, 어린이도 성인도 아니라는 점에서 주변인으로 불리기도 한다. 이처럼 청소년기는 신체 · 심리 · 사회적인 측면에서 급격한 발달이 이루어지기 때문에 청소년기를 지칭하는 용어가 다양하게 사용되고 있다.

1. 신체발달

청소년기는 영아기 다음으로 신체발달이 급성장하는 시기이다. 이러한 발달 특성 때문에 청소년기를 제2의 성장급등기라고 말한다. 가장 눈에 띄는 신체적 특징은 키와 몸무게의 변화이다. 우리나라 14세 남학생의 평균 신장은 165.0cm, 체중 56.0kg이며, 17세의 경우 신장이 172.6cm, 체중이 65.0kg로 나타났다. 14세 여학생의 신장은 158.3cm, 체중 50.5kg이며, 17세의 경우 신장이 160.2cm, 체중이 54.1kg로 나타났다. 청소년기에 진입하면서 신장과 체중 변화는 남학생이 여학생보다 빠른 것으로 나타났다. 과거에 비해 영양과 건강 상태가 좋아져서 신체 성장이 빨라지고 있으나 개인차가 크다는 점을 고려해야 한다. 청소년들은 자신의 신체이미지를 형성하는데 일반적으로 남아가 여아에 비해 긍정적인 신체이미지를 갖고 있는 경우가 많다. 이러한 신체이미지는 자기존중감과 밀접하게 관련되며 자신의 신체에 대해 긍정적 이미지를 가질 경우 자신감을 갖게 되는 요인으로 작용한다.

〈표 4-1〉 우리나라 청소년의 신장과 체중

연령	남자		여자	
	표준신장(cm)	표준체중(kg)	표준신장(cm)	표준체중(kg)
만13세	158.6	50.9	155.9	47.7
만14세	165.0	56.0	158.3	50.5
만15세	169.0	60.1	159.3	52.6
만16세	171.4	63.1	160.0	53.7
만17세	172.6	65.0	160.2	54.1
만18세	173.6	66.7	160.6	54.0

출처: 질병관리본부(2018), 2017 소아청소년성장도표.

2. 성적 성숙

요즈음 청소년들은 유전, 영양상태 개선, 사회환경 조건 등으로 인해 성적 성숙의 연령이 점차 빨라지고 있다. 여아의 성장급등기가 남아에 비해 일반적으로 약 2년 정도 빨리 시작된다. 여아들은 11세 즈음에 성장급등기가 시작되어 12세에 정점에 이르며 15세에는 성숙한 상태에 도달한다. 남아들은 13세에 성장급등기가 시작되어 14세에 정점에 이르며 17세에 성숙한 상태에 도달한다(Robert, 2007). 여학생은 체지방 증가로 인해 엉덩이와 골반 부위가 넓어지고, 남학생의 경우 근육이 단단해지고 어깨가 넓어진다.

특히 성적 성숙의 발달로 인해 일차 성징과 이차 성징의 변화를 경험하게 된다. 일차 성징은 성이나 생식기능 발달과 직접 관련된 것으로 여학생은 자궁, 난소, 질의 발달을 의미하며, 남학생은 음경과 전립선의 발달을 말한다. 이차 성징은 생리, 가슴의 발달, 체모, 목소리 변화, 여드름, 몽정 등 변화를 말한다. 여학생의 성적 성숙의 변화는 유방이 커지고 음모와 겨드랑이의 체모가 나기 시작한다. 이어서 월경을 하게 되고 여자로서 생식기능이 발달하게 된다. 남자는 고환과 음낭이 확대되고 체모와 수염이 나면서 목소리가 굵어진다. 또한 음경이 자라면서 몽정과 사정을 하게 되는데 남자로서 생식능력을 갖추게 된다.

1) 호르몬의 변화

남녀의 성적 성숙의 차이는 호르몬 분비와 관련되는데 남자는 테스토스테론이, 여자는 에스트로겐이 분비된다. 그리고 사춘기에 많은 신체적 변화가 일어나는 이유는 뇌하수체와 관련된다. 뇌하수체는 다른 분비기관에 신호를 보내어 호르몬을 분비하도록 함으로써 성장 발달을 조절한다. 예를 들면, 여아의 뇌하수체는 난소가 에스트로겐을 분비하도록 신호를 보내 유방이 커지고 여성 생식기가 성숙하며 지방이 축적되도록 한다. 남아의 뇌하수체는 고환이 테스토스테론을 분비하도록 신호를 보내 남성 생식기가 성숙하고 근육량이 증가하도록 한다(Robert, 2007). 이러한 성호르몬의 분비로 인해 성적 욕구의 발달을 동반하게 되며 이성에 대해 관심이 생기게 되고 성적욕구의 감정을 갖게 된다. 이로 인해 심리적 불안감을 경험하거나 수치심과 죄책감 등의 부정적인 정서를 느낀다.

2) 성적 성숙의 방해요인

유전과 영양상태는 사춘기의 성적 성숙에 영향을 미친다. 영양상태가 좋거나 건강한 청소년이 성적 성숙이 빠를 수 있는데, 이는 건강에 어려움이 있거나 부적절한 영양상태에 있는 청소년보다 환경조건이 좋기 때문이다. 반면 사회환경에 의한 영향요인도 사춘기의 발현에 영향을 미친다. 성장기 동안 극심한 스트레스나 우울을 경험한 여아의 경우 초경을 더 빨리 경험하기도 한다(Moffit et al., 1992). 최근 우리나라 여아의 경우 초등학교 저학년에 초경을 하는 경우가 많아져 성조숙증을 보이는 경향이 증가하고 있다.

3) 신체 이미지와 자아존중감

청소년 시기는 신체 이미지가 자아존중감에 중요한 영향을 미치기 때문에 민감한 부분이 된다. 여자 청소년들은 친구들과의 대화 주제가 외모와 이성 친구에 관한 이야기가 자주 등장한다. 청소년기에는 자신의 신체에 대해 만족을 느끼지 못할 경우 왜곡된 자기개념을 형성할 수가 있다. 때문에 자신이 친구들보다 발달이 너무 늦거나, 또는 너무 빠른 경우 불만족의 요인이 될 수 있다. 신체발달이 빠른 경우에는 또래들과의 공감대가 부족할 수 있으며, 발달이 느린 경우 어린아이 같다는 말을 자주 듣게 된다. 이처럼 부정적으로 자신의 신체를 인식할 경우 심리적으로 위축되어 이를 극복하기 위한 방법에 지나치게 몰입될 수 있다.

3. 운동발달과 건강

청소년기에는 운동기술 능력이 현저하게 발달하게 된다. 운동기술 능력은 근육조직과 신경계의 발달과 밀접한 관련성이 있다. 대체적으로 남자 청소년은 근육의 힘이 요구되는 대근육 운동기술이 발달하며, 여자의 경우는 소근육 운동기술이 발달하게 된다. 교육부 조사에 따르면(2017), 우리나라 중학교 3학년 남학생 50m 달리기 기록은 7.9초, 여학생은 9.7초이며, 고등학교 3학년 남학생은 7.8초, 여학생이 9.9초로 나타났다. 남학생은 학년이 올라갈수록 기록이 높아졌으나 여학생의 경우에는 변화가 없었다. 제자리 멀리뛰기 기록은 중학교 3학년 남학생의 경우 201.7cm, 여학생이 150.2cm로 나타났다. 전체적으로 남학생은 여학생에 비해 운동기술 능력에서 뚜렷한 차이가 있었는데, 연령이 증가할수록 운동능력이 더 발달하는 양상을 보였다.

1) 운동능력

운동기술 능력은 개인의 건강뿐 아니라 자신감과 사회성을 높이는 데 중요한 요인이다. 오늘날 청소년들은 신체활동 시간이 부족하여 성격이 예민해지고 건강상의 어려움도 많아지고 있다. 청소년들의 비만문제가 갈수록 증가하고 있는데 6명 중 1명이 과체중이거나 비만에 속한다고 한다. 비만의 원인은 신체활동이 부족할 경우 원인이 된다. 우리나라 청소년의 신체활동(14.2%)과 미국 청소년의 신체활동(48.6%)을 비교해 보면 3분의 1수준 정도 차이가 난다(교육부, 2017). 즉 우리나라 청소년들의 체력이 현저히 떨어짐을 알 수 있다. 또한 남학생의 신체활동은 19.5%로, 여학생이 7.5%로 나타났다. 다음 그림을 보면 여학생과 남학생 간의 차이가 크다는 점과 중학생보다 고등학생 신체활동이 더 부족함을 알 수 있다(보건복지부, 2017).

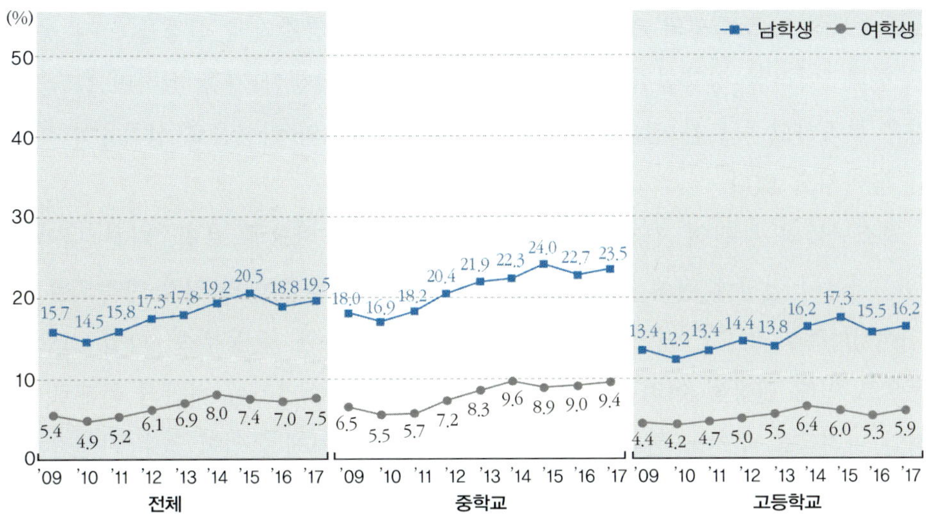

[그림 4-1] 하루 60분 주 5일 이상 신체활동 실천율

출처: 교육부, 보건복지부 질병관리본부, 2017 청소년건강행태온라인조사 통계.

2) 건강상태

우리나라 청소년들은 식사를 거르는 비율이 다른 연령층에 비해 가장 높고, 중학생보다 고등학생이 더 불균형적인 식습관의 문제를 가지고 있다(보건복지부,

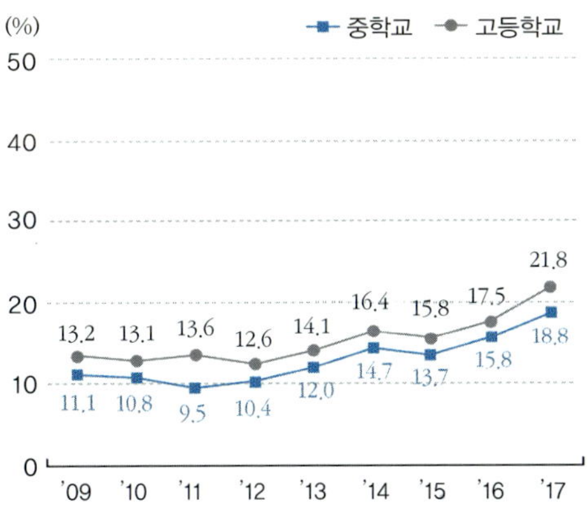

[그림 4-2] 주3회 이상 패스트푸드 섭취율 추이

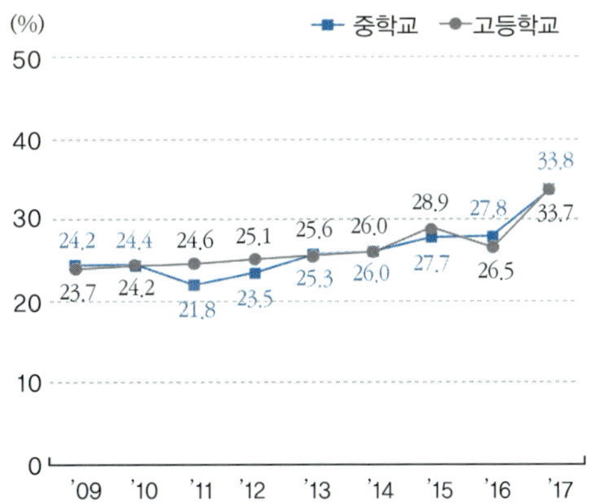

[그림 4-3] 주3회 이상 탄산음료 섭취율 추이

출처: 교육부, 보건복지부 질병관리본부, 2017 청소년건강행태온라인조사 통계.

2017). 특히 고등학생의 경우 학업부담으로 인해 건강관리에 신경을 쓰지 못한다고 한다. 이러한 영양섭취 불균형 현상은 중·고등학생이 가장 심하며 칼슘 섭취량은 부족하고 나트륨 섭취량은 높다. 즉 패스트푸드와 탄산음료 섭취율이 해년마다 높아지고 있다.

청소년들의 주관적 건강상태를 OECD 국가들과 비교해 보면, 다른 나라들은 90% 이상이 건강에 만족하였으나, 한국 청소년은 50% 이하의 건강 만족도를 보였다(여성가족부, 2017). 대체적으로 불규칙적인 식사습관, 운동부족, 학업 스트레스 등으로 인해 건강의 어려움을 갖는 점이다. 또한 청소년기는 비만의 문제로 심리적인 어려움을 겪기도 한다. 특히 체중 변화에 지나치게 몰입할 경우 자신감과 스트레스의 원인이 되기도 한다. 대체적으로 청소년기에는 체중감소를 위해 다이어트를 시도한다. 이는 남학생보다 여학생이, 여자 중학생이 여자 고등학생에 비해 다이어트 시도율이 높다. 아울러 자신의 신체 이미지를 왜곡되어 인식하는 경우가 많은데 여학생이 더 자신의 외모를 부정적으로 생각한다.

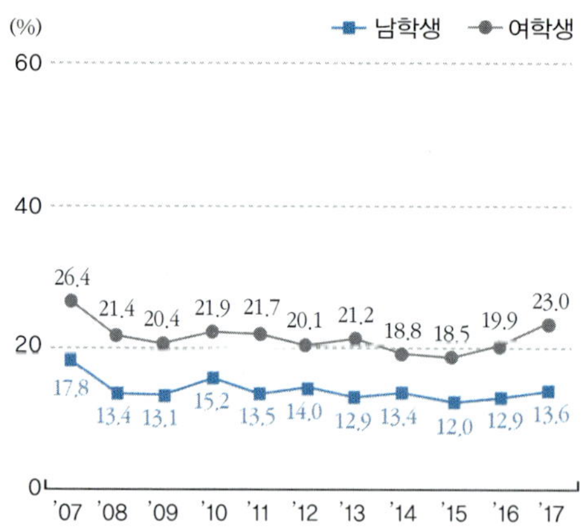

[그림 4-4] 체중감소 방법 시도율 추이

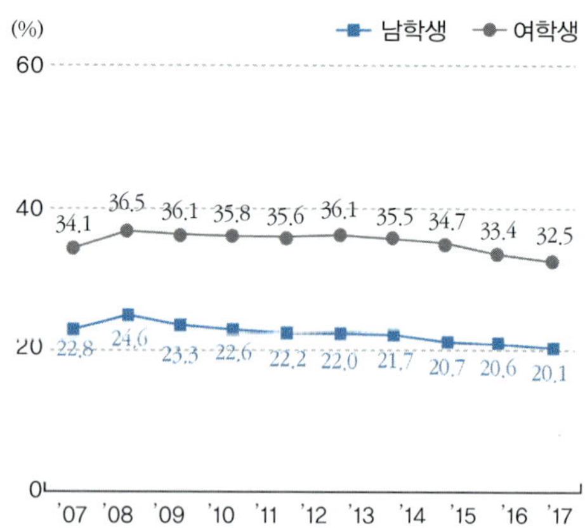

[그림 4-5] 신체이미지 왜곡 인지율 추이

출처: 교육부, 보건복지부 질병관리본부, 2017 청소년건강행태온라인조사 통계.

4. 인지발달

1) 인지발달의 특징

청소년기의 인지발달은 피아제가 정의한 형식적 조작기에 해당된다. 어떤 현상을 이해할 때 논리적으로 조작된 사고를 할 수 있다. 즉 가설적·연역적 사고, 조합적 사고, 추상적 사고가 발달하게 된다. 이러한 인지능력은 성인기까지 지속적으로 성장한다(Robert, 2008).

(1) 가설적, 연역적 사고

가설·연역적 사고는 문제를 해결해 나갈 때 가설을 세우고 여러 가지 가능성을 놓고 결론부터 예측해 나갈 수 있는 인지능력을 말한다.

(2) 조합적 사고

조합적 사고는 문제를 해결하기 위해 모든 가능한 지식을 조합하여 체계적으로 생각할 수 있는 것을 말한다.

(3) 추상적 사고

추상적 사고는 직접 경험하지 않고도 상상력으로 어떠한 현상이나 개념을 추론하고 유추할 수 있는 것을 말한다.

청소년기에는 추상적, 논리적 사고가 발달하게 된다. 이러한 사고의 발달로 인하여 현실을 부정적으로 인식하거나 비판적인 시각을 갖기도 한다. 예를 들면, 미래 자신의 모습에 지나치게 염려하거나 대학 진학, 취업, 결혼 등에 대해 불안함을 느낀다. 또한 정치, 도덕, 가치 등 사고하는 능력이 발달하면서 전통적인 사회관습에 갈등을 경험하기도 한다. 이로 인해 불완전한 현실을 비판하거나 기성세대의 권위에 의문과 반항심을 갖는다. 한편 지적인 활동에도 관심이 많아지며 폭넓은 독서를 통해 정치, 철학, 종교 등에 집중하기도 한다.

2) 자기중심적 사고

청소년기는 자신의 관점에서 주변을 바라보게 되는데 이를 자기중심적 사고라고 한다. 특히 자신의 외모와 행동에 관심이 집중되는데 다른 사람들도 자신에게 관심이 많을 것으로 생각한다. 이러한 자아중심성은 '상상적 청중'과 '개인적 우화'라는 인지적 사고로 나타난다.

(1) 상상적 청중

상상적 청중이란 자신이 마치 상상 속의 청중에 둘러싸여 있는 주인공인 것처럼 생각하는 것이다. 항상 누군가 자신을 지켜보고 있고 관심을 가지고 있다고 믿는다. 때문에 다른 사람의 시선을 의식하여 외모에 많은 관심을 가지게 되거나 사소한 행동에도 많은 신경을 쓰게 된다.

(2) 개인적 우화

개인적 우화란 자신의 감정과 사고는 너무나 독특한 것이어서 다른 사람이 이해하지 못할 것이라고 생각하는 것이다. 예를 들면, 자신의 첫사랑은 너무나 특별했기 때문에 이별을 했을 때의 슬픔은 아무도 이해할 수 없는 감정이라고 생각한다. 이러한 자기중심적 사고는 다양한 사회적 관계를 경험하면서 점차 감소하게 된다.

3) 자아개념의 발달

청소년기는 추상적 사고로 인해 좀 더 복잡하고 발달된 자아개념을 가지게 된다. 이는 유아기와 아동기에 비해 자신을 인식하는 자아의 변화가 있다(Harter,

2005). 자아개념은 인지적인 측면으로서 자기 자신에 대한 느낌, 생각, 태도 등으로 지각하는 것을 말한다. 청소년기의 자아개념은 개인의 경험과 주변 환경요인에 의해 발달한다. 유아기, 아동기, 청소년기의 자아개념 차이를 비교하여 설명하면 다음과 같다.

(1) 유아기의 자아개념

자기를 인식하고 표현하는데 애착 물건(나는 토끼인형을 좋아해), 신체적 특성(나는 날씬해), 좋아하는 선호도(나는 피자를 좋아해, 나는 공을 좋아해), 자신의 능력(나는 발레를 좋아해) 등으로 말한다.

(2) 아동기의 자아개념

자신의 정서적(나는 친절해), 또래와의 비교(나는 우리 반에서 축구를 제일 잘해) 등을 통해 인식하고 표현한다.

(3) 청소년기의 자아개념

자신의 관점과 태도가 형성되는 시기로서 성격, 주변 환경, 미래 지향적인 생각으로 자신을 인식하고 표현한다. 예를 들면, 미래의 직업목표는 '나는 역사학자가 될 것이다', 학업계획은 '나는 역사학을 배우기 위해 ○○대학에 갈 예정이다' 등으로 표현한다.

5. 사회정서발달

청소년기는 감정 변화를 자주 경험한다. 기쁨과 슬픔, 무관심과 열정, 순종과 반항, 우월감과 열등감, 희망과 절망, 자기애와 자기혐오 등 양면성의 감정을 느끼고 표현한다. 이러한 불안정한 정서가 안정되기 위해서는 긍정적인 자기 인식이 중요하다. 자신에 대해 현실적인 신체상을 갖기, 부모로부터 독립을 증가시켜 나가기, 가족 및 친구들과 만족스런 대인관계를 맺고 유지해 나가기, 성과 이성교제에서 조절능력을 발달하기, 진로와 취업 등에서 정체성을 확립해 나가는 것이다(Martin & Volkmar, 2007).

1) 자아정체감 발달

청소년기는 자아정체감이 발달해야 하는 과제가 있는데 '나는 누구인가', '나는 무엇을 할 수 있는가', '나는 미래에 무엇이 될 것인가' 등의 질문을 탐색하는 것이다. 에릭슨은 청소년기의 심리적 발달과업이 자아정체감 형성이라고 하였다. 자아정체감이 제대로 확립되지 않을 경우 발달과정 동안 혼란을 경험한다. 이에 청소년은 인지능력을 동원하여 자신의 여러 면을 탐색해보려는 시도를 하게 된다. 예를 들면, 자신의 성격, 외모, 가치관, 취향, 능력, 관심, 세계관 등에 대한 생각이다. 내가 인식하는 나의 모습과 타인이 인식하는 자신의 모습 등을 고민하면서 자기를 통합하려고 노력하게 된다.

(1) 자아정체감 확립의 필요성

에릭슨은 인간의 자아정체감은 평생을 걸쳐 완성되는 과제라고 하였다. 이러한 측면에서 청소년시기의 자아정체감 발달은 앞으로 성인기의 발달과업을 이행하는데 중요한 기반이 된다. 정체감의 위기를 회피하거나 혼란을 경험할 경우 결정의 어려움, 우울, 불안함, 책임감 있는 성인으로서의 행동지연, 충동적 행동, 아동기로의 퇴행 등의 심리적인 어려움을 경험할 수 있다. 자아정체감 확립은 자신을 일관되게 이해하는 것이며, 자신의 모습에 확신과 신뢰감을 갖고 안정감을 유지해 나가는 것이다. 정체감이 잘 확립된 경우에는 자신을 신뢰하기 때문에 어려운 상황에 놓여있다 할지라도 환경을 잘 극복하려고 노력한다. 반면 정체감이 확립되지 않을 경우 자신의 가능성을 믿지 못하기 때문에 스스로 선택하고 결정해야 하는 상황에서 불안과 갈등을 경험한다.

(2) 자아정체성의 유형

마르시아(Marcia, 1980, 1991)는 에릭슨이론을 토대로 자아정체감 발달수준을 유형으로 설명한다. 정체성 성취와 정체성 유예의 수준은 건강한 자아상태에 해당되며, 정체성 유실과 정체성 혼란은 부적응상태라는 것이다. 대부분 청소년의 자아정체감 수준은 한 가지 유형에는 속한다고 볼 수 있다.

① 정체성 혼란

정체성 혼란은 정체감을 확립하기 위한 노력도 없고 기존의 가치관에 대한 의문도 제기하지 않는다. 안정되고 통합된 자아정체감 형성에 실패하는 경우라 할 수 있다. 개인적인 신념체계를 확립하지 못하고 자신의 능력에 대해 회의감을 갖는 상태를 말한다.

② 정체성 유실

정체성 위기를 회피하기 때문에 부모나 사회의 가치관을 자신의 것으로 그대로 받아들인다. 진로계획과 목표 등 독립적으로 의사결정을 하지 못하고 타인에게 의존한다. 때문에 변화와 성장의 가능성이 차단되는 유실을 경험한다.

③ 정체성 유예

정체성 위기를 경험함으로써 자신의 가능성과 역할을 실험하려고 한다. 그러나 개인적인 가치와 직업에 대한 의사결정에 대해 불안함과 안정감을 느낀다. 정체성 확립으로 나아가는 단계이며 통합이 완전히 이루어진 상태는 아니다.

④ 정체성 성취

정체성 위기를 성공적으로 극복하고 안정된 상태를 말한다. 삶의 목적, 개인적 신념, 직업 등 내면화된 가치체계를 형성하고 독립적으로 의사결정을 할 수 있는 상태를 말한다.

자아정체감 유형은 연령과 밀접한 관계가 있는데 청소년기 초반에는 정체감 혼란이나 유실상태에 있는 경우가 많으며, 청소년기 후반에는 정체감 유예와 성취에 이르는 경우가 많다. 청소년기는 정체성의 위기를 경험하면서 자신에 대한 이해와 안정감을 확립해 나가게 된다.

(3) 자아정체성 발달의 환경 여건

우리나라 청소년의 경우 대학 진학이라는 목표가 삶의 우선순위에 있다 보니 진지하게 자신의 삶에 대해서 고민하는 시간이 부족하다. 이에 부모의 적극적인 지지와 학교환경에서 청소년기의 발달과업을 잘 성취할 수 있도록 지지해주는 환경조성이 필요하다. 또한 자아정체감이 잘 형성되기 위해서는 부모의 일관성 있고 안정적인 양육태도가 중요하다. 아울러 중요한 타자와의 관계를 통해 사회의 기대와 가치에 적합한 자신의 모습을 조정해 나가야 한다. 자아정체감은 일차적으로는 부모의 영향력에 의해서 그 다음은 사회적 관계를 통해 자신을 평가하게 된다. 특히 타인과의 다양한 감정 교류와 경험 있는 사건들을 통해 자신을 보다 객관적으로 인식하는데 영향을 미친다. 자아정체성이 잘 형성된 경우 자신에 대해 안정된 느낌을 갖고 일관되게 행동하는 경향이 많다.

(4) 자아정체성 확립을 위한 질문

제스트로우(Zastrow, 2002)는 청소년에게 다음과 같은 질문을 던져 그들이 스스로의 정체성을 어느 정도 갖고 있는가를 확인해 보는 것이 필요하다고 말한다.

- 내가 좋아하고 의미 있다고 보는 일은 무엇인가?
- 나는 어떤 방법으로 나의 목적을 실현할 것인가?
- 내가 원하는 직업은 무엇인가?
- 나의 이성교제의 기준은 무엇인가?

- 나는 결혼을 할 것인가, 한다면 언제 할 것인가?
- 자녀는 몇이나 둘 것인가?
- 나는 어디에 살 것인가?
- 여가를 보내는 방법(취미)은?
- 나는 타인에게 어떤 인상을 주기를 원하는가?
- 내가 사귀고 싶은 사람은?
- 죽음에 대한 나의 생각은?

2) 부모와의 관계

청소년기는 부모에 대한 의존이 점차 줄어들고 친구관계와 외부에서의 관계 형성을 통해 친밀감을 추구하게 된다. 청소년기에도 부모는 정서적으로 도움을 주는 일차적인 대상으로 인식하지만 부모와 함께 보내는 물리적 시간이 줄어들기 때문에 오히려 부모가 불안함을 느끼기도 한다. 청소년은 독립하고자 하는 자율의 욕구와 보살핌을 받고자 하는 감정의 욕구 사이에 갈등을 경험한다. 자신은 성인이라고 생각하여 독립적으로 행동하려 하지만 부모의 입장에서 보면 아직은 어리다고 간주하기 때문에 갈등 상황에 놓이게 된다.

특히 청소년은 자신의 생각이 옳고 부모의 생각이 틀렸다는 것을 증명하려 하거나 부모의 영향을 과소평가하는 경향이 있다. 이에 자신의 생각대로 행동하려는 경향이 많아져 부모와 잦은 갈등이 빗어지곤 한다. 예를 들면, 공부 시간, 방 청소, 용돈 사용, 친구관계, 인터넷 사용, 이성교제, 옷차림, 수면 시간 등의 행동 문제로 갈등을 경험한다. 이러한 관점에서 부모자녀관계 모두가 재조정되어야 한다. 부모는 청소년기 발달에 관심을 갖고 요구되는 부모역할에 대해 노력해야 한다. 기존 양육방식을 점검하고 청소년기의 발달 욕구가 반영되는 양육태도의 변화가 시도되어야 한다. 또한 청소년은 부모와 친밀한 관계를 유지하려고 노력하며 부모의 동의를 받은 상태에서 독립과 자율성을 추구해야 한다.

(1) 양육태도의 유형

청소년기 자녀와 원만하게 잘 지내기 위해서는 부모의 양육태도 점검이 중요하다. 가장 바람직한 양육태도는 적절한 통제와 애정이 균형을 갖는 것이다. 부모로부터 많은 지지와 지원을 받는 청소년의 경우 자신과 대인관계에서 긍정적이고 책임감을 갖는다. 또한 자녀의 행동양식에 적절한 통제를 설정해주는 양육방식은 바람직한 행동을 배우게 되며 자기조절의 힘을 키우게 된다. 권위 있는 부모의 양육태도는 애정과 통제가 균형을 이루는 양육방식으로 자녀의 바람직한 인격 향상에 중요한 영향을 미친다. 양육태도를 구분하여 설명하면 다음과 같다(Baumrind, 1991).

① 권위 있는 부모

이 유형의 부모는 자녀에게 많은 애정과 관심을 가지면서 동시에 적절한 통제방법을 사용하여 바람직한 행동을 형성하도록 지도한다. 즉 부모의 권위를 중시하며 자녀의 자율성을 존중하는 양육방법을 선택한다. 이러한 자녀는 가정의 위계질서를 건강하게 내면화 시키고 독립심, 자신감, 사회성 등의 발달이 원만하게 이루어진다.

② 권위주의적 부모

이 유형은 부모의 권위를 자녀에게 일방적으로 강요하는 양육방식이다. 자녀에게 애정은 부족하면서 엄격한 통제와 규칙을 따르도록 요구한다. 이러한 부모는 통제를 많이 사용하기 때문에 자녀의 욕구가 억압되기 쉽다. 자녀는 대인관계, 사회성 부족, 의존적, 반항적인 성격으로 성장하기 쉽다.

③ 허용적인 부모

이 유형의 부모는 자녀에게 애정은 많으나 통제가 부족한 양육을 많이 하는 경우이다. 자녀의 요구에 무조건적으로 허용해주며 과다한 애정을 표현한다. 부모의 일관성 없는 양육태도로 인해 자녀는 바람직한 행동의 기준을 형성하지 못한다.

이러한 자녀는 자신감이 높은 편이나 집단 환경에서는 규칙과 규율을 무시하고 제멋대로 행동하는 경향이 높기 때문에 사회관계에서 어려움이 따른다.

④ **무관심한 부모**

이 유형의 부모는 자녀에게 무관심하고 애정을 잘 표현하지 않는다. 즉 부모는 자녀의 발달에 관심이 부족하기 때문에 애정과 통제의 양육방법을 사용하지 않는다. 이러한 자녀는 우울, 불안의 정서 문제와 공격성, 충동성 등의 행동 문제로 어려움을 갖는다.

3) 친구관계와 이성관계

청소년기에는 친구들과 함께 생활하는 시간이 길어지면서 자연스럽게 또래집단을 통해 사회성을 배우게 된다. 청소년기는 친구관계가 매우 중요해지는 시기이다. 동성 간의 친밀한 우정관계를 통해 서로의 고민을 함께 나누고 지지를 받으면서 심리적인 안정감을 갖는다. 대부분의 청소년들은 고민이 있을 때 부모보다 친한 친구에게 의논하는 경우가 가장 높다(여성가족부, 2014). 최근에는 미디어를 통해 더 많은 시간을 친구들과 보내면서 자신들의 일상생활을 공유한다.

(1) 친구관계의 필요성

① **긍정적인 측면**

친구관계 속에서 자신의 위치와 역할을 배우며, 앞으로 사회관계에서 지켜야 할 규범, 협동, 배려 등을 알아간다. 이러한 경험을 통해 자기중심적인 사고와 행동은 줄어들고 점차 사회 적응에 필요한 기술들을 습득해 나간다.

② **부정적인 측면**

친구관계의 부정적인 측면은 또래 압력에 의해 바람직하지 않은 행동을 배우는 것이다. 청소년기는 또래집단으로부터 소속되고 인정받으려는 욕구가 강하기 때문에 잘못된 행동이라 할지라도 거절하기란 쉽지 않다. 거절로 인해 괴롭힘의 대상이 되기도 하는데 흡연, 음주, 약물남용, 친구 괴롭힘 등에 동참하도록 강요받기도 한다. 청소년들은 집단에서 인정을 받고 소속감을 유지하기 위해서 또래압력을 수용하기도 한다.

(2) 이성관계의 필요성

청소년기는 우정의 관계뿐 아니라 이성 친구에게도 자연스럽게 관심이 증가된다. 서구에서는 중학교 때부터 이성간의 사랑을 지지해주고 격려해주는 분위기가 있다(박희숙, 2017). 이성 친구를 사귀는 시점은 초등학교 고학년부터 중학교 시점까지가 가장 많고 관계의 지속기간은 대체적으로 짧은 편이다. 청소년기의 이성관계는 길게 지속되기보다는 대부분 고등학교 졸업하기 전까지인 경우가 많다. 우리나라 청소년의 경우 부모들이 자녀의 이성교제에 대해 부정적인 시각을 갖는 경우 엄격히 제한하거나, 학업부담으로 인해 시간이 부족하여 이성교제 기회가 부족한 경우에 해당된다고 한다. 그러나 청소년기 발달에서 이성에 대한 관심은 자연스러운 성장과정 중의 하나이다. 이성교제를 함으로써 친밀감과 정체감 형성에 도움을 받게 된다. 성적인 활동이 수반되지 않더라도 이성에게 느끼는 사랑의 감정들이 정서발달에 중요한 자원이 될 수 있다. 즉 사회적 관계에서 필요한 정서적 감정들을 배우거나 표현하는 기술을 습득하게 되는 것이다.

4) 청소년의 문화

문화란 특정한 사람들이 함께 가치를 공유하고 추구하는 것을 말하며 한 개인이 아닌 집단의 행위로 이해될 수 있다. 청소년의 문화는 특정 집단 구성원에 의해 만들어지고 함께 공유되는 그들만의 독특한 삶의 특징을 갖는다. 청소년 문화의 발전과정은 제2차 세계대전 이후 서구나라 젊은이들이 자신들의 독특한 세계관을 음악, 패션, 스포츠, 춤, 언어로 표출하였고 주로 미국의 중산층의 청소년들이었다.

이러한 현상이 주변국에도 확산되어 영향을 미치게 되었다. 과거의 청소년문화는 중산층 아이들이 기성세대와 억압된 사회를 비판하기 위해 저항의 메시지로 음악과 춤 등으로 표현해 왔다. 하지만 20세기에 들어서면서부터 청소년문화는 소득계층의 갭이 사라지고 대중문화를 포함하는 개념으로 확장되기 시작하였다. 오늘날 대중문화는 대중매체(인터넷미디어, 영화, TV 등)로 빠르게 발전되면서 미디어의 발달에 힘을 입어 다양한 영역으로 활성화되고 있다. 기성세대가 청소년문화를 바라보는 관점에는 비행문화, 미숙한 문화, 하위문화, 저항문화 등으로 이해한다(한국청소년정책연구원, 2015).

(1) 청소년문화의 이해

① 비행문화

청소년들은 일탈행위를 지향한다고 보고 비행문화(성 음란물, 술, 담배, 폭력, 이성교제 등)와 관련이 높다고 보는 관점이다. 따라서 사회의 규범을 깨뜨리고 질서를 따르지 않음으로써 청소년문화의 정체성을 찾는다고 본다.

② 미숙한 문화

성인들의 입장에서 청소년문화는 아직 미숙하고 부족한 것으로 보는 관점이다. 청소년기는 아직 발달과정 중에 있다고 보기 때문에 청소년 문화도 성숙하지 못한 문화의 하나로 간주한다.

③ 하위문화

청소년 문화를 하위문화로 보는 입장은 전체 집단문화 중 일부분의 문화로 보는 관점이다. 우리 사회의 하위문화는 소득계층, 연령, 직업, 성 등 다양한 범주로 구분될 수 있는데, 청소년 문화는 연령범주(십대 청소년)에 의한 하위집단에 해당된다.

④ 저항문화

기성세대의 문화를 주류문화라고 한다면 청소년들은 기성세대의 문화를 저항하는 세대로 보는 관점이다. 청소년들은 기성세대의 문화를 비판하면서 자신들만의 새로운 문화를 창조하려고 시도한다. 기성세대와 새로운 세대 간에는 서로 다른 경험의 삶을 살아왔기 때문에 가치관 충돌이 있다. 새로운 세대가 기성세대에게 대항하는 것은 이들이 미숙하거나 반항적인 성향을 띠었다기보다 기성세대가 경험한 삶을 이해하는 데 어려움이 있기 때문이다.

⑤ 새로운 문화

청소년들이 문화의 흐름의 선두자라고 보는 입장이다. 디지털 기술을 능숙하게 다루는 청소년들을 가리키는 말로 디지털 원주민이라고 한다. 새로운 기기나 매체를 기성세대에 비해 유연하게 수용하고 새로운 아이디어로 영상문화를 이끌어내기도 한다. 대표적인 예는 아이돌 스타의 K-POP이라 할 수 있다. 청소년 세대가 곧 새로운 문화생산자로서 영향력을 발휘한다. 청소년들은 자신들의 문화를 빠르게 공유하고 확산시킨다. 예를 들면, 인기 있는 아이돌 스타와 관련된 활동, 흥미로운 동영상과 사진, 유행하는 언어, 유행하는 특정 브랜드 옷, 음식 등이다. 인터넷 커뮤니티를 이용하여 문화를 공유하거나 새로운 문화를 만들기도 한다.

(2) 청소년과 소비문화

오늘날 청소년들은 개인주의 성향이 증가됨에 따라 개인의 행복을 중시한다. 미래의 직업관도 사회적 지위보다는 현재의 인생을 즐겁고 보람되게 사는 것을 추구한다. 기성세대는 과거 결핍의 보상으로 소비를 하게 되지만, 청소년 세대는 결핍의 동기가 아닌 자신의 개성을 표현하고 타인과 차별화하기 위해서 소비를 한다. 또한 미디어의 발달과 함께 자란 청소년들은 감각적이며 창의적인 것을 더 선호하며 새로운 문화에 빨리 반응하고 적응한다. 이에 청소년들이 문화생산자인 동시에 소비시장의 주체가 되고 있다.

(3) 청소년과 대중스타

청소년들은 대중스타를 보면서 심리적으로 보상과 위로를 받는다. 자신과 스타를 동일시함으로써 자신의 꿈과 현실의 불만족을 대리만족하게 된다. 이러한 현상을 팬덤(fandom) 문화라고 부른다. 팬덤 문화란 인기 연예인, 스포츠 스타, 특정한 브랜드에 열광하는 현상을 가리킨다. 오늘날 십대 청소년들이 만들어내는 팬덤 문화는 인터넷미디어를 기반으로 빠르게 공유되거나 확산되고 있다. 팬덤 문화는 일탈행위가 높은 청소년들이 만들어내는 문화일 뿐이라고 생각하는 부정적인 시각이 있다. 하지만 청소년기의 발달심리학적 측면에서 현상을 이해할 필요가 있다. 청소년기는 급격한 발달 변화와 현실 적응문제로 인해 불안과 갈등이 억압되어 있는 경우가 많다. 이러한 감정을 대중스타에게 몰입함으로써 긴장감을 해소하고 현실을 도피하려는 경향을 갖는다. 또한 청소년기는 부모 이외에 다양한 역할모델의 대상을 추구하는 시기로서 자신의 이상적인 모델을 대중스타로 삼는 경우이다. 특히 특정 연예인을 자신의 이상형으로 삼는 경우 청소년기의 성 정체감 형성에 영향을 미치게 된다. 팬덤 문화의 가장 큰 특징은 집단적 행위를 통해 소속감, 동질성, 공동체 의식을 경험하고 느끼면서 대중스타와 관련된 활동에 몰입한다.

6. 청소년기 문제와 사회복지실천

1) 청소년 자살

청소년 자살은 가장 심각한 문제 중 하나이다. 청소년 자살률이 높은 것은 생각에만 머물지 않고 직접 행동으로 옮기기 때문에 위험하다. 우리나라는 자살로 인한 사망률이 OECD 회원국 중 가장 높고 연령으로는 청소년이 가장 높다(박진영, 2016). 중 · 고등학생들은 30%가 넘게 자살을 생각해 보았거나 자살 시도한 경험이 있었다(한국청소년정책연구원, 아동청소년인권실태조사, 통계청, 2018). 현재 우리나라 청소년 자살문제는 사회적 문제로 인식되고 있다.

(1) 자살의 징후

대체적으로 자살을 생각하는 사람들은 자살 계획을 세우거나 실행과 관련된 생각들에 사로잡혀 있다. 특히 청소년기에는 자살의 다양한 징후를 보이게 되는데 식사와 수면습관, 짜증, 공격성, 대화 거부, 혼자 있는 시간이 길어짐, 일기장이나 SNS에 죽음 예고, 자살사이트 검색, 학교 지각 및 등교거부 등의 심리적, 행동적 변화를 동반하게 된다.

(2) 우울한 감정

청소년 자살은 복합적인 원인으로 인해 발생되나, 우리나라 청소년의 경우 우울, 학업 성적, 학교폭력, 미디어매체 영향 등과 밀접하게 관련된다. 우울은 자살사고를 높이는 위험요인으로 슬픔, 무기력, 자기비하, 불안, 긴장 등의 부정적인 감정을 겪고 있는 것을 말한다. 자살시도를 한 청소년 6만 2천명을 분석한 연구에 따르면 대부분 우울을 경험한 것으로 나타났다(보건복지부, 2017).

(3) 학업과 학교폭력

우리나라 청소년들의 가장 큰 고민은 성적과 대학진학이며 학교성적으로 인한 스트레스를 가장 높게 인식하고 있었다(한국청소년정책연구원, 2018). 최근 학교폭력이 감소되고 있으나 사이버폭력은 오히려 증가되고 있다. 친구들에게 온라인에서 괴롭힘을 당할 경우 현실에서의 폭력보다 심리적 부적응이 더 심각하다. 피해청소년의 경우 이후 청년기에서도 비행과 자살행동의 어려움을 보였다(Barker et al., 2008).

(4) 미디어 매체

미디어의 영향에 의해서도 자살행동을 모방하게 된다. 특히 유명 연예인이 자살을 할 경우 자신과 동일시하게 되어 자살을 하게 되며, 인터넷 자살사이트를 통해 자살시도 방법을 배우거나 동반 자살을 함께 교류하게 된다(Biddle et al., 2008). 청소년 자살은 한 개인의 문제가 아닌 모든 사회구성원이 함께 책임지고 해결해 나가야 할 문제이다.

현재 청소년의 자살 예방 관련 정책은 민간 및 중앙부처 차원에서 다양하게 이루어지고 있다. 정신건강복지센터, 청소년상담복지센터, 학교 내 위클레스(Wee Class) 등 자살관련 서비스를 지원하고 있다.

2) 학업중단

우리나라 청소년들은 한 해 동안 4만 7천명의 학생들이 학교를 떠난다(교육부, 2016). 학업중단이란 정규 교육과정을 중단하는 것을 말하는데 여러 가지 사유로 인해 학교를 그만두게 된다. 그러나 학교를 다지니 않을 경우 자립해 나가는 데 일반 청소년보다 많은 어려움을 겪는다. 특히 학업을 중단한 기간이 길어질수록 자립의지가 약해지고 일탈행위와 높아져서 높은 빈곤율로 이어지게 된다(Rumberger, 2011).

(1) 학업중단 이후의 어려움

우리나라 학교 밖 청소년의 50% 이상이 학업을 중단한 이후 구직활동을 하지 않거나 진로에 대한 의지가 약해지는 것으로 밝혀지고 있다(윤철경 외, 2014). 학교를 떠나게 되면 현실적으로 높은 진로장벽을 경험하게 되면서 점차 진로 찾기와 자립에 대한 의지가 약해진다. 더구나 우리 사회는 학력을 중요하게 여기기 때문에 학업을 중단하게 되면 취업에 많은 기회요인이 제한이 되어 자립하는 데 상당한 어려움을 갖게 된다.

(2) 학업중단 관련 정책

학업을 중단하는 청소년들이 증가되자 이들을 돕기 위한 정책들이 만들어지고 있다. 이를테면 “학교 밖 청소년 지원에 관한 법률”이 제정되어 2015년 5월부터 시행되고 있다. 학교복귀, 대안학교, 직업훈련기관, 보호시설 등으로 다양하게 접근하여 청소년들을 지원하고 있다. 그렇지만 실상은 일부 청소년만이 학교에 복귀하거나 관련기관을 이용하고 있을 뿐 대부분의 청소년들은 사회에 방치되어 있거나 고립된 채 스스로 진로를 준비해 나가고 있는 실정이다. 청소년들이 학교 밖을 나오게 되면 사회 내로 흩어져 있기 때문에 욕구를 제대로 파악하기 어렵다. 이에 학교 밖 청소년들의 발달과정에 어려움이 많으며 새로운 사회문제로 주목되고 있다.

3) 인터넷, 스마트폰 중독

청소년에게 스마트폰은 애착의 물건이며 중요한 생활의 필수품이다. 스마트폰은 언제 어디서든 의사소통, 정보수집, 여가시간 등으로 활용되기 때문이다. 스마트폰의 긍정적인 측면은 친구들과 빠른 소통을 할 수 있고 필요한 정보를 쉽게 수집할 수 있으며 게임, 음악 등의 여가시간으로도 활용된다는 점이다. 반면 부정적인 측면은 스마트폰 콘텐츠가 다양해지면서 과도하게 몰입하는 시간이 점점 길어진다는 점이다. 또한 발달상의 어려움은 시력 저하, 비만, 집중력 저하, 수면 부족, 거북목 증후군, 대인관계에 어려움을 준다.

(1) 미디어 중독의 현황

우리나라 청소년의 인터넷 중독률은 10명 중 1명이다. 일주일 평균 이용시간은 15시간으로 하루 93%가 넘게 이용하고 있으며 이러한 경향은 해마다 증가하고 있다(한국정보화진흥원, 2016). 많은 청소년들이 인터넷과 스마트폰과 관련하여 어려움을 겪고 있다. 온라인에서 보내는 시간이 많아질수록 위험행동이 많아진다. 남자 청소년의 경우에는 게임중독, 여자 청소년은 SNS중독으로 어려움을 겪는다.

(2) 미디어 중독과 정신건강

요즈음 친구관계가 온라인 게임과 SNS 활동으로 연결되면서 학교폭력과 연결되고 있다. 또한 청소년들이 정보노출에 크게 관심을 기울이지 못함으로 인해 원조교제와 성매매 등으로 연결되거나 성인 음란물에 노출되어 일탈행동으로 빠지는 경우가 발생하고 있다. 특히 스마트폰은 부모의 통제와 감독이 어렵기 때문에 유해한 정보와 음란물 영상에 무방비 상태로 노출되어 있다. 음란물 영상에 지속적으로 노출될 경우 성에 대한 왜곡된 정보와 건강한 성의식에 어려움을 주게 된다. 스마트폰으로 음란물 영상을 자주 보는 청소년의 경우 성에 대한 개방적 생각이 증가했고, 직접 성행동으로 이어졌다(한국청소년정책연구원, 2014).

(3) 미디어 중독 관련 정책

현재 청소년의 인터넷스마트폰 관련 지원정책은 다양한 부처에서 실행하고 있다. 대표적으로 여성가족부는 한국청소년상담복지개발원을 중심으로 전국에 있는 청소년상담복지센터와 연계하여 상담체계를 구축하고 있다. 또한 시 · 도 청소년상담복지센터를 중심으로 인터넷 · 스마트폰 과몰입 대응지역협력망을 구축하여 지자체, 교육청, 정신건강증진센터, 건강가정지원센터, 청소년단체 등 지역의 다양한 관계기관과 협력하여 지원하고 있다.

4) 식이장애

청소년기는 자신의 신체와 외모에 관심이 많아지기 시작하면서 식이장애가 자주 발명하게 된다. 식이장애는 정상적인 음식물 섭취를 하지 못하는 증상을 말한다. 사춘기에 일어나는 체형의 변화에 민감한 청소년들은 자신의 신체이미지에 만족하지 못하는 경우가 많다. 특히 왜곡된 사고 경향이 많아지는데 날씬한 체형이 매력적이고 학업과 사회적 성공요인에 중요하다고 믿는다. 이로 인해 지나치게 체중을 줄이면서 식이장애의 어려움을 겪게 된다. 식이장애는 대부분 여자 청소년에게서 많이 나타나며 수면장애, 저체온증, 무월경, 저혈압 등의 증상을 수반한다. 식이장애 유형은 신경성 식욕부진증, 신경성 폭식증, 기타 식이장애로 구분한다(대한소아청소년정신의학회, 2012).

(1) 신경성 식욕부진

신경성 식욕부진증은 체중 증가에 대한 극심한 두려움으로 인해 식사를 의도적으로 제한하며 체중을 급격히 감소하는 것을 말한다. 심한 체중감소에도 불구하고 이로 인한 신체적 변화의 심각성을 알지 못하거나 부인한다.

(2) 신경성 폭식증

신경성 폭식증은 반복적인 폭식과 이로 인한 체중증가를 막기 위해 부적절한 보상행동을 하는 것이 특징이다. 많은 양의 음식을 먹고, 먹는 것에 대한 통제력의 상실감을 경험하는 것을 말한다.

(3) 기타 식이장애

기타 식이장애는 특별한 신단기준이 있기보다는 신경성 식욕부진증이나 신경성 폭식증의 진단기준을 만족시키지 않는 정도의 임상 증상을 나타내는 경우이다. 최근까지도 주목받지 못했지만 기타 식이장애는 성인과 소아청소년에서 모두 흔하게 나타나는 것으로 생각된다. 청소년기는 발달이 완전하게 성숙한 것이 아니기 때문에 식이장애 문제로 인해 발달에 심각한 손상을 줄 수 있다. 이에 건강한 성장기를 보낼 수 있도록 세심한 관심을 기울여야 한다.

5) 청소년 비행

청소년 비행은 미성년시기의 일탈행동으로서 음주, 흡연, 가출, 무단결석, 집단폭력 등 도덕적, 사회적으로 옳지 못한 행동들을 가리킨다. 또한 절도, 강도, 강간 등 특정 행동에 대해 범죄행위로 분류하여 지칭한다. 범죄 행위에 대해서는 소년법에 적용을 받고 연령에 따라 다시 범법소년, 촉법소년, 범죄소년으로 구분하여 법적 처벌수위를 적용하고 있다. 대체적으로 청소년들은 일탈행동이 주로 많으나, 최근에는 일탈행동을 넘어 범죄 행동으로까지 확장되고 있다. 즉 범죄 연령이 낮아지고 있으며 또래 폭력범죄가 증가하고 있다. 또한 과거와는 달리 성범죄, 중산층 이상의 청소년들의 비행, 여자 청소년의 비행, 정규교육 과정을 받고 있는 일반 청소년 비행, 알코올과 환각약품 등의 범죄 행위가 증가하고 있다(한국청소년정책연구원, 2014).

(1) 비행의 원인

① 가족환경 요인

청소년비행의 원인은 복합적인 요인에 의해 발생되지만 대체적으로 가정적인 요인에서 가장 크게 영향을 받게 된다. 가정환경은 한 개인의 성격, 가치관, 자아정체성 등을 형성하는 데 중요한 요소가 된다. 성장과정 동안 가정환경이 불안정할 경우 발달에 영향을 미친다. 청소년들은 부모가 자녀에 대해 무관심하거나 가정폭력을 지속할 경우에 일탈행동을 생각한다. 또한 과거에는 빈곤가정에서 청소년 비행이 많았으나 최근에는 생활안정층의 청소년 비행이 증가하고 있다. 부모가 자녀에게 몰입되어 과잉보호하거나 학업 성적에 지나치게 압력을 가할 경우 스트레스가 많아져 일탈을 꿈꾼다.

② 친구관계 요인

또한 청소년 비행은 학교생활 요인에 의해 영향을 받게 된다. 입시위주의 학업방식, 주입식 교육, 긴장감이 있는 교실 분위기, 선생님의 차별 등이 비행 동기의 원인으로 주목하고 있다. 아울러 친구에 의해 일탈행동을 하게 되는 경우이다. 청소년시기에 친구들의 영향력이 매우 크다. 친한 친구들이 일탈행동을 하게 되어 함께 할 것을 권유하는 경우 자연스럽게 비행문화를 받아들이게 된다. 이는 청소년기에는 친구애착이 높기 때문에 소속감을 느끼고 싶어 하거나, 또는 또래 압력으로 인해 집단에서 빠져 나오지 못하는 경우라 할 수 있다. 특히 부모와의 관계가 좋지 않을 경우 또래 압력에 의한 사실을 숨기기 때문에 자녀의 일탈의 정도가 어느 정도인지 파악하는 것은 쉽지 않다.

(2) 비행 행동(음주, 흡연)

청소년기에 경험하는 비행은 주로 음주와 흡연이 가장 많다. 음주와 흡연의 원인은 대부분 친구들과 어울리면서 시작하는 경우가 많고 가정환경, 허용적인 사회문화, 대중매체에 의한 영향이라 할 수 있다. 최근 청소년의 처음 흡연하는 연령이 낮아지고 있고(12.7세), 여학생의 흡연율이 증가되는 경향을 보인다. 음주는 남학생이 여학생보다 높았으나, 학년이 올라갈수록 성별 모두에서 음주량이 증가하였다(교육부 · 보건복지부, 2016).

① 중독의 지속성

성인 알코올중독 생애연구를 보면 어린 연령에 음주를 시작하여 생애 동안 음주와 관련된 문제를 경험한다고 한다. 청소년시기의 음주경험이 중단되지 못하고 지속될 경우 중독과정으로 이어질 위험이 높다. 청소년기는 아직 발달이 완성되지 않았기 때문에 모든 영역의 발달에서 어려움이 발생할 수 있다. 예를 들면, 주의집중력 저하, 긴장, 불안, 우울, 자살생각 등의 문제로 어려움을 겪는다.

② 예방 관련 정책

청소년 비행을 예방하기 위해서는 통합적인 관점에서 접근하여 개입해야 효과적이다. 먼저는 가정의 부모관계, 학교에서의 교사, 친구관계, 지역사회에서의 건전한 여가문화 등 변화를 위해 모두가 협력해야 청소년 비행문제를 예방할 수 있다. 현재 위기청소년들을 돕는 지역사회청소년통합연계체계(CYS-Net)가 전국 청소년상담복지센터를 중심으로 운영되고 있다. 이곳에서는 전문상담사가 24시간 상담을 진행하고 있으며 일상에서 겪는 모든 어려운 문제에 대해 도움을 주고 있다.

6) 사이버폭력

학교폭력이란 학생 간에 발생하는 신체적, 정신적, 언어적, 성적 폭력행위로 정의한다. 또한 학교폭력은 자신보다 약한 처지에 있는 상대에게 의도적으로 폭력을 행사하는 것으로 개인과 집단적 폭력 행위 모두를 포함한다. 최근에는 학생들 간의 폭력이 온라인으로 확장됨에 따라 사이버폭력을 학교폭력에 포함시키고 있다. 오프라인 학교폭력은 몇 년 동안 감소되었으나 사이버폭력은 오히려 증가하고 있다(교육부, 2017). 스마트폰 소지율이 많고 친구들 간의 다양한 인터넷 활동과 서로 연결되면서 괴롭힘이 발생되고 있다.

(1) 사이버폭력의 정의

사이버폭력은 인터넷, 휴대전화 등 전보통신기기를 이용하여 학생들이 특정 학생들을 대상으로 지속적, 반복적, 심리적으로 공격을 하거나, 특정 학생과 관련된 개인정보 또는 허위사실을 유포하여 상대방이 고통을 느끼도록 하는 행위로 정의한다(학교폭력예방 및 대책에 관한 법률, 2017).

(2) 사이버폭력의 원인

과거에는 친구 괴롭힘이 학교 내에서만 이루어졌다면, 현재는 공간과 시간이 자유로운 온라인에서 이루어지고 있다. 온라인에서는 직접 대면하지 않고 관계할 수 있기 때문에 폭력 수위는 더 높아지고 피해자는 더 어려운 상황에 놓이게 된다.

① 학교폭력 피해-가해 관계

청소년 사이버폭력이 심화되는 현상은 피해자는 피해로 인한 분노와 복수심의 감정이 누적되어 타인을 괴롭히는 가해자의 입장으로 바뀌는 경우이다(김경은, 2017). 즉 피해자와 가해자의 역할이 바뀌면서 폭력이 심화되는 현상으로 이어지고 있다.

② **스트레스**

사이버폭력이 증가하는 현상은 현실에서 느끼는 긴장과 스트레스를 인터넷 활동을 통해 해소하려는 경향이 많기 때문이다. 청소년기에는 학업 · 성적과 친구관계 등에서 스트레스를 주로 경험한다. 그리고 현실에서 만족감을 충족하지 못할 경우 인터넷 활동으로 위로를 받기 때문에 어려운 상황에 놓이게 된다.

(3) 예방 관련 정책

청소년들이 학교폭력 문제로 어려움을 겪지 않기 위해서는 가정, 학교, 정부 모두의 노력이 필요하다. 학교에서는 친구들과 친밀하게 소통하는 시간을 마련해 주는 것이 필요하다. 가정에서는 부모의 애정과 통제가 중요하며, 정책적인 측면에서는 효과적인 사이버 안전망을 마련하는 것이다. 현재 사회복지실천에서는 학교폭력 문제를 개입하기 위해 예방, 교육, 상담 차원의 단계로 이루어지고 있다. 대표적인 기관은 학교폭력 117, 청소년상담복지센터 1388, 청예단 SOS지원단 1588−9128 등에서 지원하고 있다.

연 습 문 제

1. 청소년기에 관한 용어로 옳지 않은 것은?
① 주변인 ② 사춘기
③ 정체성 혼란기 ④ 질풍노도의 시기 ⑤ 심리적 이유기

2. 청소년기 발달의 특징으로 옳은 것은?
① 피아제의 구체적 조작기에 해당한다.
② 뇌 성장이 일생에서 가장 빠른 시기이다.
③ 성적 성숙의 일차성징이 발달한다.
④ 성역할 고정관념이 유연하다.
⑤ 남자는 테스토스테론이, 여자는 에스트로겐이 분비된다.

3. 자아정체감을 확립하기 위한 노력도 없고 기존의 가치관에 대한 의문도 제기하지 않는 상태를 가리켜 무엇이라고 하는가?
① 정체감 유실 ② 정체감 혼란
③ 정체감 성취 ④ 정체감 유예 ⑤ 정체감 붕괴

4. 청소년기 인지발달 변화와 관련하여 옳지 않은 것은?
① 통합적 사고 ② 추상적 사고
③ 논리적 사고 ④ 연역적 사고 ⑤ 조합적 사고

5. 자신의 감정과 사고는 너무나 독특한 것이어서 다른 사람이 잘 이해하지 못할 것이라고 생각하는 사고를 가리켜 무엇이라고 하는가?
① 상상적 청중 ② 자기 우월감
③ 개인적 우화 ④ 자기애적 사고 ⑤ 상상적 관중

정답	1. ③	2. ⑤	3. ②	4. ①	5. ③

5 청 년 기

1. 청년기

청년기는 부모와의 의존적인 관계에서 독립하여 홀로서는 시기이다. 부모로부터 정신적, 경제적인 독립이 성공적으로 이루어져야 하는 발달 과제가 있다. 청년기의 발달을 살펴보기 전에 연령을 정의하고자 한다. 청년기의 연령구분은 학자 간의 다양한 견해가 있다. 그러나 이 책에서는 청년기를 청소년기의 발달이 끝나는 시점인 19세부터 30세 이전까지로 보며, 30세부터 40세까지를 성년기로 구분하여 정의한다. 그 이유는 우리나라 청년들은 취업준비 기간이 길어짐에 따라 결혼이 늦어지는 현상이 발달 연령에서도 차이가 있기 때문이다. 청년기는 20대의 연령으로 고등학교를 졸업한 이후 대학 진학, 군대, 취업, 배우자 선택 등에서 정체싱을 확립해야 한다. 하지만 우리나라 20대 청년들은 사회 구조적인 변화로 인해 과거에 비해 발달의 어려움을 겪고 있다는 점에서 연령을 구분하여 논의하고자 한다. 또한 30세부터 40세 이전까지의 연령을 성년기로 구분하여 살펴보고자 한다. 그 이유는 취업이 늦어짐에 따라 결혼과 자녀출산이 늦어지는 등 발달과정의 변화가 있기 때문이다. 즉 30대는 직장생활 적응과 동시에 결혼과 자녀출산, 부모역할 적응, 사회관계 변화 등의 발달적인 측면에서 어려움이 있기 때문에 연령을 구분하여 논의하는 것이 타당할 것이다.

1) 신체발달

(1) 20대 초반

청년기는 성인으로서 신체발달이 완성되는 시기이다. 20대 전반은 신체발달이 최고 정점에 도달하면서 일생 중 가장 건강하고 안정된 상태를 유지한다. 골격과 근육의 발달이 완성되고 신체 내부기관의 기능도 최고조에 달한다. 또한 운동기술 능력을 최대한 발휘할 수 있다. 청년기는 다른 연령에 비해 질병이나 건강의 어려움이 적은 편이다. 이는 과거보다 생활환경이 개선되고 개인적으로도 운동과 건강식에 관심이 많아져서 발달이 향상된 점이다. 그러나 청소년기에 신체 발육이 일찍 이루어진 경우에는 생물학적 노화가 진행되는 시기이기도 하다.

(2) 20대 후반

20대 후반부터는 신체 외형의 변화와 내부기관 기능의 노화가 서서히 진행된다. 점차 건강상의 문제가 나타나기 시작한다. 만성적인 질병보다는 스트레스와 갑작스런 사고에 의한 신체적 건강문제가 주로 발생한다. 최근 5년 동안 근골격계 질환과 소화기계 질환, 정신 질환 등에서 20대가 다른 연령대보다 가장 많은 어려움을 보였다(건강보험심사평가원, 2017). 이는 오랜 학업과 취업 준비로 인해 정신적·육체적 건강이 급속도로 악화되고 있는 점과 관련성이 있다.

(3) 건강

청년기의 질병과 건강 문제는 소득수준, 교육수준, 직업수준과 연관성이 많다(Adler & Newman, 2002). 소득수준이 낮을수록 건강에 어려움을 주는 음식과 환경 개선에 고려할 만한 선택의 여지가 없기 때문에 질병에 노출되기 쉽다. 이와 관련하여 생활안정층보다 저소득층에서 건강상태의 어려움을 더 호소하였다(한국보건사회연구원, 2015). 청년기의 건강상태는 운동, 음주, 흡연, 약물남용, 중독, 식습관, 스트레스 등과 관련이 있다. 생활환경이 불안정한 청소년일수록 이러한 건강상의 어려움이 많고 자원체계가 부족하여 질병을 조기에 치료하는 기회를 갖지 못한다. 청년기에 건강을 잘 유지하는 것이 이후 발달단계에도 중요하기 때문에 이에 대한 사회적인 관심이 필요하다.

2) 인지발달

피아제는 청소년기 이후에는 인지발달이 거의 이루어지지 않는다고 보았으나 최근 연구들은 이에 대해 다른 견해를 제시한다. 인지능력은 청소년기에 완성되는 것이 아니라 전 생애 동안 꾸준하게 발달한다고 본다. 청소년기에는 기계적 암기나 지적 과제의 수행속도가 다른 연령대보다 가장 뛰어나지만 판단, 추론, 창의력, 문제해결능력이 청년기에 최대한 발휘되며 이후에도 지속적으로 발달한다고 보는 견해가 많아지고 있다(권중돈, 2014). 청년기에는 사고의 유연성이 발달하는 시기이다. 사고의 유연성이란 합리적 사고, 다원론적 사고, 실용적 사고 등의 인지능력을 말한다. 청년기 인지발달의 특징은 현실적인 측면을 더 고려한 사고가 발달하게 된다.

(1) 합리적 사고

청년기에는 합리적인 사고가 가능해지며 자신이 알고 있는 지식과 타인의 지식을 균형 있게 통합하여 문제를 해결해나간다. 청소년기는 감성위주의 사고가 많았다면 청년기부터는 이성적 사고가 더 발달함으로써 합리적인 사고에 영향을 미치게 된다.

(2) 다원론적 사고

청소년기는 흑백논리에 따른 이원론적 사고가 많았다면, 청년기부터는 다원론적 사고로 전환하게 된다(Perry & Sinnott, 1981). 다원론적 사고란 어떠한 지식은 절대적인 것이 아니라 여러 개의 타당한 견해 중에 하나라는 사실을 이해하는 것이다.

(3) 실용적 사고

청년기에는 실용적 사고가 발달한다. 청소년기 이전까지는 생활에서 필요한 지식을 습득하는 단계였다면, 청년기부터는 습득한 지식을 실제생활에 응용하는 단계이다(Schaie, 1990). 즉 현실적인 측면을 고려하여 합리적, 실용적인 사고 경향이 많아지게 된다.

(4) 지식의 확장

청년기에는 자신만의 전문지식을 습득해 나감으로써 새로운 기억능력과 인지발달을 확장해 나간다. 자신의 지식에 대한 신념을 바탕으로 특정 직업분야에서 창의력을 발휘하며 새로운 가능성에 도전해 나간다.

3) 사회정서 발달

청년기에는 안정된 삶으로 나아가기 위해 친밀한 관계를 형성하고 직업의 정체성을 확립해 나간다. 자신에게 중요한 지지체계를 내면화하면서 이전보다 안정된 자아를 만들어간다. 특히 마음을 나눌 수 있는 이성관계를 통해 소속감과 안정감을 느끼길 원한다. 이전보다 책임 있는 행동을 하려고 노력하고, 직장을 준비해 나가고 선택하는 과정에서 현실적인 측면을 더 고려하여 판단한다. 그러나 현재 우리나라 청년들은 경제적인 독립이 늦어지고 있기 때문에 심리적으로 부담감을 경험하고 있다. 20대는 일과 사랑이라는 정체성 확립이 중요하지만 현실적으로는 취업준비가 길어짐으로 인해 이러한 발달 과제를 획득하지 못하고 있다. 취업 장벽으로 인해 정체성의 혼란을 경험하고 있는 것이다. 더욱이 구직활동이 길어질 경우 사회적 소외감으로 인해 우울, 불안, 공항장애 등의 심리적 어려움이 증가되고 있다.

(1) 부모와의 관계

자녀가 가정에서 자립심, 책임감, 자존감을 배우며 성장한 경우 자연스럽게 청년기로 전환하게 된다. 하지만 부모가 자녀의 독립을 격려하지 않거나 발달과정에서 무관심한 경우 성인기로 전환하는 데 어려움을 겪게 된다. 이러한 청년들은 자신의 행동과 결정이 적절한지 판단할 기준과 가치체계가 부족하기 때문에 불안을 경험한다. 이는 자기 신뢰가 부족하기 때문에 결정에 대한 불만족과 불안함이 많다고 볼 수 있다. 청년기에는 주도적으로 자신의 삶을 책임지고 꾸려나가야 하는 시기인 만큼 자기를 신뢰하는 태도가 중요하다. 자신의 능력을 믿고 신뢰하는 마음이 바탕이 되어야만 독립된 삶으로 점차 나아갈 수 있다.

부모는 자녀의 독립심을 격려하고 지지하는 역할 변화가 필요하다. 오늘날 20대는 완전한 성인이라고 보기에는 어려움이 따른다. 앞서 살펴보았듯이 학업기간이 길어짐에 따라 부모로부터 독립이 어렵기 때문이다. 부모는 자녀를 대할 때 청소년기 자녀처럼 관리하고 통제하려는 경향이 있고, 자녀는 부모의 정서적인 간섭은 원치 않으나 경제문제는 의존하기 때문에 갈등이 발생하곤 한다.

(2) 직업 선택

청년기에 성취해야 할 가장 중요한 발달과업은 진로 결정에 따라 원하는 직장에 들어가는 것이다. 그동안 막연하게 생각했던 직업에 대해 최대한 범위를 좁히고 자신의 현실적 상황을 고려하여 원하는 직업을 갖기 위해 집중한다. 청년기에는 직업 선택이 자아정체성 발달과 밀접한 연관성이 있다(Super, 1990). 청소년기에는 직업에 대해 막연하게 생각하거나 정보 중심의 지식에 머물렀다면, 20대부터는 실천 중심의 지식으로 직업을 적극적으로 탐색하고 체계적으로 실행해 나간다. 20대 초반에는 직업 선택을 위해 관심 있는 직업을 직접 체험해 보거나 다양한 경험에 도전해 봄으로써 여러 상황을 고려해 나간다. 20대 후반에는 직장을 선택하는 단계로서 자신이 선택한 직업 분야에서 전문성을 발전시키고 자신의 직업을 자아개념의 일부로 간주하기 시작한다.

① 진로 선택 관련요인

청년기는 자신의 흥미, 능력, 교육, 가치관과 현실적 상황을 고려하여 신중하게 직업을 선택하게 된다. 직업 선택에는 개인요인, 가족요인, 사회관습요인, 상황적 요인, 사회경제적요인, 개인의 심리사회적요인이 영향을 미친다(O'Neil et al., 1980).

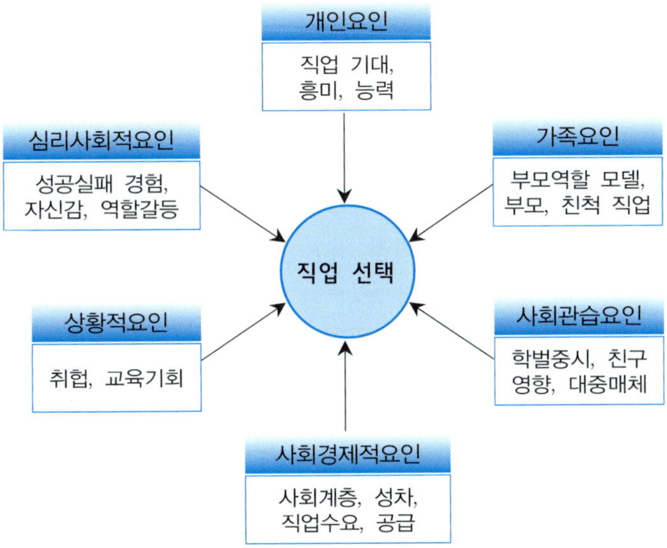

[그림 5-1] 직업 선택에 영향을 미치는 요인

② 진로결정의 과정

긴즈버그(Ginzberg)는 진로를 결정하는 3단계 과정을 설명한다. 첫째는 환상기이다. 처음 직업을 선택할 때 개인적인 소망에 근거하여 선택한다. 둘째는 실험기이다. 직업을 선택할 때 자신의 현실적인 문제를 고려하여 결정하기 때문에 직업을 탐색해 보는 단계이다. 셋째는 현실기이다. 직업을 결정하는데 직접적인 경험, 교육, 훈련을 적용하여 직업을 선택한다.

③ 진로정체성

자신이 선택한 직업에 만족하기 위해서는 직업정체성을 정립하는 것이 중요하다. 직업정체성은 나는 어떠한 직업을 갖길 원하는가? 나는 어떠한 재능을 가지고 있는가? 나는 어떠한 직업에 흥미와 관심을 가지고 있는가? 내가 선택하려는 직업은 어떠한 점에서 가치가 있는가? 등의 질문에 대답을 해보면서 정체성을 확립해 나가는 것이다.

④ 진로동기

직업선택에서 생각해 볼 수 있는 관점은 나는 어떠한 동기와 가치를 중요하게 여기는지를 생각해 보는 것이다(Krznaric, 2013). 돈을 버는 것, 사회적 지위를 획득하는 것, 더 나은 세상을 만드는데 기여하는 것, 열정을 따르는 것, 재능을 활용하는 것 등이다. 돈을 버는 것과 사회적 지위를 획득하는 것에 중요한 가치를 두는 것은 내적인 동기이며, 나머지는 외적인 동기를 중요한 가치로 생각하는 경우이다. 자신에게 맞는 직업을 선택하기 위해서는 흥미, 적성, 신체조건, 보유하고 있는 지식과 능력, 성격과 가치관 등이 다양하게 고려되어야 한다.

(3) 이성교제

이성교제는 이상적인 배우자를 선택하는데 도움이 된다. 청년기에 이루어지는 이성교제는 평생 함께할 동반자를 선택하는 과정이기 때문에 자연스러운 만남이 많다. 연예경험이 부족한 경우 낭만적이고 열정적인 사랑에 이끌리지만, 연예경험이 많을수록 현실을 고려하여 자신에게 적합한 이성을 만나길 원한다. 이성교제의 유형과 사랑의 발전과정을 살펴보면 다음과 같다.

① 사랑의 유형

스턴버그(Sternberg, 1988)는 사랑에는 열정, 친밀감, 헌신의 요소로 설명되며 각 요소에 따라 열정, 우애, 낭만, 성숙한 사랑으로 구분한다. ㉠ 열정은 사랑을 느끼는 동기요인으로 신체적 매력, 성적 욕망 등에 의해 이끌리는 경우를 말한다. 이

유형의 사람들은 열정적, 낭만적, 성숙한 사랑을 추구한다. ㉡ 친밀감은 정서적인 요인으로 정서적 지지와 격려 등의 공감적 의사소통 등을 통해 상대방을 좋아하는 감정을 가리킨다. 이 유형의 사람들은 우애적 사랑, 성숙한 사랑을 추구한다. ㉢ 헌신은 인지적 요소로서 애정의 관계를 유지하기 위해 책임감을 갖는 것을 말한다. 이 유형의 사람들은 우애적, 낭만적, 성숙한 사랑을 추구한다.

〈표 5-1〉 사랑의 유형

구성요소	열정	친밀감	헌신
열정적 사랑	+	−	−
우애적 사랑	−	+	+
낭만적 사랑	+	−	+
성숙한 사랑	+	+	+

② 사랑의 발전과정

이성교제는 자신을 이해하는 능력과 다른 사람과의 관계를 형성하는데 필요한 기술을 배우는 기회가 된다. 이성교제를 통해 자신을 개방해 나가는 방법과 대화의 기술을 알아간다. 건강한 이성교제는 서로에게 좋은 영향을 미치는 관계이며 자연스럽게 배우자를 선택하는 단계로 발전한다. 배우자의 관계로 발전시키려면 그 사람의 성격, 가치관 등이 이떠한지를 관찰해 볼 필요가 있다(Lamanna & Riedmann, 1981).

- 그는(그녀는) 주변에 몇 사람의 친한 친구가 있는가?
- 그는(그녀는) 파트너를 친구나 친지들에게 소개하는 것을 미루고 있는가?
- 사랑하는 관계가 끝난다고 하더라도 서로가 친구로서 남을 수 있는가?
- 파트너가 다른 사람을 대하는 방식이 마음에 드는가?
- 지금의 파트너를 만나기 전에 더 흥미로웠고 만족하였는가?
- 지금의 파트너와 결혼하게 될 경우 미래가 행복할 것으로 생각하는가?

• 서로 토론하지 못하는 금기시된 주제가 있는가?

(4) 배우자 선택

모두가 행복한 결혼생활을 꿈꾸면서 누구와 결혼을 할 것인지를 고민하게 된다. 이성간의 교제가 어느 정도 발전되면 자연스럽게 자신의 배우자로서는 어떠한지 탐색하고 여러 부분을 고려한다. 과거에는 부모나 가족환경 여건을 고려하여 배우자를 선택하는 비중이 많았다면, 오늘날에는 결혼 당사자의 의사결정을 존중하는 분위기로 바뀌고 있다. 행복한 결혼생활을 지속하는데 당사자의 의지와 책임이 중요하기 때문이다. 배우자를 선택하는데 영향을 미치는 요인은 친구 및 부모, 호감과 매력, 성격의 개방성 및 유사성, 성과 사랑, 이상적인 배우자상 등이다. 그리고 개인의 동기요인에 근거하여 배우자를 선택하게 된다(김경자 외, 2007). 배우자 선택이론으로 설명하면 다음과 같다.

① 부모 이미지 이론

자신의 부모 이미지와 같거나 비슷한 사람을 배우자로 선택한다. 부모와 긍정적인 관계를 맺은 자녀들은 부모와 유사한 사람을 선택함으로써 안정감을 느낀다. 반면 부모와의 관계가 안 좋은 경우나 이성 부모에 대한 불만이 많을수록 부모와 반대되는 사람을 선호하는 경향이 높다.

② 이상적인 배우자 이론

어렸을 때부터 자신이 꿈꿔 왔던 이상형을 닮은 모습의 사람을 배우자로 선택한다. 자신이 어렸을 때 좋아했던 연예인, 선생님 등 특정한 모습을 닮았을 때 결혼 이상형으로 생각해온 경우이다.

③ 출생순위 이론

자신과 반대되는 출생순위를 고려하여 배우자를 선택한다. 외동이로 자란 아이는 가족을 잘 보살필 수 있는 맏이를 선택하는 경우와 딸만 있는 막내는 장남과 결혼하기를 선호한다.

④ 보완적 욕구 이론

자신과 다른 성격을 지닌 이성에게 매력을 느끼면서 자신의 부족한 부분을 보완하려는 경향으로 배우자를 선택한다. 내성적인 사람은 외향적인 사람에게 매력을 느끼거나, 외향적인 사람은 차분하며 모성애가 많은 사람에게 매력을 느끼는 경우이다.

⑤ 도구적 욕구 이론

자기의 욕구를 최대한 충족시켜줄 수 있는 능력을 소유한 사람을 배우자로 선택한다. 능력이 부족한 사람은 자신보다 능력을 많이 가진 사람과 결혼하길 원한다. 현대 남성들은 배우자를 선택할 때 여성들이 직업을 갖고 있길 희망하는 경향이 높아지고 있다.

⑥ 사회교환 이론

사람은 합리적으로 이득을 추구하는 존재이기 때문에 비용과 보상을 배우자 선택에도 적용한다. 각자에게 이득을 주는 조건 등을 고려하여 배우자를 선택하는 것이다. 예를 들면, 사회적 지위, 경제소득, 학력, 연령 등 두 사람 간의 적절한 교환을 통해 배우자를 선택하게 된다.

⑦ 여과망 이론

배우자를 선택하는데 단계적인 여과망을 거치면서 최종 결정에 이른다고 본다. ㉠ 첫 번째 여과망은 근접성이다. 지리적으로 가깝고 만날 기회가 많은 사람들이 배우자 선택에도 고려 대상이 된다. ㉡ 두 번째 단계는 매력의 여과망을 통해 서로에게 호감과 매력을 느끼는 사람들로 좁히게 된다. ㉢ 세 번째 단계 여과망은 연령, 교육수준, 종교 등 사회적 배경이 비슷한 사람들로 범위를 좁히게 된다. ㉣ 넷째 단계는 상호일치 여과망으로 자신의 삶의 가치관과 태도가 비슷한 사람들만 남게 된다. ㉤ 다섯 번째 단계는 상호보완성의 여과망을 통해 욕구와 성적특성에서 서로의 단점을 보완해 줄 수 있는 사람을 고른다. ⓑ 여섯 번째는 결혼 준비상태라는 여과망을 통과함으로써 최종적으로 배우자를 선택하게 된다. 여과망이론에 의하면 배우자 선택의 초기에는 근접성, 매력, 사회적 배경, 의견 일치 등의 동질적인 측면이 영향을 미치나, 이후 관계에서는 상호보완적인 측면이 중요하게 작용한다고 보았다(Olson David H. & DeFrain John, 1994).

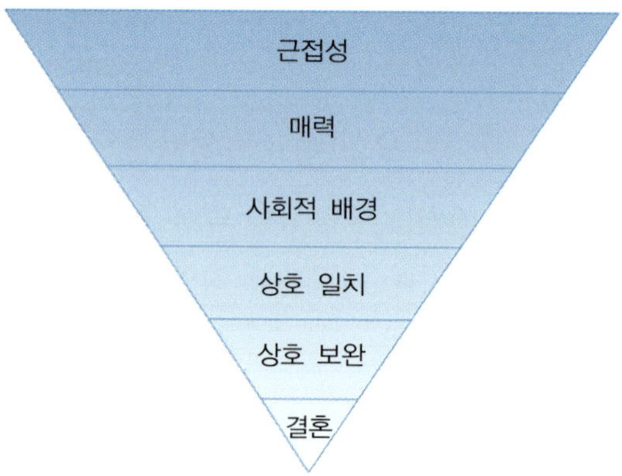

[그림 5-2] 여과망 이론: 배우자 선택 단계

2. 청년기의 문제와 사회복지실천

1) 청년 실업

과거에는 17~24세의 연령단계에서 가족을 떠나 독립하고, 25~30세는 성인기의 진입, 30세 이후부터는 성인기로서 안정된 시기를 보냈다(Zastrow et al., 2001). 즉 고등학교와 대학교를 졸업한 후 취업과 결혼까지 동시에 이어졌다. 그러나 요즘 청년들은 학업기간과 취업준비 기간이 길어져 성인기로 이행하는 과정이 지체되고 있다. 청소년기가 끝났음에도 불구하고 부모로부터 독립이 늦어지고 있는 것이다.

(1) 고용 불안

현대의 청년들은 고용이 불안정한 사회구조 속에서 살아가고 있다. 좁은 취업문, 불안정한 일자리, 연장되는 취업준비기간, 증가하고 있는 취업준비생, 학자금 부담의 장기화, 스펙 쌓기로 구조화된 삶, 사회적 약자로서의 위치(주거 빈곤층 포함) 등의 문제로 고통을 경험하고 있다(한국청소년정책연구원, 2015). 그동안 우리 사회는 20대 청년들에게 크게 주목하지 않았으나 청년 실업과 발달의 문제가 이슈화되면서 재조명되고 있다.

(2) 사회관계 단절

취업을 하지 못한 청년들은 소속감이 없기 때문에 고립감, 소외감의 감정을 경험한다. 더구나 취업이라는 목표 이외 삶으로부터 스스로 고립되어 사회와 단절의 시간을 보내는 경우가 많다. 청년기에 누릴 수 있는 연애도 취업을 위해서 포기하고, 취업에 도움이 되는 자격증과 경력 쌓기를 위해 대학졸업을 유예하는 현상도 벌어지고 있다. 이처럼 청년실업의 문제는 개인의 문제를 넘어 가족 모두의 어려움과 고통이 된다.

(3) 가족관계 갈등

부모는 자녀가 안정된 직장에 들어갈 수 있도록 시간적, 경제적, 정신적으로 헌신의 시간을 감내하지만 자녀의 구직활동이 길어질수록 부담감은 커진다. 그나마 경제적으로 자녀의 취업준비에 도움을 주지 못하는 저소득층의 경우 취업 상황은 더욱 좋지 않다. 부모의 도움이 부족할 경우 자녀는 원하는 직장을 포기하고 불안정한 직장으로 취업하는 사례가 많아진다.

(4) 발달 문제와 정책

취업이 길어지고 있는 청년들의 건강상태가 나빠지고 있다. 이는 취업에 대한 압박감으로 인해 긴장과 불안, 불규칙적인 식습관 등으로 인해 건강문제가 발생하고 있다. 또한 구직활동이 길어질 경우 알코올중독, 도박중독, 인터넷 게임중독 등의 문제로 이어질 수 있다. 청년기는 생애 중에서 가장 건강하고 자신감이 높은 시기임에도 불구하고 취업 장벽으로 인해 좌절의 시간을 보내고 있다. 청소년이라 할 수도 성인이라 할 수도 없는 불안한 사회적 위치 속에서 정체성의 혼란을 경험하고 있는 것이다. 취업의 문제는 청년기 발달과업 중에서 가장 중요하기에 적극적인 정책방안이 모색되어야 한다. 현재 청년실업의 문제를 고용정책적인 측면에서 대응하고 있으나 아직까지는 한계점이 많다. 고용노동부, 교육부, 여성가족부, 특허청, 중소기업청, 대통령 직속 청년위 등에서 취업관련 서비스를 지원하고 있다.

2) 데이트 폭력

데이트 폭력은 결혼하지 않은 이성교제 관계에서 파트너에게 언어적, 신체적, 성적 폭력을 행하는 것을 말한다. 과거에는 데이트 폭력의 가해자가 남성의 경우가 많았으나, 최근에는 여성의 경우도 증가하고 있다. 데이트 폭력은 본격적인 이성교제를 시작하는 20대에 주로 발생한다. 두 사람이 연인관계로 발전하면서 의견충돌이나 갈등 상황이 발생될 수 있는데 이를 건강한 방식으로 해결하기보다는 폭력으로 대응하려 하기 때문에 빈번해진다. 데이트 폭력이 심화될 경우 생명이 위협적인 상황으로까지 이어진다. 조사에 따르면, 파트너의 생명을 위협하는 폭력으로 경찰에 검거되는 사례수가 해마다 증가되고 있다(검찰청, 2016).

(1) 폭력의 경계선

데이트 폭력이 심각한 사회문제임에도 불구하고 예방하는 것은 쉽지 않다. 왜냐하면 친밀한 연인관계에서 은밀하게 일어나기 때문에 주변 사람들의 개입이 어렵다는 점이다. 또한 연인간의 발전과정에서는 사랑과 폭력의 경계선을 정확히 인지하지 못하기 때문에 폭력을 사랑으로 왜곡하여 해석한다. 데이트 폭력의 경험은 심리적으로 외상의 흔적을 갖게 되어 발달과정 동안 어려움을 겪는다. 특히 치료되지 않는 폭력경험은 불안정한 결혼생활의 원인이 되기도 한다.

(2) 폭력의 지속성

이성교제 중에 한 번 폭력문제가 발생하면 이후 빈번해지는 경우가 많다. 이는 학습된 효과로서 갈등 상황에 처하게 되면 폭력으로 해결하는 것이 더 쉽기 때문이다. 데이트 폭력은 아동학대, 부부폭력 목격, 학교폭력과 관련성이 많고 폭력 상황에 노출된 사람일수록 공격성이 많아진다. 특히 어린 시절 부모로부터 폭력을 당한 경우, 부모간의 폭력을 목격한 경험이 많을수록 자신도 힘의 권력을 유지하기 위하여 폭력을 사용하려는 경향이 많아진다(오윤희, 2016; 이화숙, 2016). 또한 학교폭력 피해로 인한 부정적인 감정이 해소되지 못하고 내재되어 있는 경우에 폭력을 통해서 상대방을 지배하려는 욕구가 발생된다. 이처럼 데이트 폭력의 원인을 살펴보면 안전하지 못한 환경에서 보호받은 경험이 부족한 사람일수록 공격성이 높다고 볼 수 있다.

(3) 예방적 개입

우리나라도 데이트 폭력이 사회적인 이슈가 되면서 청년기를 중심으로 다양한 관점에서 연구가 이루어지고 있다. 이는 폭력경험을 사전에 예방하여 결혼 이후의 가정폭력을 예방하는데 중요한 개입으로 보기 때문이다. 청년기에는 이성교제를 통해 미래의 배우자를 선택하는 시기인 만큼 건강한 만남이 중요하다. 데이트 폭력 문제를 예방하기 위해서는 먼저 정부의 적극적인 대응이 필요하며, 대학 내 학생상담센터와 공공기관 및 민간 차원의 등의 실천적 개입이 다양한 측면에서 이루어져야 한다.

3. 성년기

이 책에서는 30대에 해당하는 나이를 성년기로 규정하고, 40~65세를 중장년기로 정의하고자 한다. 30대는 발달단계로 구분해보면 성인 초기에 해당한다(Newman & Newman, 1987). 과거에는 20대에 취업과 결혼이 완성되었다면, 현재는 30대에 진행되고 있다. 이러한 점에서 우리 사회에서는 30대를 중년기로 보기에 무리가 있어 보인다. 현재 여성 초혼연령은 30.0세, 남성 초혼연령이 32.6세로 1990년과 비교해 보면 여성은 24.8세, 남성은 27.8세의 연령 차이를 보였다(통계청, 2017). 30대 연령은 신체적으로는 체력이 점차 감소되고 심리적으로는 사회적 책임감이 증가되는 시기이다. 또한 성인으로서 경제적 독립, 정서적 독립, 부모역할 등에서 기대를 요구받는다. 성년기는 안정된 직장생활과 가정생활을 꾸려나가기 위해 노력한다. 직장에서는 열심히 일하고 가정에서는 결혼생활에 책임감을 갖는다.

1) 신체발달

청년기 후반부터 체력, 지구력, 운동기술 등의 신체적 기능이 조금씩 쇠퇴하기 시작한다. 대근육과 소근육의 동작이 둔감해지고 감각기관의 기능도 점차 나빠지게 된다. 평소에 건강관리에 관심을 기울인 경우 큰 어려움 없이 원만하게 건강을 유지한다. 하지만 운동 부족, 음주, 흡연, 불규칙적인 식습관을 지속한 경우에는 건강상의 문제가 나타나기 시작한다.

(1) 건강상태

30대부터 체력과 면역력이 떨어지면서 질병에 노출되거나 만성적인 질병이 출현하게 된다. 주로 비만, 당뇨, 고혈압, 관절염 등과 관련된 신체적 문제이다. 자신의 건강상태를 자주 체크하고 규칙적인 운동과 영양공급을 위해 노력을 기울여야 하지만 대부분 건강을 놓치는 경우가 많다.

(2) 신체활동

국민건강통계에 따르면, 30대는 모든 연령층에 비해 음주, 흡연, 신체활동과 근력운동 부족, 우울과 스트레스가 가장 높았다. 특히 폭음을 하는 경우는 60% 이상으로 가장 높았는데, 남자 2명 중 1명이, 여성은 4명 중 1명이 폭음을 하였다. 신체활동과 근력운동이 다른 연령에 비해 가장 낮았으며, 스트레스와 우울도 남녀 모두가 다른 연령층보다 가장 높았다(보건복지부, 2016). 30대는 가정과 직장에서 적응해야 하는 과제가 많기 때문에 자신의 건강을 돌보는데 소홀할 수가 있다.

2) 인지발달

성인의 인지능력을 정확히 판단하기에는 어려움 있다. 이는 교육수준, 사회경제적 지위, 건강상태 등의 개인차가 고려되기 때문이다. 성인기에는 인지기능이 모든 영역에서 전반적로 쇠퇴한다고 보는 견해와 반면, 특정한 인지영역만이 쇠퇴한다고 보는 관점이 있다. 성인기는 지식이 확장되면서 기존의 정보와 새로운 정보를 통합하는 능력이 향상된다. 또한 감각과 지각 등에 영향을 받는 인지능력은 저하되기 시작한다. 예를 들면, 정보처리속도와 단기기억, 동시수행능력 등은 감소하나, 일상생활의 문제해결에 필요한 실용적 지능은 오히려 증가한다(권중돈, 2014). 성인기에 잠재능력이 발휘되는 경우도 많은데 그동안 축적된 전문 지식이 새로운 지식과 융합되어 창의력으로 나타난다. 실제로 예술, 과학, 인문학 등의 학문 분야에서 일하는 사람들이 연령이 높아져도 창의력이 높았다(Dennis, 2000).

3) 사회정서발달

독립된 두 성인이 결혼을 하는 순간 새로운 가족이 탄생된다. 그리고 인간의 발달단계처럼 가족도 일정한 발달과정을 경험한다. 이를 가족생활주기라고 부른다. 가족생활주기란 가족이 형성되는 시간부터 종료되는 시간까지 달성해야 할 발달과업이 있다고 보는 개념이다. 결혼한 부부는 부부관계 적응, 확대가족 관계 재조정, 자녀출산, 부모역할 적응 등의 발달과업이 있다. 가족생활주기를 통해 가족의 발달 변화와 발달단계에 따른 욕구를 이해할 수 있다(Duvall, 1977).

단계	발달과업
결혼한 부부	부부관계 적응하기, 확대가족 관계 재조정하기
자녀 출산	부모역할 적응하기, 부부만의 시간 만들기
자녀 유아기	유아기 발달에 관심 갖기, 부모역할 배우기
자녀 아동기	초등학생 아동의 욕구와 발달에 적응하기
자녀 청소년기	자녀의 자율성, 진로, 부모자녀관계 재적응하기
자녀 독립기	대학 진학, 군입대, 취업, 결혼 등 독립을 지지하기
중년 부부	결혼관계를 재확립하기, 진족관계 유지하기
노년 부부	노화에 적응하기, 사별과 혼자의 삶에 적응하기, 은퇴 적응하기

[그림 5-3] 듀발(Duvall)의 가족생활주기

(1) 부부관계 적응

행복한 결혼생활을 위해서는 서로의 차이를 이해하는 노력이 필요하다. 이성교제를 하면서 충분히 서로를 알고 결혼했다고 하더라도 결혼생활에서는 어려움이 따른다. 부부는 결혼하기 전 원가족으로부터 영향을 받은 성격, 가치관, 생활습관 등을 그대로 유지하고 있기 때문에 서로 다른 삶의 방식에서 어려움을 경험한다. 결혼 초기에는 서로 다른 성격과 가치관이 매력적으로 보일 수 있으나 점차 스트레스 상황에 놓이게 되면 갈등의 원인이 된다. 신혼 초기에는 서로의 차이점을 이해하는데 개방적인 의사소통 기술이 필요하다. 각자의 견해를 잘 들어주고 이해하려는 노력을 통해 상호 간 합의점을 찾도록 해야 한다. 부부가 협력해야 할 역할 요소는 다음과 같다(유영주, 1984).

① 자녀양육과 사회화의 역할

자녀의 양육과 사회화는 아동의 신체적 · 사회적 · 심리적 발달을 가져오기 위한 것으로 부부는 그들의 자녀를 사회에 적응할 수 있는 경쟁력 있고 사회적이며 도덕적인 인간으로 길러내는 역할에 충실해야 한다.

② 가계부양자의 역할

독립적인 가계운영을 위해서는 수입이 필요하다. 과거에는 남편이 가계부양자의 역할을 주로 담당하였으나, 점차 여성도 가계부양자의 역할을 공유하고 있다.

③ 성적인 역할

남편과 아내로서 고유한 역할이 성의 파트너가 되는 것이다. 사랑의 표현, 감정적 교류, 대화의 방법이기도 한 성행동은 부부역할의 기초이기도 하다. 부부 상호간에 성적인 역할이 제대로 충족되지 않을 때는 부부간의 불만이 쌓이게 되고 이에 따른 여러 문제들이 발생하기도 한다.

④ 치료적 역할

부부가 서로의 고민과 어려움을 털어놓고 도움을 주고받으며 문제점을 해결하는 카운슬러의 역할이 필요하다. 이 역할은 특히 현대사회의 변화와 함께 새로 부여된 부부의 역할이다. 따라서 필요에 따라 상대에게 바라는 치료적 역할을 외면

한다면, 부부생활에 틈이 생기고 고독해질 수 있다. 부부는 가장 가까이에 있는 상담자일 수 있기 때문이다.

⑤ 오락 및 휴식의 역할

가족 내에서는 진정한 휴식과 안식을 얻어야 하는데 휴식과 안락함을 주는 역할은 여성뿐 아니라 남편도 상황에 따라 함께 협력하고 적극성을 띰으로써 가정 내 단란함과 행복함을 공유할 수 있다.

⑥ 친족관계를 조정하는 역할

부부는 친족들과 원만한 관계를 유지하고 감정적 유대를 갖도록 노력해야 한다. 아내이면서 며느리이고, 남편이면서 사위의 역할을 맡고 있는 관계로, 이러한 역할을 무시해버리면 가족과 친족의 결합을 중요시하는 우리나라의 상황에서는 갈등이 생기기 쉽다. 따라서 부부는 항상 친족에 대한 상대적 위치에서 긍정적인 방향으로 행동하도록 조언을 해주는 역할을 담당한다.

⑦ 부부만의 시간 만들기

첫 자녀의 출생은 부부생활의 적응을 요구하는 어려움이 되기도 한다. 주로 산후우울증, 성적 친밀감 위협, 개인 시간의 상실 등의 문제이다(Collins et al., 1999). 부부가 자녀 출산을 위해 충분히 준비되었다 하더라도 부부관계의 변화가 발생된다. 이에 부부만의 친밀한 시간을 만드는 것과 동시에 각자의 개인 시간을 존중해 주는 것이 필요하다.

결혼을 하게 되면 가정 내에서 상대방의 역할을 기대하게 된다. 예를 들면, 식사 준비, 설거지, 청소, 돈 관리, 여가 시간, 자녀 돌봄 등 서로에게 기대하는 역할이 있다. 특히 맞벌이 부부의 경우에는 역할분담을 유연하게 조정하여 상호 간 가정과 직장 업무에 어려움이 없도록 협력해 나가야 한다. 전통적인 부부역할에서 남자는 가계부양자로, 여자는 돌봄의 역할로 뚜렷하게 구분하고 있지만, 현대사회는 여성의 경제참여가 높아짐에 따라 남녀의 역할이 보다 유연하게 변화되고 있다.

(2) 원가족과의 관계

행복한 결혼생활의 첫걸음은 원가족으로부터 독립하는 것이다. 어떤 부모는 자녀가 결혼을 하였어도 간섭과 통제를 하려고 한다. 이러한 자녀는 독립이 지연되고 부부간 갈등의 원인이 된다. 결혼한 부부는 새로운 관계에서 친밀감을 만들어 나가는데 집중하면서 원가족과의 관계를 재조정해 나가야 한다. 결혼 초기에는 부부관계 갈등의 원인이 원가족과의 문제로부터 발생되는 경우이다(Carter & McGoldrick, 1989).

배우자의 원가족과의 문제는 ㉠ 심각한 상실을 겪은 후 급히 만나 결혼한 경우, ㉡ 원가족과 거리를 두기 위해 결혼한 경우, ㉢ 서로의 가정배경이 매우 다른 경우, ㉣ 한쪽 배우자가 확대가족에게 경제적, 신체적, 정서적으로 의존되어 있는 경우, ㉤ 한쪽 배우자가 아동기나 청소년기 때 불행했다고 생각하는 경우, ㉥ 만난지 6개월 이내에 결혼하거나 약혼 후 3년 이후에 결혼한 경우, ㉦ 가족이나 친척이 참석하지 않은 채 결혼식을 한 경우, ㉧ 어느 한쪽 확대가족의 부모 결혼상태가 불안정한 경우, ㉨ 배우자 한쪽이 부모나 형제자매와의 관계가 원만치 못한 경우 등이다. 이러한 갈등의 원인들이 부부관계의 거리감을 갖게 한다.

(3) 부모역할 적응

결혼을 하게 되면 대체적으로 자녀를 출산하여 사랑과 애정을 주고 싶어 하는 욕구가 생긴다. 자녀 출산은 부부간의 사랑의 결실이며 인생을 풍요롭게 해주는 행복의 우선순위가 된다. 과거에는 결혼을 하면 자녀 출산은 자연스러운 선택이며 가계계승을 위해 부모 되기를 결정한다. 현대 부모는 부부간의 합의된 의사결정에 의해 임신을 계획하고 출산하여 양육의 역할을 수행하거나, 부모 되기를 미루거나 포기하는 경우도 있다. 이는 경제적, 사회적 책임감을 감당해야 하는 양육 부담감이 많기 때문이다. 하지만 대부분은 결혼을 하게 되면 부모 되기를 선택하고 부모역할을 잘 수행하려는 욕구를 갖게 된다. 자녀 출산은 부부의 삶에 많은 변화를 가져오게 되지만 자녀의 성장과정을 통해 진정한 결혼생활의 행복감을 느끼게 해 준다. 또한 부모는 부모역할을 배우면서 자신도 성장하게 되는 변화를 경험한다. 아직까지 우리 사회는 자녀가 부부관계 만족도를 높여주는 중요 요인으로 생각하고 있다. 조사에 따르면, 기혼여성은 가정의 행복과 조화를 위해서 자녀가 있어야 한다고 인식한 경우가 80%로 나타났다(한국보건사회연구원, 2016).

① 가족생활 변화

자녀를 임신하는 순간부터 가족생활의 변화가 시작된다. 부부중심에서 자녀중심의 생활로 이동하면서 부부관계의 행복감이 줄어들기도 한다. 특히 첫 자녀를 양육할 경우 경험이 부족하기 때문에 마음의 여유를 갖기보다는 스트레스로 인식할 수 있다. 또한 수면 부족, 가사와 양육역할 분담, 여가시간 부족 등으로 인해 부부간의 갈등이 일어날 수 있다. 따라서 자녀 출산 이후에도 부부관계를 유지할 수 있도록 역할전환에 따른 지식과 육아의 정보 등을 배우려는 의지가 필요하다.

② 부모역할 차이

자녀가 어릴 경우 어머니가 양육적인 역할을 더 많이 한다. 특히 영유아기는 생존, 안전, 정서적인 욕구에 민감하므로 이를 충족시켜주는데 어머니의 역할이 크다. 여성의 경우 돌봄에 대한 역할의 부담이 가중되어 심리적인 어려움을 경험하기도 한다. 반면 아버지는 자녀의 사회성 발달에 영향을 미친다. 30대 남성의 경우 직장생활과 업무역할에 적응해야 하는 중요한 기간으로 긴장과 스트레스를 경험하는 시기이다. 이처럼 역할의 차이는 서로에게 기대하는 욕구를 바라기 때문에 역할변화가 필요하다.

③ 부모의 성격요인

첫 자녀 양육은 대부분 경험이 부족하기 때문에 부모역할을 수행하는 데 어려움을 겪게 된다. 하지만 어떠한 부모는 자신의 역할 변화에 잘 적응하면서 성공적인 양육을 위해 노력해 나간다. 이러한 차이는 부모의 성격, 가치관, 원가족에서의 경험, 사회적 지지관계, 자녀의 기질 등에 의해 부모역할에 영향을 미친다(Belsky, 1984).

특히 부모의 성격요인이 양육태도에 영향을 미친다. 부모의 ㉠ 외향성(사교적, 활동적, 수용능력 등 다른 사람과 관계를 잘 유지하고 발달시킬 수 있는 능력), ㉡ 순응성(사고나 감정, 행동에서 타인에 대해 공감하고 조화를 이루고자 하는 성격특성), ㉢ 개방성(새로운 경험에 대한 개방적인 태도), ㉣ 성실성(목표를 달성하고 성취하려는 노력의 태도)의 성격은 양육에 긍정적인 영향을 미치나, ㉤ 신경증(심리적인 원인에 의해 나타나는 정신적, 심리적인 어려움)적인 성격은 자녀의 발달을 어렵게 한다.

④ 부모의 가치관

부모의 긍정적인 가치관이 양육태도에 영향을 미친다. 이러한 부모는 바람직한 원칙과 신념을 갖고 부모역할을 수행하기 때문에 일관성 있는 양육태도를 유지하게 된다. 이러한 가치관은 어릴 적 원가족으로부터의 안정된 관계가 바탕이 되어 형성된 것으로 부모역할에 중요 요인이다.

⑤ 자녀의 기질

자녀의 성격적 기질이 부모역할에 영향을 미친다. 자녀가 까다로울 경우 돌봄의 역할이 더 요구되며 이로 인해 스트레스 상황에 직면할 수 있기 때문이다. 그리고 배우자의 지지, 친척, 친구, 이웃 등 사회적 관계망의 정도에 따라서도 부모역할에 영향을 미치게 된다.

(4) 직장생활 적응

직업은 남성과 여성 모두에게 중요한 의미를 지닌다. 현대인에게 일이란 단순히 생계 차원을 넘어 삶의 가치와 의미를 주는 요인이다. 즉 직업을 통해 자아를 실현시키고 삶의 만족을 높여준다. 자신에게 맞는 직업을 선택하여 원하는 일을 하게 될 경우 삶의 질은 더욱 높아진다.

① **직업의 정체성 확립**

개인에게 직업은 중요한 과제임에도 불구하고 사람들은 자신의 능력이나 사회적 여건 때문에 선택한 직업에 만족하지 못하는 경우가 있다. 즉 직업에 만족을 느끼지 못할 경우 일생을 방황하며 일의 행복감을 발견하지 못한다. 청소년시기부터 미래 직업에 대해 충분히 고민하고 탐색하는 시간이 필요하지만 입시교육에만 전념하다보니 진로에 대한 고민이 부족하다. 때문에 대학생 시기에 정체성의 혼란을 경험하면서 진로를 변경하거나 진로를 결정하지 못해 방황의 시간을 겪기도 한다. 이처럼 행복할 수 있는 직업을 선택하기 위해서는 자신의 흥미, 재능, 성격 등의 요소가 고려되어 결정되어야 한다.

② **선택한 직업의 적응**

어떤 사람들은 자신의 환경적 상황으로 인해 원치 않은 직장을 선택할 수 있다. 그러나 결정된 직업에 대해 자아실현의 기회로 만들어 가는 사람들이 있다. 이러한 사람은 긍정적인 관점으로 새로운 동기와 목표를 세우며 생각의 전환을 바꾸어 나간다. 이를 자기효능감이 높은 사람이라고 한다. 자기효능감이 높은 사람은 자신의 환경을 좋은 곳으로 만들려고 노력하기 때문에 조직의 업무성과를 높이는데 기여하고 직장생활의 만족감도 경험한다(Achor, 2012; 홍경임, 2014). 우리나라 직장인들의 직무만족도는 30대가 가장 높다(한국직업능력개발원, 2015). 30대는 일의 성취욕구가 강한 시기이며 가정에서 뿐 아니라 직장에서도 성공적으로 자기능력을 개발하길 원한다. 직장에서 자신의 역량을 잘 발휘기 위해서는 일과 가정에서의 균형이 필요하다.

③ **사회적 관계 적응**

성년기는 사회관계망이 확대되는 시기이다. 직장동료관계, 친구관계, 친척관계, 자녀 양육기관 간의 관계, 종교관계, 취미 동호회관계 등의 생활영역에서 관계범위가 넓어진다. 성년기에는 이와 같은 다양한 역할기대를 재조정해야 한다. 어느 한 영역에 지나치게 시간을 갖게 될 경우 가족과 함께하는 시간이 적어지게 된다.

특히 직장 일에 지나치게 몰입하게 되면 자녀의 성장과정을 놓치게 되며 부부관계도 소원해지는 원인이 된다.

4. 성년기의 문제와 사회복지실천

1) 결혼 초기의 이혼

결혼 초기에는 부부간의 적응문제로 갈등을 경험하게 된다. 특히 부부간의 친밀감이 발달하지 못할 경우 결혼생활의 위기감을 느끼게 된다. 부부가 되어 새로운 가족을 이룬다는 것은 가장 복잡하고 어려운 과제이지만 서로의 차이점을 조율해 나갈 때 결혼생활이 안정되고 행복감을 갖게 된다. 남녀가 결혼을 하게 되면 배우자가 자신의 삶을 풍요롭게 해주며 지속적인 사랑과 관심을 줄 것으로 기대한다. 하지만 결혼생활은 현실이며 결혼 전의 생각과는 많은 측면에서 다르기 때문에 실망과 후회의 감정을 경험하기도 된다.

(1) 이혼의 현황

우리나라 이혼율을 살펴보면 결혼한 지 5년 이내의 이혼율이 가장 높다(통계청, 2018). 신혼 초기에는 결혼생활의 위기를 경험하지만 어려움을 극복하지 못할 경우 이혼을 결정하게 된다. 이혼을 결정한 이유는 성격차이, 경제문제, 가족간 불화, 배우자 외도 등의 문제들로 신혼초기에는 성격차이의 원인이 가장 크다. 이혼은 당사자의 고통뿐 아니라 가족 모두에게 심리적인 어려움을 주게 된다.

(2) 이혼의 가치관 변화

과거에는 자녀가 없는 경우 이혼을 고려하는 경우가 많았으나, 현대에는 자녀가 있는 경우에도 이혼 결정의 의지가 높아지고 있다. 자녀가 있어도 이혼을 할 것인지에 대해 50%가 넘게 그렇다고 응답하였고, 이혼 시 아버지나 어머니 중 누구라도 혼자서 자녀를 키울 수 있다고 응답한 경우도 50%로 나타났다(한국보건사회연구원, 2016). 이혼에 대한 가치관이 변화되고 있음을 알 수 있다.

(3) 이혼의 개입

이혼을 할 경우 당사자뿐 아니라 자녀에게도 깊은 상처가 되기 때문에 이혼을 잘 준비하는 것이 중요하다. 이혼이 갈수록 증가됨에 따라 지역 내의 건강가정지원센터나 사회복지기관 등에서 신혼기의 적응을 도와주는 상담접근이 이루어지고 있다. 행복한 결혼생활을 만들어 나가기 위해서 부부간의 노력뿐 아니라 사회와 국가 차원에서도 적극적인 지원방안이 필요하다.

2) 맞벌이부부

결혼 초기에는 부부관계 적응과 더불어 자녀를 출산하고 양육해야 하는 발달과업이 있다. 대부분 첫 자녀는 양육기술이 부족하기 때문에 부모역할에 대해 스트레스를 경험한다. 특히 맞벌이부부의 경우 부모역할의 어려움은 더 발생하기 쉽다. 부부가 혼자 경제활동을 하는 가구에 비교해서 맞벌이부부는 대부분 자녀의 돌봄 문제로 인해 고민이 많다. 이에 결혼 전부터 자녀 출산을 기피하거나 지연하는 현상이 발생되고 있다.

(1) 저출산 원인

한 결혼 전문업체가 미혼남녀를 대상으로 조사한 결과에 따르면, 저출산 원인은 육아와 일과 가정양립의 어려움으로 꼽았다(듀오, 2016). 또한 우리나라 기혼여성은 남편의 육아분담과 가사분담 공평성에 대해 남편의 역할이 더 필요하다고 응답했다. 자녀가 영유아기에 해당되는 여성의 평일 육아시간은 5시간 이상이 50%가 넘었고, 남편은 2시간 미만인 70%로 나타났다(한국여성정책연구원, 2016). 많은 사람들이 맞벌이부부의 자녀 양육에 대해 현실적인 문제로 인식하고 있다.

(2) 자녀 돌봄 어려움

우리나라도 맞벌이부부가 갈수록 증가되고 있다. 현재 여성의 경제활동은 50%가 넘었으며, 남성의 경우는 70%가 넘는다(통계청, 2018). 그러나 아직까지 남성이 여성보다 취업률이 더 높다. 이에 대해 살펴보면 남녀가 같은 연령에서 취업을 시작하였어도 여성은 결혼과 출산으로 인해 휴직하거나 취업을 포기하는 경우가 많기 때문이다. 이러한 점에서 여성의 취업률은 20세 후반부터 급격히 떨어지면서 40대 초반부터 취업률이 다시 증가하는 양상을 보였다(여성가족부, 2017). 이 기간은 30대의 연령에 해당되며 자녀의 영유아기 시점과 맞물린다.

(3) 맞벌이부부 지원정책

현재 정부는 일과 가정을 양립하기 원하는 부부에게는 육아휴직제도와 아이돌봄지원사업으로 지원하고 있다. 남성의 육아휴직 경우에는 과거에 비해 사용자가 꾸준히 증가하고 있다. 대표적인 자녀 돌봄 지원정책으로는 맞벌이 부모의 자녀를 집에서 돌봐주는 아이돌봄서비스가 건강가정지원센터에서 이루어지고 있다.

연 습 문 제

1. 청년기(20대)의 발달과업에 관한 설명으로 옳지 않은 것은?
① 직업준비와 선택 ② 정체감 유실
③ 이성교제 ④ 진로 자아정체성 확립 ⑤ 배우자 선택

2. 스턴버그의 사랑에 관한 설명으로 옳지 않은 것은?
① 사랑에는 열정, 친밀감, 헌신의 요소가 있다.
② 열정은 사랑을 느끼는 동기요인이다.
③ 친밀감은 정서적인 요인이다.
④ 열정적 사랑, 아가페 사랑, 낭만적 사랑 유형이 있다.
⑤ 성숙한 사랑은 열정, 친밀감, 헌신의 요소가 포함된다.

3. 청년기의 발달에 대한 설명으로 적절하지 않은 것은?
① 피아제의 형식적 조작기에 해당하는 시기이다.
② 이성교제는 배우자 선택에 오히려 어려움을 준다.
③ 신체적으로 가장 건강한 시기이다.
④ 직업의 정체성이 확립되는 시기이다.
⑤ 부모로부터 독립이 이루어지는 시기이다.

4. 성년기(30대)의 발날과업에 대한 설명으로 옳지 않은 것은?
① 확대가족관계 재조정하기 ② 부부관계 적응 ③ 직장생활 적응과 유지
④ 자녀 출산 및 부모역할 적응하기 ⑤ 사회관계 재조정하기

5. 부모의 성격요인은 양육태도에 영향을 미친다. 바람직하지 않은 성격요인은?
① 외향성 ② 순응성 ③ 개방성 ④ 성실성 ⑤ 신경증

정답	1. ②	2. ④	3. ②	4. ⑤	5. ⑤

6 중 장 년 기

현대인의 평균수명이 길어지게 되어 중장년기도 늦추어지고 있다. 중장년기의 연령기준은 과거보다 확장되고 있는 변화를 알 수 있다. 에릭슨(Erikson, 1963)은 중년기의 연령을 40세부터 50세에 이르는 시기로 보았고, 하비허스트(Havighurst, 1972)는 35세부터 60세까지, 파팔리아(Papalia & Olds, 1998)는 40세부터 60세로 규정한다. 권중돈(2014)은 우리나라의 사회현상과 인간발달 변화를 고려하여 40세부터 65세로 정의하였다. 이에 이 책에서는 노년기가 길어짐에 따라 중장년기를 하나의 발달단계로 보고 40세부터 65세 이전까지로 본다.

중장년기는 청년과 노년의 중간 시기이며 인생의 후반으로 가는 전환의 시기이다. 인생의 결실을 맺는 시기이며 그동안 자신이 살아온 삶에 대해 재평가하는 시점이기도 하다. 다른 연령에 비해 가정과 직장생활이 안정되었기 때문에 현시점을 평가해 볼 수 있는 여유가 생긴다. 그러나 인생의 새로운 도전과 기회의 시기이면서도 동시에 삶에 위기감을 느끼는 시기이기도 하다. 갑작스런 질병이 발견되어 배우자와 사별을 하거나, 조기은퇴로 인해 가족이 경제적, 심리적으로 어려움에 처할 수도 있다. 또한 가족관계에서도 변화가 발생한다. 성인자녀관계에서 부모역할을 재정립해야 하며, 자녀들이 가정을 떠날 경우 부부와의 관계도 재조정해야 한다. 노부모의 돌봄과 관련해서는 책임감을 감당해야 하는 문제들이 발생하기도 한다. 더구나 자신의 신체적 노화와 심리적 변화가 더해질수록 위기감을 느끼게 된다. 이처럼 중장년기는 신체의 발달 변화와 더불어 생활 사건을 겪으면서 인생의 전환기가 된다.

1. 신체발달

중장년기 하면 갱년기라는 말이 자주 떠오르듯이 신체능력이 감퇴되는 시기이다. 외형적으로는 뼈와 근육이 줄어들어 키와 몸무게의 변화가 생기고, 머리카락이 빠지며 피부의 탄력도 줄어들게 된다. 남성의 경우는 배가 나오거나 머리가 빠지는 탈모 현상이 외모 상으로 눈에 띄게 보인다. 그리고 쉽게 피로감을 느끼면서 체력이 감소함을 발견한다. 시력의 어려움이 나타나며 다중초점 안경, 돋보기 등을 사용하여 사물을 보거나 글자를 읽는다. 이러한 변화로 인해 나이가 들어감을 심리적으로 느끼게 된다.

1) 여성의 신체적 변화

여성의 경우 체력적인 힘이 부족하고 외모상의 변화를 경험하면서 자신감에 영향을 미치게 된다. 개인차가 있으나 빠르게는 40대 후반에 폐경기를 경험하면서 생리적 기능이 쇠퇴하게 된다. 폐경기로 인해 몸에서 열이 나고 불면증, 기억력 감소, 두통, 식욕 감퇴, 피로감, 시력 감퇴 등 신체적인 변화를 경험한다. 이 시기의 여성은 신체적 변화뿐 아니라 여자로서 폐경에 따르는 심리적 어려움을 느낀다. 그러나 모든 여성이 동일한 어려움을 겪는 것은 아니며 개인차가 있다.

2) 내부기관의 변화

40대부터는 외형적인 발달의 변화뿐 아니라 신체의 내부기관 기능도 약화된다. 감각기능, 소화기능, 심장기능 등이 둔화되고 질병에 대한 저항력도 약해진다. 때문에 고혈압, 심장병, 뇌졸중, 심장질환, 암 등과 관련된 건강문제가 주로 발생한다. 40대에서 50대 중반에 사망하는 주된 원인은 암, 심장질환 등이 높고, 50대 중반에서 60대 중반은 암, 심장질환, 뇌출혈로 인한 뇌졸중에 의한 것이다(통계청, 2017). 중장년기에는 건강의 위험수위가 높기 때문에 직장과 국가 차원에서 질병을 조기에 예방하는 기회를 제공하고 있다.

2. 인지발달

중장년기가 되면 새로운 것을 배우고 학습하는 데 어려움을 느낀다. 기억력과 집중력이 점차 감소됨에 따라 자신감에 영향을 미치기 때문이다. 중장년기의 인지능력은 지금까지 획득한 지식을 실용적으로 응용하고 적용하는 사고가 많아진다. 인지능력은 개인과 연령에 따른 차이가 중요하게 적용되나 특정한 인지영역에서는 연령이 높을수록 강점으로 발휘된다.

1) 지능의 유형

케롤(Carroll, 1993, 1996)은 인간의 지능이 8개의 유형으로 이루어진다고 보았다. 즉 유동성 지능, 결정성 지능, 기억과 학습, 시지각, 청지각, 재생능력, 인지속도, 처리속도이다. 연령이 증가할수록 결정성 지능과 유동성 지능이 더 발달한다. ㉠ 결정성 지능이란 경험과 판단능력, 문화적으로 영향을 받아서 축적된 지식을 가리킨다. 이는 한 개인의 문화에서 획득한 지능으로 성인 중기를 거쳐 꾸준하게 발달한다. ㉡ 유동성 지능이란 기본적인 정보처리 기술들로 자극 간의 관계를 지각할 수 있는 능력, 정보를 분석하는 속도와 작업 기억역량을 말한다. 특히 중장년기에는 결정성 지능이 발달하며 그 이유는 직장, 가정, 여가활동에서 사람들과의 관계에서 끊임없이 지식과 기술이 사용되기 때문이다(박희숙 외, 2017).

2) 지능발달의 지속성

중장년기는 창조적인 사고와 이를 토대로 생산해 내는 결과물이 최고조에 이른다. 과학자, 예술가 등의 실적들은 주로 40대부터 세상에 알려진다. 이 연령대는 통합적인 사고가 높기 때문이다. 즉 자신이 직접 경험한 지식, 직관적인 통찰력, 객관적인 자료 등을 조합하여 실제적인 가능성으로 펼친다. 이러한 점에서 개인의 잠재력은 연령이 높아도 지속가능하다.

3. 심리사회발달

중년기는 인생의 위기와 전환기의 시기로 보는 견해가 있다. 위기로 보는 견해는 지금까지 살아온 자신의 삶이 무의미함과 공허함으로 인식되어 혼란한 감정에 휩싸이는 것이다. 인생의 목표를 향해 열심히 살아왔다고 생각했지만 정작 아무것도 성취하지 못한 자신을 바라보면서 허무한 감정에 빠질 수 있다. 반면 중년기는 전환기의 시기로 보는 견해이다. 다른 연령보다 안정되고 성숙한 시기로서 자신과 주변을 둘러볼 수 있는 여유가 생긴다. 이에 지금까지 외부세계로 향했던 관심이 내면의 세계로 옮겨지면서 자아정체성을 확립하고 더욱 조화로운 성격을 발달시켜 나간다.

에릭슨은 중장년기 심리사회적 위기를 생산성 대 침체라고 하였다. 이 시기는 타인의 성장과 사회에 기여하는 삶에 대해 관심을 기울이는 시기이다. 생산성은 자신에게 집중하기보다는 다른 사람과 사회에 기여할 수 있는 삶을 가치로 여기는 생산성을 확립하는 시기이다. 생산성의 정체성을 확립한 사람은 현재 일에 보다 집중하면서 자신의 일을 통해 사회에 참여하고 기여할 수 있는 방법을 선택한다. 이에 반하여 자신의 역할에 만족과 가치를 두지 못할 경우 침체상태에 머무르게 된다. 침체란 삶이 성장하지 않고 멈춘 경우로 자신에게 실망감을 느끼는 감정들이다. 자신의 욕구에만 집중되어 있고 타인을 돌보는데 만족감을 느끼지 못하는 사람들이 침체되기 쉽다. 이에 침체기에 고립될 경우 삶에 대한 회의, 무기력 등 정서적인 혼란을 경험하거나 우울의 감정이 지속될 수 있다.

1) 신체적 변화와 우울

폐경은 여성이 겪게 되는 신체적 변화 중에 하나이다. 폐경기를 정서적으로 잘 적응하고 극복해 나갈 경우 폐경 이후에도 잘 지낼 가능성 높다고 한다. 따라서 자신의 폐경기, 갱년기를 어떻게 해석하고 수용하는지에 따라 정서적인 변화에 영향을 미친다. 즉 폐경기를 부정적으로 인식할수록 우울, 자신감 결여, 신체적 매력 상실 등의 정서를 경험한다. 남성들도 호르몬의 변화로 심장, 전립선, 성적 능력, 소화기관 등의 신체적 변화를 경험하게 된다. 남성 갱년기의 상당 부분은 늙는 것을 두려워하고 성적인 힘이 사라져 간다고 인식하면서 우울증을 경험한다(Hycde & Delamater, 1997). 갱년기를 겪는 남자들의 심리적 질문은 자신은 진정 누구인지? 내 인생에서 진짜 원하는 것이 무엇인지? 나는 잘 살아가고 있는지? 등의 답을 찾고자 하는 혼란한 감정이라고 한다.

2) 생활사건과 심리적 변화

중년기의 위기는 자연스럽게 일어나는 것인지, 아니면 갑작스럽게 일어나는 것인지에 대해서 견해가 다르다. 위기는 특정한 연령시기에 자연스럽게 겪게 되는 정상적인 내적인 변화과정으로 보는 입장이다(Levinson, 1978). 반면 자녀출가, 은퇴, 질병, 배우자의 죽음 등 갑작스런 생활 사건에 의해 위기가 온다고 본다(Newgarten, 1976). 그러나 중년기의 위기는 자신에게 중요한 생활사건과 함께 내적인 변화가 동반되면서 인생의 전환기를 경험한다. 심리적인 변화로는 이전에 중요하다고 생각했던 행동들이 더 이상 중요하다고 생각되지 않으며 무기력, 허무함,

흥미상실 등의 우울한 감정을 느낀다. 삶의 의미와 가치를 어디에 두어야 할지 스스로에게 질문하게 되고 종교적, 철학적 관점에서 의미와 가치를 찾고자 노력하기도 한다. 그러나 중년기의 이러한 심리적 현상은 자연스런 과정으로 보는 태도가 필요하며, 자신의 건강한 측면에 초점을 두면서 재조정해 나가야 한다. 중년기의 위기를 어떻게 바라보며 앞으로의 삶을 선택해야 하는지가 중요하다.

3) 성인자녀와 부모관계

레빈(Levine, 1988)은 부모역할에는 세 가지 목표가 있다고 보았다. 첫째, 부모는 자녀의 신체적 생존과 건강을 유지하도록 지원하는 것이다. 둘째, 부모는 자녀가 경제적으로 독립하고 그 능력을 갖추는 데 필요한 기술과 행동을 가르치는 것이다. 셋째, 부모는 자녀가 자신의 자아를 실현할 수 있도록 가르치고 지지하는 것에 최종의 목표가 있다. 요약하면, 자녀의 생존과 건강에 대한 부모역할, 경제적 독립에 대한 부모역할, 자기실현(심리적 측면)에 대한 부모역할 목표이다. 자녀가 어릴수록 생존과 건강에 대한 부모역할이 많아지나, 연령이 높아질수록 경제적 독립과 심리적 측면에서의 부모역할 비중으로 많아진다.

(1) 부모역할의 지속성

현대사회에서는 자녀의 독립(경제적, 정서적)기간이 길어짐에 따라 부모역할 부담이 가중되고 있다. 자녀가 성인이 되어도 부모역할은 지속되는 경우가 많다. 예를 들면, 자녀가 맞벌이부부일 경우 손자 손녀를 돌봐줘야 하며, 자녀의 이혼으로 손자녀를 돌봐야 하는 상황들이다. 부모는 자녀가 출생하는 순간부터 자신이 죽음을 맞이하는 시기까지 돌봄의 관계가 된다. 이처럼 우리나라 부모들은 자녀에 대한 애착이 강하다. 특히 중년 여성의 경우 자녀의 발달과정 동안 많은 애정으로 양육한 경우 자녀의 독립 시기에서 심리적 위기를 경험한다.

또한 부모의 통제로부터 자율성을 추구하는 사춘기 자녀와 갈등을 경험하는 경우에도 부모의 역할에 어려움을 줄 수 있다. 이러한 측면에서 중장년기는 부모자녀관계의 역할 변화에 적응하고 재조정 하는 시간이 필요하다.

(2) 부모역할과 심리적 위기

부모자녀관계에서 심리적 위기를 갖는 원인을 역할이론 관점, 스트레스 관점, 가족생활주기 관점으로 설명한다.

① 역할이론 관점

역할이론 관점은 그동안 자녀양육과 관련하여 부모의 역할이 많을수록 자녀의 독립으로 인해 심리적인 어려움을 겪게 된다. 자녀가 어릴 때는 자신의 역할 속에서 삶의 의미와 행복을 찾았으나, 자녀가 성장함에 따라 역할이 감소하면서 위기를 경험한다. 자녀에게 많은 시간을 투자하고 집중한 경우 이 시기에 어려움을 더 많이 겪게 된다(김경자, 1998).

② 스트레스 관점

청소년기를 둔 자녀의 부모역할은 긴장감을 유발한다고 한다. 자녀가 심리사회적으로 독립해 나가는 과정에서 부모의 권위에 도전하고 반항하는 생활환경에서 스트레스가 발생하게 된다. 이러한 자녀와의 갈등은 부모로서 자신의 능력에 대한 회의감을 갖게 하면서 자신의 삶에 대한 위기감으로 느낀다.

③ 가족생활주기 관점

자녀가 건강하게 독립한 경우 이전 발달단계에서 부모역할을 성공적으로 수행한 결과라고 볼 수 있다. 청소년 시기에는 부모와 갈등 상황이 빈번해질 수 있다. 하지만 이러한 발달과정은 가족생활의 성장과정으로 이해할 때 위기가 아닌 변화의 기회로 보게 된다. 이에 가족생활주기의 전 단계에서 발달과업들이 성공적으로 달성되었다면 이 시기에 부모들은 자녀들이 점차 독립되도록 지원하고 자녀의 독립을 긍정적인 시각으로 볼 수 있어야 한다.

독립적이고 건강한 성인자녀는 이전 가족생활 단계에서부터 부모가 그 역할을 다하기 위해 노력해온 열매의 결실이다. 부모는 자녀의 독립을 지지해주는 것이 가정을 떠난 이후의 인생의 만족도에 도움을 준다고 한다(Seltzer & Ryff, 1994). 그러나 부모가 자녀와 분리되는 과정을 위기로 인식하는 경우 자신의 원가정의 부모관계, 부부관계 등에서 아직 해결되지 않은 문제가 남아있을 때 부정적으로 인식한다(신은주 외, 2013).

4) 부부관계

이 시기는 자녀의 독립으로 인해 가족생활이 부부관계 중심으로 변화된다. 부부가 함께 있는 시간이 많아지면서 지금까지의 결혼생활에 관하여 재평가하고 재정립하는 시간을 갖게 된다. 이러한 시간을 통해 부부간의 관계는 더욱 친밀해지고 안정된 관계로 발전하게 된다.

(1) 부부관계 갈등요인

자녀의 빈자리가 오히려 부부관계의 갈등 원인이 되어 외로움을 느끼기도 한다. 남성은 직장생활과 사회관계를 통해 갈등 상황을 해소하는 출구가 많으나, 여성은 사회생활을 하지 않고 가정에만 머물러 있는 경우 심리적인 고통을 더 경험한다. 아울러 갱년기의 신체적 변화와 맞물리면서 우울한 감정에 빠지는 경우가 발생한다. 따라서 성인 자녀의 출가 이후에 부부관계 문제가 심화되는 사례가 많아지고 있다.

(2) 부부관계 적응요인

부부가 이전 생활주기 단계에서도 갈등 없이 잘 지내온 경우 현재 변화에도 성공적으로 잘 적응할 수 있다. 즉 부부관계 위기는 갑작스럽게 찾아오는 것이 아니라 이전 결혼생활에서부터 누적되어온 결과인 경우가 많다. 건강한 결혼관계가 잘 유지되기 위해서는 서로의 헌신과 노력이 필요하다. 먼저는 부부 각자의 개인적인 성장과 부부로서의 성장을 위하여 헌신해야 한다. 또한 효과적인 대화체계를 개발해야 한다. 그동안 자녀양육에만 집중되어 생활하다 보니 서로의 욕구와 불만이 누적되어 있을 수 있다. 이에 각자의 감정을 잘 표현하여 불만이 해소될 수 있도록 해야 한다. 위기 상황은 어느 부부에게나 올 수 있다고 인식하고 어려움을 극복하는 방안을 개발해 나가야 한다(Newman & Newman, 1987).

(3) 질적인 시간 갖기

그동안 배우자에게 소홀히 했던 부분에 관심을 기울이고 상한 감정들을 회복하는 시기로 인식하는 태도가 필요하다. 이에 질적으로 함께하는 시간을 갖도록 노력해야 한다. 또한 자존감을 높여주는 대화방식을 배워나감으로써 건강하게 자신을 표현하고 충족시킬 수 있어야 한다. 즉 바람직한 의사소통방법은 자신의 감정을 잘 표현하는 것과 상대방의 말을 존중하는 마음으로 잘 듣는 태도이다. 상대방의 말을 잘 들어주기만 하여도 상한 마음이 회복이 되는 경우가 있다. 자신의 판단이나 생각은 잠시 접어두고 말하는 사람을 이해하려고 노력할 때 진정한 의사소통의 변화가 일어난다.

5) 노부모와의 관계

중장년시기를 샌드위치 세대라고 부른다. 노부모와 성인 자녀의 중간세대로서 두 세대를 모두 보살펴야 하는 책임감이 높은 세대를 가리킨다. 아직 완전하게 독립하지 못한 자녀에게는 정서적, 물질적인 지원이 지속되기 때문에 부담감이 많다. 그리고 노년기에 있는 노부모의 건강, 경제적, 심리적인 역할에서 책임감이 따른다.

(1) 노부모의 돌봄 문제

특히 부모님이 만성적인 질병에 있을 경우 재정적, 심리적인 부양 문제로 형제간의 갈등이 발생하기도 한다. 이러한 갈등과 긴장이 장기화되면 가족 모두 스트레스 상황에 놓이게 된다. 이에 갈등의 소지가 되는 문제들을 지혜롭게 잘 대처해 나가야 한다. 더구나 경제적으로 형편이 좋지 않은 경우에는 자신의 노년기를 준비할 겨를도 없이 살아가기 때문에 미래에 대한 불안감이 크다.

(2) 노부모와의 이별 준비

이 시기는 노부모와의 이별을 준비해야 하는 연령이다. 부모님의 갑작스러운 죽음은 자녀에게 큰 혼란함과 공허함을 안겨준다. 그러나 부모님의 연령과 건강상태가 고려되어 이별을 잘 준비하는 경우에는 혼란함의 감정이 감소된다. 건강한 가족은 노부모의 죽음 이후에도 형제관계가 더욱 화목하고 돈독해진다. 그러나 역기능 가족의 경우에는 부모와 해결되지 않은 갈등이 남아 있거나 이러한 문제가 형제관계와 결부되면 가족관계가 악화되는 상황으로 발전된다. 노부모님과의 관계에서 서로의 정서적 필요를 채워주면서 친밀한 관계를 잘 유지해 나가야 한다.

6) 직장생활

중장년기는 직장생활이 비교적 안정된 시기이다. 일의 숙련도와 지위가 높아지고, 소득도 늘어나면서 안정된 생활을 유지한다. 자신의 직업 분야에서 사회관계가 넓어지고 전문적인 지식과 경험이 풍부하기 때문에 일의 성취도가 높다. 무엇보다 한 직장에서 오랜 시간 근무한 경우 직장에 대한 헌신도가 높아져 일에 더 집중하게 된다.

(1) 직장생활의 유연성

중장년기에 일의 성취도가 높은 것은 선택과 집중을 잘하는데 있다. 자신에게 가장 핵심적인 업무에는 집중하고 다른 업무는 위임과 조율을 함으로써 역량을 최대한 활용한다. 이러한 능력은 오랜 시간의 숙련된 경험과 축적된 지식으로 발휘되는 능력이라 할 수 있다. 이러한 관점에서 살펴보면 우리나라 직장인들은 일의 만족도가 40대 연령에서 가장 높았다(한국직업능력개발원, 2015).

(2) 직장생활의 위기

중장년기는 직장생활을 하면서 불안함과 위기감을 느낀다. 급속한 기술발전과 경제침체로 인해 기존의 일들이 사라지고 새로운 일로 대체되면서 고용불안이 심화되고 있다. 이제는 평생직장이라는 말이 사라지고 있는 것이다. 이에 구조조정에 의한 조기퇴직, 은퇴, 건강 등을 대비하여 직업전환을 고려해야 하기 때문에 위기감을 느낀다. 이와 관련된 조사에 따르면, 직장의 만족도는 50대부터 낮아졌는데, 이는 연령이 높아질수록 자신의 위치에서 불안을 경험한다고 볼 수 있다(한국직업능력개발원, 2015).

(3) 실직·퇴직의 문제

중년 남성의 실직문제는 심각한 스트레스 사건이 된다. 중년 남성에게 직장을 잃는다는 것은 일생 중 최대의 위기가 될 수 있다. 특히 갑작스러운 퇴직은 좌절감과 허탈감 등의 내적 고통을 겪게 된다. 이러한 충격으로 사회관계, 가족관계와의 소통을 단절하기도 하며 깊은 절망감 속에서 어려움의 시간을 보내기도 한다. 중장년기의 실직문제는 개인 당사자뿐 아니라 가족 모두 위기의 생활사건이 된다. 중년의 나이에는 삶의 여유를 갖고 노년의 삶을 준비하는 시기이다. 하지만 직장의 고용불안과 가족의 돌봄 비용의 부담으로 어려움을 경험하고 있다.

4. 중장년기의 문제와 사회복지실천

1) 부부폭력

가정폭력은 가족관계 내에서 일어나는 폭력행동으로 부부폭력, 자녀학대, 노인학대 등으로 구분한다. 가정폭력 중에 부부폭력이 가장 빈번하게 발생하고 있다. 여성이 남성에 비해 신체적, 언어적, 정서적, 성적폭력을 더 경험하며, 부부폭력 발생 시 여성보다 남성이 먼저 폭력을 시작하는 경우가 많다(여성가족부, 2017). 여성의 피해율이 높은 것은 남성이 힘으로 여성을 통제하기가 더 쉽기 때문이며, 자신의 권력을 유지하기 위해 폭력을 계속해서 사용한다. 이로 인해 여성은 폭력관계에서 벗어나지 못하고 악순환을 반복된다. 즉 폭력의 사이클을 경험하는데 먼저 폭력이 일어나기 전 긴장상태, 가해자의 폭력, 가해자의 반성으로 종료된다. 여성은 이러한 상황을 반복하면서 폭력 상황에 머무르게 된다(Walker, 1979, 1984, 이원숙에서 재인용).

(1) 폭력의 발생단계

① 긴장구축 단계는 아내는 남편의 학대를 피하기 위해서 만족시키고자 노력한다. 긴장이 형성되면 아내는 자신의 상황을 친구와 가족에게 알리려고 하지만, 이러한 노력이 비효과적이라는 것을 깨닫고 위축된다. 남편은 아내에 대한 통제를 상실할까봐 두려움을 느끼고 더 화를 낸다.

② 학대사건 단계는 남편의 구타가 시작되고 언제 구타의 행위가 끝날지는 전적으로 남편에게 달려 있다.

③ 반성의 단계는 구타가 끝난 후 일시적인 정적의 시간이 흐른다. 남편은 자신의 행동을 후회하면서 아내에게 선물로 만족을 주고자 하며 새로운 변화를 약속한다. 아내는 처음 사랑했던 남성으로 변화되길 희망하면서 반성의 단계

가 지속되길 바란다.

(2) 폭력의 지속성

한번 폭력이 발생하기 시작하면 중단하기 어렵기 때문에 악순환 되기 쉽다. 부부폭력이 처음 발생한 시점은 결혼 후 5년 미만이 50%로 나타났고 중장년기에도 폭력이 지속되었다(여성가족부, 2017). 우리나라 대부분 피해여성이 학대관계를 떠나지 못하는 이유는 자녀에 대한 애정과 책임감 때문이다. 특히 결혼생활 이후 직장경험이 없는 경우에는 경제적 자립, 아동보호문제, 주거문제 등에서 어려움을 가지고 있다. 하지만 최근 연구에 의하면 점차 여성들도 학대관계를 떠나서 홀로서기에 도전하는 사례가 증가하고 있다.

(3) 폭력의 트라우마

배우자로부터 피해를 경험하게 되면 신체적 어려움뿐 아니라 심리적인 고통을 겪게 된다. 오랜 시간 폭력에 노출된 경우 삶의 의욕을 상실하고 자신의 인생을 후회하게 되며 걱정, 공포, 불안, 우울, 분노, 공격성, 불면증, 자살충동과 같은 심리적인 어려움을 경험한다. 또한 두통, 두근거림, 근육통, 타박상, 소화기관 문제 등의 신체적인 문제가 동반된다. 부부폭력으로 인해 배우자 당사자들뿐 아니라 자녀의 발달에 심각한 피해를 초래하게 된다. 때문에 폭력의 문제가 더 이상 가정 내에서 해결될 수 없는 사회와 국가의 책임으로 인식되어야 한다. 현재 우리나라는 가정폭력상담소, 피해자 보호시설, 여성긴급전화 1366, 폭력피해 이주여성의 주거지원이 제공되고 있다

2) 우울증

(1) 중년 남성의 우울증

중년기 남성들은 불안정한 직장구조로 인해 스트레스가 높다. 연령이 높아질수록

자신의 위치와 역할에서 한계를 느끼고 조기퇴직에 대한 불안감을 갖는다. 직업에 따라 정도의 차이가 있겠지만, 직장의 분위기가 경쟁적인 구조에 있다면 압박감은 더 심해진다. 경제침체로 인해 은퇴시기가 빨라지고 있으나 은퇴를 준비하는데 현실적으로는 여유가 부족한 점이다. 중년남성들은 자신의 위기 상황을 주변에 개방하는 부분이 부족하기 때문에 심리적인 문제들을 혼자 감당하는 경우가 많다.

(2) 중년 여성의 우울증

중년 여성의 경우에는 갱년기로 인한 신체적 변화와 가정에서의 역할 변화로 인해 우울을 경험한다. 지금까지 살아온 인생을 돌아보면서 현실적 자아와 이상적 자아 사이에 괴리감을 발견하고 인생의 공허함을 느낀다. 우울증은 이전에 열정을 가지고 했던 행동들이 무의미하게 여겨지며 무기력, 흥미 상실, 실존적 불안 등과 같은 부정적인 감정을 경험한다. 특히 중장년기의 우울은 신체적 변화와 더불어 인생의 중요한 생활사건이 중복될 경우 심리적인 문제로 심화된다. 자신에게 중요한 생활사건이란 자녀출가, 은퇴, 실직, 빈곤, 건강, 노부모 질병, 이혼 등의 문제이다. 이에 인생의 전환기가 되는 생활의 변화들을 어떻게 반응하는지가 중요하다.

(3) 우울증 상담개입

우울증을 극복하기 위해서는 배우자의 역할이 매우 중요하다. 배우자가 곁에서 격려와 지지를 많이 해줄 경우 어려운 상황을 극복해 나가려는 의지가 생긴다. 이에 부부관계의 친밀감을 높여나가는 시간이 필요하다. 또한 중장년기의 경제적, 심리적 문제를 국가 차원에서 서비스를 통해 가족을 원조하는 것이 필요하다. 갑작스런 실직의 문제는 가정을 위기에 몰아넣게 된다. 특히 근로빈곤층을 위한 복지대책으로 지원대상의 범위를 넓혀야 한다. 아울러 고령화로 인해 노부모님의 돌봄 부담비가 커지고 있는데 이러한 가족을 원조할 수 있는 복지대책이 필요하다.

3) 중장년기의 이혼

우리나라 중장년기의 이혼이 갈수록 증가하고 있다. 이러한 사회현상을 황혼이혼이라고 부르기도 한다. 결혼한 지 20년 이상 된 부부의 이혼이 갈수록 증가되고 있으며, 남성 평균이혼연령이 47.19세, 여성이 43.64세로 나타났다(통계청, 2017). 2010년부터 비교해 보면 40~50대 연령층에서 이혼율이 꾸준하게 증가하고 있다.

(1) 중년기 이혼의 원인

우리나라 중년기 이혼이 증가되는 현상은 그동안 미성년 자녀를 고려하여 이혼을 미루다가 자녀가 독립한 이후에 이혼을 결정하기 때문이다. 또한 이혼이 증가하는 원인은 여성의 지위 변화, 개인의 가치관 변화, 관대해진 사회적 분위기, 미디어의 영향, 개정된 가족법 등에 의한 영향이라 할 수 있다. 과거에 비해 이혼에 대한 사회적 낙인이 감소되고 있는 사회 분위기 등에 의해서도 이혼을 결심하는데 영향을 미치게 된다.

(2) 중년기 이혼의 특징

황혼이혼의 특징은 즉흥적인 결정이라기보다는 결혼생활 동안 위기감을 느끼면서 이혼을 준비하는 사례이다. 이에 별거 중이거나 한 공간에 살고는 있지만 정서적으로는 이혼한 상대인 경우이다. 그리고 결혼생활 실패로 인한 상실감, 죄책감, 자기비난 등의 부정적인 감정이 지속된다. 부모의 위기상태로 인해 자녀는 성장과정 동안 발달의 어려움을 겪는다. 가정환경이 늘 긴장과 갈등 속에 있기 때문에 불안, 우울 등의 감정을 느끼면서 자라게 된다. 특히 자녀가 어릴수록 부모의 이혼을 받아들이기가 어렵다. 자녀는 이혼으로 옮겨지기까지 부모간의 불화 등을 지켜보면서 분노, 두려움 등의 부정적인 감정을 발달시킨다. 이혼은 자녀에게 커다란 정신적 외상을 남기기 때문에 이혼에 대한 충분한 대화가 필요하다. 즉 가족이 이혼을 준비하는 시간을 가짐으로써 새로운 상황을 받아들이도록 지지해야 한다.

(3) 이혼의 발달단계

가족이 해체되기까지의 발달단계와 적응에서 필요한 태도를 제시하면 다음과 같다(Carter & McGoldrick, 1989). ㉠ 이혼을 결정하는 단계로서 더 이상 관계를 지속할 수 없음을 수용하는 태도가 요구된다. ㉡ 가족해체를 계획하는 단계이며 가족체계가 생존할 수 있는 해결책을 찾고 지지하는 태도가 필요하다. 예를 들면, 양육권, 면접교섭권, 재정문제 등에 대해 부부가 합의점을 찾는다. ㉢ 별거하는 단계로서 부부가 정서적으로 분리되어 있는 동안 자녀의 공동육아에 대해 의지를 가지며, 배우자에게 남아 있는 애착을 해결한다. ㉣ 이혼하기 단계로서 정서적 이혼의 감정(상처, 분노, 죄책감)을 다루고 극복하는 것이 필요하다. ㉤ 부부가 이혼하여 한부모가족이 되는 단계이다. 이혼 후에도 자녀양육에 대한 책임역할과 새로운 환경에 적응하는 것을 지지해주는 태도를 말한다.

연 습 문 제

1. 중장년기 발달과업에 관한 설명으로 옳지 않은 것은?
   ① 에릭슨의 생산성을 확립하는 시기이다.
   ② 자신이 살아온 삶을 재평가하는 시점이다.
   ③ 사회경제적 활동능력이 최고조에 달한다.
   ④ 자아통합을 이루는 시기이다.
   ⑤ 자신의 신체적 노화와 심리적 변화를 수용해야 한다.

2. 레빈의 부모역할 목표와 관련해서 옳지 않은 것은?
   ① 자녀의 성역할 확립을 위해 교육하는 것
   ② 자녀의 신체적 생존과 건강을 유지하도록 지원하는 것
   ③ 자녀의 독립에 필요한 능력을 갖추는데 지원하는 것
   ④ 자녀의 경제적인 독립에 필요한 기술과 행동을 가르치는 것
   ⑤ 자녀가 자신의 자아를 실현할 수 있도록 가르치고 지지하는 것

3. 중장년기의 위기에 관한 설명으로 옳지 않은 것은?
   ① 실직과 조기은퇴로 인해 불안감을 경험한다.
   ② 여성의 경우 갱년기로 인한 우울을 경험한다.
   ③ 사녀관세에서 부모역할의 재조정이 필요하다.
   ④ 노부모의 돌봄 부담에 대한 책임감이 많아진다.
   ⑤ 애착관계와 의존성이 증가된다.

4. 카터와 맥골드릭의 가족해체 과정의 순서에 옳은 것은?

ㄱ. 가족해체 계획하는 단계	ㄴ. 별거하는 단계	
ㄷ. 이혼 결정하는 단계	ㄹ. 이혼하기 단계	ㅁ. 한부모가족 단계

① ㄱ, ㄴ, ㄷ, ㄹ, ㅁ ② ㄷ, ㄴ, ㄱ, ㄹ, ㅁ ③ ㄷ, ㄴ, ㄱ, ㄹ, ㅁ
④ ㄷ, ㄱ, ㄴ, ㄹ, ㅁ ⑤ ㄱ, ㄷ, ㄴ, ㄹ, ㅁ

5. 중장년기의 우울증과 관련하여 옳지 않은 것은?

① 갱년기의 신체적 변화를 동반하지 않는다.
② 가정 내 역할 변화로 인해 우울을 경험한다.
③ 지금까지 살아온 삶에 대해 허무함, 공허함을 느낀다.
④ 이전에 열정을 가지고 했던 행동들이 무의미해진다.
⑤ 무기력, 흥미상실, 불안 등의 부정적인 감정을 느낀다.

정답	1. ④	2. ①	3. ⑤	4. ④	5. ①

7 노 년 기

사람들은 특정 연령에 갑자기 늙거나 노화로 인한 고령자가 되는 것이 아니다. 노화의 과정은 복잡하며 유전요인과 환경요인의 영향을 종합적으로 고려하더라도 노화라는 기본적인 생명현상은 정의하기 쉽지 않다.

개인이 속한 사회에서 하나의 규범으로 정해진 고령자 또는 노인의 범위는 법률 및 규정에 따라 상이하지만 가장 보편적인 "노인"은 "65세 이상인 자"로 정의하고 있다. 이러한 정의는 19세기 말 독일의 재상인 비스마르크의 국민노령연금제도에서 기인한다. 사회적으로 불안정했던 당시 독일에서 노동자들의 불만을 잠재우고, 공산주의의 확산을 방지하며, 사회적 통합을 이루기 위해서 65세가 되면 연금을 받는 사회보장정책을 처음으로 시도하였던 것이 노년을 규정하는 기준을 마련한 계기가 된 것이다. 우리나라 노인복지법에서도 노인을 65세부터라고 규정하고 있다.

1. 신체적 특징

1) 신체구조의 변화

모태에서 태어난 아이는 걸음마를 익힘과 동시에 기는 능력을 상실하고, 말이 능숙해져 감에 따라 옹알이가 사라지게 된다.

성인으로서의 신체적 특징을 갖춰갈수록 신체적 유연성도 사라진다. 이러한 원리는 노년을 포함해 일생을 통해 적용된다. 단지 차이점이 있다면 젊어서는 눈에 두드러지게 보이는 외현적인 특성을 얻고 잘 보이지 않는 특성을 잃는 데 반해, 노년으로 갈수록 외현적인 특성을 상실하고 내면적인 특성을 획득한다는 점이다.

노년에 이르면서 외적인 아름다움이나 강한 근력, 순발력, 기억력은 쇠퇴해가는 반면, 인생의 오랜 경험에서 얻은 통찰과 포용력, 혜안(慧眼)이 쌓여간다. 따라서 전 생애발달 관점에서 본다면 노년기 역시 끊임없는 성장과 쇠퇴가 교차하는 발달의 과정인 것이다.

노화를 알리는 첫 번째 표시는 피부와 머리카락이다.

세포의 감소로 인해 피부층이 엷어지고 탄력을 잃게 되며, 노화 때문에 진피층이 얇아지고, 면역반응이 저하되며, 보습기능이 떨어져 피부가 건조해진다.

머리카락 뿌리에서 멜라닌 세포가 제대로 기능하지 못하고 숫자가 줄어들면서 검정 색소를 합성하지 못하게 되면서 흰머리가 생긴다. 뼈와 근육의 위축으로 키가 줄어들게 되고, 피하지방이 감소하여 전신이 마르고 체중도 감소하며 주름이 많아진다. 따라서 신체치수가 전체적으로 작아지고, 하체근력의 저하로 넘어져 골절이 되기 쉬우며, 체중의 감소, 연골조직의 퇴화, 피부의 탄력저하, 성호르몬 분비의 감소와 같은 변화가 생긴다.

신체골격은 20세 전후에 완전히 그 구조가 완성되며, 키는 20~25세까지 별다른 변화를 보이지 않고, 신체적인 힘도 25~30세 사이에 최대의 수준을 유지한다. 그러나 나이가 들면서 척추 사이에 있는 연골 조직들이 얇아지면서 척추가 굽고 압축되어 등이나 목 등이 굽어지기 시작한다. 또한 칼슘이 고갈됨에 따라 뼈가 가벼워지고 밀도도 낮아지게 되어 신체 접합 부분이 약화된다. 따라서 골다공증으로 인한 골절상을 당하기 쉽거나 관절염 등의 질환이 연령이 높아감에 따라 증가하게 된다.

2) 신체기능의 변화

우리 몸은 매일 수많은 세포가 사멸되는 한편 또 수많은 세포가 재생하는 신진대사 과정을 거치면서 생명을 유지하게 된다. 그러나 노인이 되면 사멸되는 세포 수는 증가하는데 재생되는 세포 수는 점차적으로 적어지면서 우리 몸의 기능이 떨어지게 되는 것이다.

신체적 기능과 장기의 기능이 모두 쇠퇴한다고 알려져 있지만 그러한 과정이 모든 사람에게 동일하게 진행되는 것이 아니고 사람에 따라 그리고 신체기능과 질병 유무에 따라 많은 차이를 보일 수 있다.

그러나 일정한 나이에 도달하여 절정을 지나면 그 시점부터는 세포들이 점진적으로 쇠퇴되고 변성되는 비가역적(非可逆的) 과정을 밟는데 이것은 노인에게 나타나는 공통된 발달과정이다. 그리고 신체 어느 기관이건 예외 없이 누구에게나 오는 것이 이 노화의 특징이다.

(1) 호흡기능

호흡기능에서 20세 이후부터는 나이를 먹음에 따라 폐의 용적이 감소되어 호흡기 감염증이 자주 발생하게 된다. 한 번의 호흡으로 들이마시고 내쉴 수 있는 폐활량은 연령에 따라 감소하는데 70세의 폐활량은 50세에 비해 50%도 안 된다. 전체 폐활량은 그대로 유지되지만 실제 호흡에 쓰이는 양이 감소하기 때문에, 숨을 마음껏 내쉬었을 때 호흡 후 폐에 잔류하는 양이 증가함으로써 결과적으로는 심장 혈액 방출량이 감소된다. 따라서 호흡기능의 약화로 기관지 천식과 같은 만성 기도 질환이 쉽게 나타나고 악화될 수 있다. 현재 노인천식에 특이한 기관지천식의 정확한 원인은 밝혀지지 않았으며, 특히 노인 흡연자의 경우 기관지천식, 만성기관지염, 폐기종 등을 동반해 진단하기 어려운 경우가 많다.

노인들의 경우 빠르고 격렬한 움직임은 가급적 피하고, 호흡기능의 저하로 호흡기 질환의 감염 위험도 높아지기 때문에 환경위생에 각별히 신경을 써야 한다.

(2) 순환기능

혈액은 산소와 영양분을 신체의 각 조직에 운반하고 배설할 노폐물을 운반한다. 노인은 순환기능에서 혈관의 세포 내에 지방질이 축적되어 혈관벽이 두꺼워지고 딱딱하게 굳어져 혈액순환을 방해하는 동맥경화증이나 뇌출혈의 발생 위험도 높아진다. 특히 고혈압이 있는 경우에는 갑작스런 스트레스나 흥분에 혈관 수축이 제대로 이루어지지 않아 뇌출혈 발생 확률도 높아지므로 흥분을 자제하고 안정된 분위기에서 생활할 수 있도록 주의해야 한다.

(3) 배설기능

배설기능에서는 요관이나 방광의 약화로 소변이 원활하게 배설되지 않는 소변정체(停滯)나 요석, 방광염 등의 위험이 커진다. 또 빈뇨나 요실금(尿失禁) 등 배뇨장애가 증가하기 때문에, 일상생활에서 화장실에 자유롭게 출입할 수 있도록 배려하고 방광에 자극이 가는 심한 움직임이 있는 동작은 피하는 것이 좋다.

한편, 내장기관 중 간은 노화에 따라 크기가 줄어들어서 약물 분해 및 해독능력을 저하시킨다. 따라서 나이가 들수록 피로가 잘 안 풀리고 오래 지속되는 경향이 있으므로, 너무 무리하여 피로가 축적되지 않도록 주의해야 한다. 우리는 얼굴을 모르는 사람과의 전화통화만으로도 상대방의 나이를 대략 짐작할 수 있다. 나이가 적은 연령층보다 상대적으로 연령이 높아질수록 목소리가 탁하기 때문이다. 노인의 탁한 목소리는 성대의 탄력을 유지하는 콜라젠 섬유가 노화로 인해 줄어들고 성대에도 주름이 생기기 때문이다. 이처럼 시간이 흐름에 따라 점차적으로 몸의 각 기능이 퇴화되고 발생되는 변화에 대한 반응이 저하되고 항상성을 유지할 수 있는 능력이 감퇴하게 된다.

(4) 소화기능

전반적으로 소화기능은 노년기까지도 그다지 손상을 입지 않고 잘 유지되고 있지만 타액의 분비가 감소되고 치아가 약해져 30세 이후부터 음식물을 씹는 활동이 저하된다. 또한, 노인은 나이가 들면서 기초대사량과 활동량이 줄어들기 때문에 허기가 지는 경우는 드물며, 근육약화와 함께 위의 연동활동의 약화는 노인들의 공통된 질병인 변비를 가져온다.

(5) 감각기능

노인의 균형감각과 감각기능이 저하되면서 특히 광량조절능력 저하, 초점조절능력 저하, 어둠에 대한 순응력 저하 등 시력상의 문제가 발생한다.

노화에 따라 귓바퀴는 연골형성이 계속되고 피부 탄력성이 상실되기 때문에 귓바퀴가 커지고 늘어지며, 소리의 감수성, 말의 이해, 평형 유지에 문제를 일으킨다. 혀의 노화는 혀끝에서 가장 두드러져 혀가 느끼는 4가지 맛 중에서 미각의 역치는 점점 높아지나 혀 뒤쪽의 신맛과 쓴맛을 감지하는 미뢰는 나이가 들수록 더 기능을 잘하고, 앞쪽의 단맛을 감지하는 미뢰와 짠맛의 감지 미뢰의 기능이 점차 떨어진다.

이렇게 미각이 변하는 것은 혀의 노화에 의한 것으로 나이가 들면서 혀의 유두가 위축되면서 돌기의 미뢰의 개수와 기능이 감소하기 때문이다.

괄약근감각기관의 예민함도 저하되어 배뇨횟수가 많아지는 등 생리기능이 종합적으로 저하된다. 이러한 변화는 노인의 불안, 욕구불만 및 스트레스와 같은 심리적 반응을 가져오고, 노인의 행동과 적응력 등 신체, 사회적인 부분에 부정적인 영향을 미치게 한다.

2. 심리적 특성

출생부터 죽음에 이르기까지 한 인간의 발달단계를 아는 것은 인간이라는 존재의 삶을 이해하는 데에 도움을 준다.

태아에서부터 출생 후 죽음에 이르기까지 인간에게 나타나는 변화를 다루는 발달심리학은 사회가 고령화되면서 성인기에 관심을 두는 노화과정에도 관심을 두게 되었다. 심리사회적 이론에 의해 처음으로 노년기가 중요한 발달단계로 인식되기 시작한 것이다. 이것이 에릭 에릭슨(Erik Erikson)이 말한 발달단계이론이다.

독일 태생의 미국 정신분석학인 심리학자 에릭 에릭슨은 인간발달은 각 단계마다 내적 조화를 얻기 위한 자아의 투쟁과정이며, 각 단계에서 양극단의 대립이 낳는 '불안'이란 이름의 위기를 극복하는 것이라고 말한다.

인간은 전 생애에 걸친 발달과정 속에서 각 시기나 단계마다 새로운 도전에 직면하고 그 도전을 극복하는 과정을 통하여 심리적 성숙을 이루게 된다. 심리학자들은 이를 "발달과업"이라고 부르며, 우리말로는 "나잇값"이라고 바꿔도 무방할 것이다(한정란, 2008).

에릭슨은 노년기의 심리사회적 위기인 자아통합 대 절망은 중장년기의 생산성 대 침체의 위기를 어느 정도 성공적으로 극복하였는가에 따라 그 결과가 달라진다고 하였다. 자아통합은 지금까지 살아온 인생을 회고하고 인정해 받아들이고 인생에 대한 통찰과 관조로 자신의 유한성을 인정하고 죽음까지도 수용하는 것을 의미한다. 그렇지 못하면 인생의 짧음을 탓하고 불가능함에도 다른 인생을 시도해 보려고 급급해하고 급기야 생에 대한 절망에서 헤맨다.

체력도 떨어지고 무엇 하나 좋은 것이 없는 것 같지만 그러나 또 한편으로 나이가 들수록 사물의 본질이 잘 보이고, 실제로 노년이 됨으로써 새로운 눈, 새로운 지능, 새로운 지혜가 생겨난다. 그리고 노년기에도 인품, 성격, 도덕성의 발달과 같은 인격발달은 계속된다.

1) 심리구조 및 기능의 변화

(1) 인지발달 및 학습

① 지능

지능은 사람이 목적하는 행동을 합리적인 사고를 통하여 효율적으로 처리하는 종합적인 지적능력을 말한다. 노인의 지능은 커텔(Cattell)의 모델인 유동적 지능과 결정적 지능으로 설명된다. 유동적 지능(fluid intelligence)은 개인이 속하여 살고 있는 문화내용 또는 체계적 학습활동과 상관없이 우연적 학습과정에서 발휘하는 개인 나름대로의 독특한 사고력의 정도를 말하며 선천적으로 타고난 능력과 같아서 그의 경험이나 학습과 상관없이 가지고 있다. 그러나 연령이 높아짐에 따라 점점 감퇴하게 된다.

결정적 지능(crystallized intelligence)은 개인의 경험과 학습에 의해 습득된 지적능력으로서 문화적인 배경과 밀접한 관련성이 있는 능력을 말하며 학습, 경험, 지식이 많아질수록 더욱 높아지게 되며 인생의 후반에 보다 큰 영향을 미치는 지능이다.

그러나 지능은 환경변수, 즉 교육수준, 생활경험, 직업, 지능검사 당시의 신체적, 정신적 건강상태 등에 의하여 크게 영향 받으며, 지능검사는 어휘력, 지각, 주의, 기억, 언어 처리, 논리적 사고와 같은 여러 영역에서 연령 증가에 따른 인지능력의 변화를 확인하는 것으로 지능검사의 변화 가운데 16~25% 정도만이 연령에 의한 영향을 받는 것으로 보고 있다. 노인 집단은 젊은 연령층에 비해 모든 인지능력이 열등하며 노년기에는 특히 연령이 증가할수록 전반적인 쇠퇴를 보인다. 노화가 불러온 인지능력의 감퇴 역시 결코 부정할 수 없다.

② 학습능력

학습능력은 반복이나 경험을 통하여 정보, 기능, 기술을 인지하는 능력을 말한다. 연령이 증가할수록 저하된다고 하나 연령 이외의 다른 요인들도 복합적으로 영향을 미치므로 연령이 학습능력에 미치는 영향은 불분명하다.

③ **기억**

외부에서 들어온 정보를 기록해서 저장했다가 회상해 내는 것으로, 단기기억(5~10초), 최근기억(1시간~며칠), 장기기억(오래된 일 자주 회상), 최고기억(오래된 일 최근회상)으로 구분한다. 노인들이 단기 또는 최근기억은 잘 못하나 장기 또는 최고 기억은 잘 한다는 것은 잘못된 생각이며, 장기 또는 최고기억은 비교적 정확하지 않게 재구성되었을 뿐이다.

(2) 정서 및 성격변화

① **내향성 및 수동성**

나이가 들수록 성격이 원심성에서 구심성으로 변해 간다. 남녀 모두 에너지가 외부세계에서 내부세계로 이동하면서 내향적인 성격으로 바뀌며 내면 자아에 몰두하는 경향을 띠게 된다. 노년기는 은퇴와 신체기능의 변화로 사회적 활동이 점차 감소하고 경제력도 상실하게 되며, 이러한 변화는 외부적 환경에 대하여 자신의 감정과 주관적 생각을 개입시키지 않으려고 하고, 자신의 생각을 주도적으로 이끌어가는 지구력과 적극성도 약하게 된다. 이러한 사회적 역할 상실로 생산성이나 활동성이 위축되고, 이 때문에 내면의 자아에 몰두하게 되는 내향성이 증가한다. 어떤 문제가 발생하였을 때 스스로 극복하거나 해결하지 못하고 타인의 도움을 받아 해결하려는 수동적인 자세로 변한다.

② **경직성과 조심성**

노년기를 특징하는 것 중에 가장 뚜렷한 것이 경직성에 대한 심리적 상태다. 노인이 되면 새로운 모험이나 생활방법을 수용하고 시도하기를 자제하게 된다. 그 때문에 최근에 편리하고 효율적인 기구나 방법이 개발되었음에도 그 사용을 거부하고 옛날의 비효율적인 방법을 고집하거나 고수하려는 경향을 보인다. 노년기에는 감각기관이 수집한 정보를 의식적 수준에서 처리하고 평가하는 지각기능의 반응속도가 저하된다. 즉 노년기에 이르게 되면 운동반응, 반응시간, 문제해결, 기억력, 정보처리과정에서 반응속도가 둔화된다. 시각과 청각 등의 감각기관의 퇴화와 실패의 쓰라린 체험을 한 노인들은 정확성을 중요시하기 때문에 매사에 조심스럽게 행동하지 않으면 안 되고 자신감을 잃게 되어 더욱 신중을 요하게 된다. 이러한 심리는 노인의 소극성에 기초하는 것으로 조심성과도 관계되고 있다. 연장자로서 체면과 지위, 연령에 대한 부담감 때문에 더 정확성을 기하려는 경향이 증가하기 때문이다. 또 감각능력과 인지능력 등 신체적, 심리적 메커니즘의 쇠퇴로 인한 불가피한 결과라는 설명도 가능하다. 그리고 마지막 가설은 노화에 따른 자신감의 감퇴로 결정에 필요한 확실성 수준이 높아지기 때문이라는 것이다. 그 이유가 무엇이든 노인들의 조심성 증가는 교육장면에서 학습자들을 위축시키는 요인으로 작용할 수 있다.

노화에 따른 신체적 약화는 노인으로 하여금 그만큼 주의력과 조심성을 요구하여 생각하고 행동하는 것이 예전과 다르다는 것을 스스로 자각하게 만든다. 따라서 노인은 모든 사물에 대한 판단과 행동수행에 매우 조심스러워 하는 경향을 특징적으로 나타낸다.

③ 애착심

친근한 사물에의 애착심과 물건에 대한 친숙감은 심리적으로 외로움과 소외감, 고독감에 따른 것으로 이전의 생활방법과는 다르게 퇴행이나 폐쇄성에 근접하는 경향이다. 그것은 예전에 하던 놀이나 행동을 선호하고 오래 사용하던 물건에 더욱 애착심을 가짐으로써 심리적인 안정과 중요감을 채워가는 현상이다. 이는 노인의 과거지향심리가 표출되는 현상이기 때문에 새로운 물건보다는 헌 물건이, 새로운 사람보다는 옛사람을 더 좋아하게 된다. 대개 노인이 새로운 친구를 사귀기 어려운 것은 그런 옛날을 지향하는 심리의 한 단면이라고 볼 수 있다.

④ 성(性)역할의 양성화

인간은 누구나 남성성(masculine)과 여성성(feminine)을 동시에 가지고 있다. 이 두 측면 중 어떤 특성이 더 두드러지게 표현되는가는 개인의 성별, 부모의 양육태도,

교육환경, 개인의 경험 그리고 인생주기에 따라 달라진다. 중년기 이후 자녀양육이 종결되고 직장에서 퇴직을 하고 나면, 에너지가 자신의 내부로 향함으로써 더 이상 강요된 남성성과 여성성이 아닌 본래 자신의 모습으로 돌아갈 수 있게 된다.

또한 갱년기를 거치면서 각 성호르몬이 감소하게 되는 것도 양성화의 중요한 원인으로 작용한다. 따라서 노인 대상 교육에서는 기존의 성역할 고정관념에만 얽매이지 말고, 더 적극적이고 공격적인 여성과 더 수동적이고 감성적인 남성의 가능성을 염두에 두어야 한다.

성역할이란 일종의 특성의 변화로서 남성은 여성화되며, 여성은 남성화되는 경향이다. 이에 따라 남자 노인은 여성적 특성인 친밀성, 양육동기, 동정심 등에서 증가를 보인다. 그 반면에 여자 노인은 남성적 특성인 공격성, 자아중심적인 경향, 권위주의적 동기 등에 증가를 보인다. 그것은 할아버지는 여자같이 행동하는 것을 자각하고 할머니는 남자처럼 용감하게 행동하는 경향을 보이는 것을 의미한다. 그 결과로 남자 노인은 여자 노인을 더 적극적으로 의지하는 현상이 나타나게 된다. 이러한 변화는 남과 여를 구분한 것으로 노인 전체적으로는 약화되는 현상이 일어난다. 그 때문에 "노인이 되면 어린애 같다"는 말은 이와 무관하지 않다.

⑤ 유산

다섯째로 인생의 정리와 유산을 남기려는 특성이다. 노년기는 발달적 측면에서 인생의 마지막 과정에 해당한다. 사람은 누구나 노년기에 이르면 자신이 살아온 인생을 회고하고 지나온 일생을 정리하려는 심리가 작용한다. 이러한 정리의 과정은 이제까지 살아 온 인생에 대하여 실패하고 좌절한 경험에 대하여도 담담한 자세로 임하게 되는 준비가 된다. 특히 특정한 일에 대하여 고착되었던 감정을 해소하고 다가오는 죽음을 평온한 마음으로 맞을 수 있는 심리적 준비이다. 이런 상황에 대한 자각은 노인으로 하여금 생명의 유한성을 인식하게 됨으로써 후세에 남길 유산을 생각하게 된다. 그것은 자신이 이 세상에 다녀갔다는 흔적을 남기려는 심리를 유산을 통하여 표출하려고 하는 것이다.

⑥ **우울증의 경향**

노화는 생물학적, 사회적 과정과 동반된 심리적 과정이다. 노인의 신체적인 기능 저하와 경제적 수입의 감소로 인한 가정 경제권이나 사회적 역할의 상실, 신체적 건강수준의 하락, 사회적 고립감, 가족관계의 변화 등이 노년기의 우울성향을 증가시킨다.

노년기는 은퇴 후 사회적 활동이 점차 감소하고 신체건강이 쇠퇴하는 등의 요인으로 인해 일반적으로 우울이 증가하고 더불어 배우자에 대한 의존도가 높아지는 시기라고 할 수 있다(정현숙, 유계숙, 2003).

뿐만 아니라 인생을 마감하는 시기이므로 심리적으로 허탈감이나 인생에 대한 허무감 때문에 불안정한 삶을 사는 때이다. 특히 가까운 이들의 죽음이나 부부의 사별을 경험한 노인은 더욱 죽음의 문제를 심각한 것으로 받아들이면서 노인의 심리적, 정서적, 사회적, 환경적 요인이 상호작용하게 되어 노인이 지각하는 기분의 저조함, 과거와 현재 그리고 미래에 대한 부정적인 생각은 우울증으로 나타나게 된다. 노인에게 있어서 우울증은 만성질환과 더불어 가장 흔히 나타날 수 있는 공통적인 증후군의 하나로서 심한 경우 절망감을 느끼게 되고 자살사고가 유발되며 결국 자살행동으로 이행하게 된다.

이렇듯 노년기 우울은 심각한 경우 자살이나 자해를 시도할 경우가 높고 가족관계를 왜곡할 수 있으며, 삶의 질을 저하시키고 신체적으로 많은 호소를 유발하며 인지기능 장애를 동반하기 때문에 위험한 질환이라 여겨진다.

노인의 우울은 신체적 질환과의 연계성이 높고 인지기능장애가 성인의 우울보다 더 심하게 나타날 뿐 아니라 치매 유병률과 노인의 자살을 높이기 때문에 심각한 문제로 여겨진다(김춘길, 2007).

2) 사회적 특성

우리나라가 OECD 30개국 중 노인 자살률이 2009년부터 6년째 1위를 차지하고 있다. 스스로 목숨을 끊은 노인은 10만 명당 54.8명으로 OECD 평균의 3.2배에 달한다. 특히 남자노인의 자살률이 높게 나타나며, 언론을 통해 보도된 노인자살 관련 기사 가운데 신병비관으로 인한 자살이 가장 빈번했다는 점은 노년기가 자아실현의 시기가 되지 못하고 있음을 입증하는 것이다. 노인에게 나타나는 전반적인 변화는 사회적인 현상과 밀접하게 관련된다. 이처럼 노인은 사회적으로 상실의 압력을 받으면서 더욱 소심해지고 신체적으로 쇠약해지기 때문에 우울함, 피곤함, 혹은 불면증을 호소하는데, 이것으로 인해 더욱 고립감이 커지고, 자식과 친구들을 접촉하는 것이 더욱 힘들어지며, 결과적으로 회피와 고립을 강요받는다. 이때 노인은 종종 쇠약해 가는 자신의 신체, 가족과 자신의 운명에 대해 분노하고 배신감을 느끼게 된다. 그러니까 노인의 활동의 저하, 역할의 상실, 그리고 사회적 활동의 철수 등은 모두 상실감이 바탕이 되는 것이다. 그러나 이런 개인의 변화는 노인에게 그대로 사회적인 고립을 초래한다. 그 고립이 바로 노인을 사회에서는 수동적인 방관자가 될 수밖에 없는 존재로 전락시키는 것이기도 하다.

이런 것과 관련하여 버틀러와 루이스(R. Butler & M. Lewis)는 노인들의 경험과 적응능력에 영향을 끼치는 상실경험과 중요한 변화에 관해 외부적 요소로서 개인적으로 사랑하는 중요한 사람의 상실, 사회경제적 어려움, 원하지 않은 퇴직, 쓸모없다는 느낌과 고립의 감정을 갖게 만드는 노인에 대한 문화적 비하, 그리고 사회적 격리를 포함한다.

(1) 은퇴

노화가 주된 원인이 되어 어떤 사회적 지위에서 물러나 그 지위와 관련된 역할수행을 중단하게 된 사건이 바로 '은퇴'이다.

은퇴는 노동력 상실, 그로 인한 사회 · 경제적 자원의 감소로 인해 은퇴자에게 신체적 · 정신적 스트레스가 될 수 있으며, 나아가 삶의 만족도를 떨어뜨리는 주요한 요인이다. 우리나라의 경우 조기퇴직, 은퇴 후 준비 부족, 사회복지제도 미비 등으로 노동시장에서의 은퇴는 고령자의 건강 및 삶의 만족도에 큰 영향을 미친다.

노동중심의 '회사인간'으로 가족 영역을 희생시키고 공적 영역에서의 삶을 중심으로 살아왔기에, 은퇴 후 가족관계에서의 자원의 부재와 공적 영역을 대체할 다른 사회적 공간의 부재는 이후 삶의 적응에 많은 어려움을 줄 것이다. 직장을 잃고 일을 할 수 없게 되는 순간, 사람은 심리적으로 급격하게 늙어버린다. 일을 할 수 있는 능력은 정신건강에 지대한 영향을 끼친다.

심리학자 로저스(Carl Rogers)가 말하는, "충분히 기능하는 사람(The Fully Functioning Person)"으로서 그 쓸모를 빼앗기면 자기 존중감에 큰 상처를 입는다. 어떠한 경우에서 노화는 한 개인이 노동시장에서 밀려나는 거리에 비례한다고 말하는 편이 더 옳을지도 모른다. '젊어지려는' 개인과 '조로(早老)시키는' 사회 사이의 괴리감은 연소노인의 삶의 만족감을 떨어뜨릴 수밖에 없다.

생산력이 가장 지배적인 가치 규범이자, 노동을 중심으로 일상생활이 구성되는 산업사회에서 '은퇴'와 함께 노인의 사회적 역할은 박탈된다. 더욱이 이는 노인에 대한 부정적인 사회인식으로 연결될 뿐만 아니라 미시적 차원에서 가족단위에도 영향을 미쳐, 노인의 사회적 역할 상실의 문제는 가족 내에서의 지위하락 및 헤게모니 상실과도 연결된다는 점에서 그 심각성을 찾을 수 있다.

(2) 역할변화

노화에 따른 사회적 변화는 노년기가 되어 변화되는 다양한 역할들과 관련된다. 역할은 개인이 집단이나 사회와 관계를 갖는 가장 중요한 수단이고 역할을 통해서 개인은 사회에 참여하고 이것을 통하여 개인의 사회적 가치가 인정되며 또한 자아정체성을 유지하는 기반이 된다. 이러한 의미에서 역할을 사회적 측면의 가장 핵심적인 요소가 된다고 할 수 있다.

인간은 어려서부터 자신이 속해 있는 가정, 학교, 지역사회 등의 사회조직 속에서 성장하며 사회화를 배운다. 성인이 된 후에는 가족, 친구, 직장 동료들과의 상호관계 유지는 물론 여러 단체활동에 활발하게 참여하여 사회구성원으로서의 역할수행과 존재가치를 확인하며 살아간다. 이 중 제도적 역할은 공적인 지위를 맡고 그 지위에 따른 책임과 의무가 부여됨을 의미한다. 노인은 나이가 들어갈수록 이러한 제도적 역할 수행은 미미해진다고 볼 수 있다. 이러한 현상은 직업, 가정, 종교활동, 지역사회, 사회참여, 심지어는 여가활동에 있어서도 비슷한 양상을 보인다.

그리고 지금까지 우리나라의 노인복지 정책도 정년퇴직한 노인들이 보다 생산적인 노후생활을 할 수 있도록 취업교육이나 여가활동 프로그램을 개발하기보다는 주로 무의무탁한 저소득층 노인들의 의식주 문제를 해결해 주는데 주력해 온 것도 사실이다.

그러나 노년기가 되면 정년퇴직으로 인한 직장활동과 사회활동 참여가 점점 감소되고, 가정에서나 사회에서의 역할상실로 말미암아 노인의 자아존중감이나 정체감이 약해진다. 노인에게 가장 흔한 역할은 은퇴자, 부모, 조부모, 증조부모, 배우자, 주부, 과부, 친척, 친구, 시민, 자원봉사자, 종교인, 동호회원, 대상자, 서비스 수혜자 등이다. 책임과 의무가 부여되는 공적인 지위와는 거리가 있는 역할들이다.

역할 변화는 발생 시기와 원하는 정도에 따라 편안하게 기꺼이 받아들여지기도 한다. 역할 변화의 속도와 강도는 적응 혹은 위기에 커다란 영향을 미치고 자신이 해오던 역할을 대체할 역할이 없는 상태에서 익숙한 기능을 갑작스럽게 상실한 경우 역할 변화에 따른 위기가 초래될 수 있으나, 예측할 수 있거나 통제할 수 있다면 더욱 쉽게 받아들일 수 있다.

연 습 문 제

1. 노년기(65세 이상)의 발달특성으로 옳지 않은 것은?
   ① 생에 대한 회상이 증가하고 융통성이 증가한다.
   ② 이 시기의 위기를 잘 극복하면 지혜라는 자아특질을 얻게 된다.
   ③ 친근한 사물에 대한 애착심이 강하고 수동성이 증가한다.
   ④ 자아통합의 과업을 달성해야 하는 시기이기도 하다.
   ⑤ 전반적인 성취도는 떨어지지만 지적 능력이 전적으로 떨어지지는 않는다.

2. 성공적 노화의 조건으로 옳은 것을 모두 고른 것은?

ㄱ. 원숙한 성격	ㄴ. 신체적 건강
ㄷ. 경제적 안정	ㄹ. 사회적 지지

① ㄱ, ㄴ, ㄷ　② ㄱ, ㄷ　③ ㄴ, ㄹ
④ ㄹ　⑤ ㄱ, ㄴ, ㄷ, ㄹ

3. 노년기에 대한 설명이다. 틀린 것은?
   ① 노년기의 심리적인 개별화는 내향성 및 수동성, 경직성이 증가하게 된다.
   ② 노년기의 지적발달과업 중 배우자 사망 이후 생활에의 적응단계가 포함된다.
   ③ 도시화 및 핵가족화로 인한 가족의 상호 의존성
   ④ 빈곤, 질병, 고독, 무위를 의미한다.
   ⑤ 노년기에는 건강유지에 필요한 알맞은 섭생이 중요한 사회적 과업에 해당된다.

4. 노인의 성격특성 변화에서 잘 제시하고 있는 것은?

가. 우울증 경향의 증가	나. 친근한 사물에 대학 애착심
다. 성역할 지각의 변화	라. 내향성 및 수동성의 감소

① 가, 나, 다　② 가, 다　③ 나, 라
④ 라　⑤ 가, 나, 다, 라

5. 노인이 자신의 과거 및 현재의 인생을 바라던 대로 살았다고 받아들이고 만족스럽고 의미 있게 생각하며 다가올 죽음을 인정하고 기다린다는 것은 어떤 개념인가?

① 절망 ② 자아통합 ③ 회고
④ 수용 ⑤ 부인

정답	1. ①	2. ⑤	3. ⑤	4. ①	5. ②

II

성격과 사회복지실천

8 정신분석이론

오스트리아 출신의 의사 지그문트 프로이드(Sigmund Freud, 1856-1939)는 인간의 '무의식'을 최초로 규정하여 근대사회의 인간이 가진 이성적 믿음을 완전히 뒤바꾼 인물이다. 프로이드가 니체와 함께 20세기 이후의 서구 정신사에 가장 큰 영향을 미친 사람으로 칭송되는 이유는 인간 의식 저변의 무의식(無意識)의 존재와 그 작동원리를 설득력 있게 밝혀냈다는 점에 있다.

그러나 프로이드는 무의식의 영역을 인간 정신의 영역 연구에 올린 위대한 분석가로서 전폭적인 지지로부터 적대적 배척에 이르기까지 극명하게 대비되는 평가를 받고 있는 학자이기도 하다. 그러한 평가를 받는 것은 '무의식'이라는 것이 우리의 눈에 보이지 않으며 일정한 사실을 증명해내기도 쉽지 않기 때문이다. 그러나 생각해보면 배우자, 친구, 직업, 삶의 스타일 등 삶의 선택들이 대부분 사람들이 의식할 수 없는 동기에 의해 이루어지고 있다는 것을 알 수 있다.

정신분석이론은 인간행동에 대한 이해의 새로운 장을 열었을 뿐만 아니라 정치, 사회, 문화, 예술 등 각 방면에서 현대 생활에 지대한 영향을 미쳤다. 인간에 대한 이해를 복합적이며 역동적으로 파악하는 정신분석이론은 프로이드의 생전에도, 또 그의 사후에도 지속적으로 발달하였다. 리치몬드를 비롯한 대부분의 사회복지사들은 프로이드의 의료적 모델에 관심을 기울였으며 분석적 치료와 동일시할 정도로 정신분석이론은 지대한 영향을 끼쳤다.

인간의 문제를 다룬다는 것은 무척 힘들고 중요하다. 자칫 현장에서 사회복지사들이 하는 말과 행동이 상당한 파장을 일으키기도 한다. 그렇기 때문에 과학적 기반 위에 사회복지사들은 전문적 지식이 우선해야 한다.

1. 정신분석이론의 개요

정신분석(이론)학, 정신역동이론(학), 역동정신의학, 심층심리학, 정신분석적 심리치료 등의 다양한 이름으로 불리는 정신분석(精神分析, psychoanalytic theory, Psychoanalysis)은 무의식적 정신과정을 탐구하는 방법이며 성격이론의 한 분파를 지칭하기도 한다. 정신분석에서는 두 가지의 기본전제를 다음과 같이 한다.

1) 정신결정론(Psychic Determinism)

프로이드 정신분석이론의 기본적 원리는 '원인이 멈추면 결과도 멈춘다'라고 규정할 수 있다. 인간의 모든 감정, 생각, 행동에는 심리적 의미와 목적이 있으며, 이런 의미와 목적은 개인의 과거 환경에 의해 이미 결정되어 있다고 가정하고 있다.

정신결정론에 근거하면, 우리의 모든 현재 행동들은 의식이 아닌 무의식의 내적 정신과 과거에 그 사람이 겪었던 여러 가지 사건에 의하여 결정된다고 주장한다. 전제는 현재의 어떤 사람의 행동 및 사고, 감정 등이 현 상태에서 우연히 일어나는 것이기보다는 과거에 그 사람이 겪었던 여러 가지 사건에 의하여 결정된다는 것이다.

사실, 인간이 미래에 겪을 사건이나 이전에 겪은 적이 없는 과거 경험들은 의식 속에 없는 것이 당연하며, 실제 경험했던 사건이라도 기억의 퇴색과정을 거쳐 망각되는 것도 자연스럽다. 문제는 현재의 증상이나 행동의 원인이나 동기로 직접적으로 작용하면서도 우리의 의식으로는 쉽게 접근이 불가능하지만 과거의 경험과 연결이 되어있는 어떤 정신적인 힘이 있다는 것이다. 정신분석이론은 마음 속의 사건들이 무작위적 · 우발적 · 우연적이거나 서로 무관한 것이 아니며, 사고 감정 충돌들 또한 개인이 이전에 겪었지만 지금은 무의식에 있는 경험들의 결과라고 보는 결정론적 입장이다. 이러한 결정론적 입장을 취하면서 비합리적인 힘, 무의적인 동기, 본능적 충동은 생후 초기 만 5세 이전의 심리성적 사상에 의해 결정된다고 주장한다.

현재 어떤 특정한 자극이나 상황에서 발생하는 자동화된 반응인 본능은 생존을 위한 특유의 행동과 직결되어 있다. 입 주위에 닿는 모든 물건을 흡입하려는 신생아의 흡입반사나 손바닥에 닿는 물체를 두 손으로 꽉 잡고 매달리는 잡기반사는 생존을 위한 본능적 행동이다. 또한 절벽이나 낭떠러지에 대한 위험을 경험해본 적이 없는 어린 아동이나 성인이 고층 난간에서 공포를 느끼는 것은 높은 곳에 대한 두려움의 본능이 이미 내재되어 있기 때문이라고 본다.

정신분석이론은 성적 본능과 공격적 본능이 행동의 에너지로 작용하고 있음을 강조한다. 정신분석에서는 이 두 가지 기본적인 무의식의 본능인 성적 욕구와 공격성에 초점이 맞추어져 있다.

2) 무의식

정신분석이론은 과거의 사건과 현재의 행동 및 사고, 감정 등의 연결이 우리가 의식하고 있는 의식(Conscious)으로는 잘 설명이 되지 않지만, 우리가 잘 모르고 있는 우리 자신의 어떤 무의식(Unconscious)을 이해하게 되면 훨씬 설명하기가 쉬워진다는 것이다. 정신분석이론이 주장하는 정신적 과정들은 그 자체가 무의식적이며, 의식적인 것은 정신활동 전체 중에서 단지 일부분에 지나지 않는다는 것이다.

프로이드는 끝없이 이론을 수정하면서도 자신만의 고유한 지형학을 유지한다. 지형학적 모형이란 의식, 전의식, 무의식을 빙산에 비유하여 물 위에 떠있는 작은 부분이 의식이고, 물 속에 잠겨있는 큰 부분을 무의식이라고 설명했다. 더불어 파도에 의해 수면에 나타나기도 하고 잠기기도 하는 부분을 전의식(preconsciousness)

이라고 보았다. 프로이드는 의식이 주의를 기울이면 바로 알아차릴 수 있고 전의식이 주의를 집중하고 노력하면 자각할 수 있는 데 반해 무의식은 스스로 알아차리기 어려운 정신작용이라고 구분해서 설명했다.

정신분석이론은 인간을 역사적 존재로 이해하고자 함에 있고, 이 역사성 속에 무의식적 소망, 환상 등이 어떻게 연결되는지 밝힘으로써 그 사람의 생각, 느낌, 행동 등이 새로운 맥락 속에서 이해될 수 있다고 주장한다. 인간의 무의식은 가장 중요한 부분으로 무의식의 정신세계를 어떻게 관리하는가에 따라 인간의 행동과 행동방향이 결정된다고 믿었다. 이런 무의식의 내용과 과정을 분석하는 것이 정신분석이론의 핵심이다.

2. 인간관

프로이드의 정신분석이론에서는 지나칠 정도로 진화론적 인간관에 의존한다. 인간을 둘러싼 제한된 물질적 조건하에서 생존경쟁을 통해 적응해 가야만 하는 존재로 간주한다. 인간을 의식 영역밖에 존재하는 비합리적이고 통제할 수 없는 무의식적 본능의 지배를 받는 비합리적이고 수동적인 존재로 보았다.

프로이드의 무의식 이론에 따르면 인간은 이제 더 이상 이성적인 존재가 아니다. 프로이드는 무의식적 존재로서의 인간을 말하고 있다. 인간은 의식이 있으므로 위대한 존재라는 생각은 의미가 없어졌다. "나는 생각한다. 그러므로 존재한다."라는 이성론의 명제가 붕괴되고 "나는 무의식에 의해 생각되어진다."라는 구조주의 명제가 새로운 자리를 차지하기 시작했다.

인간의 모든 행동, 사고, 감정은 신체적 긴장상태에 의해 유발되는 본능과 공격성에 의해 움직이는 존재로 가정하였고, 이러한 긴장상태를 해소하기 위하여 행동을 한다고 주장했다. 인간은 현재의 행동을 선택하고 책임질 수 있는 존재가 아니며, 모든 행동은 무의식에 존재한 억압된 사건들, 즉 유아기의 경험에 의해 결정되며 이 시기의 욕구 충족과 좌절에 대한 경험이 성격형성에 영향을 준다고 주장한다. 무의식에 지배당하고 결정되는 수동적 인간으로 과거의 일이 그 이후의 일을 결정한다는 것이다.

무의식은 감정과 생각을 저장하고 개인에게 알지 못하게 하는 마음의 일부이며, 이러한 정신적 내용과 프로세스는 종종 우리가 자신의 존재를 인식하지 못하더라도 의식적 경험에 영향을 준다고 주장한다. 결과적으로 이전에 인간 스스로에게 가졌던 고결한 믿음과 정반대로 프로이드는 인간을 욕망과 감정이란 무의식의 근원에 존재하는 인간으로 파악했다.

인간은 더 이상 만물의 영장도 아닐 뿐더러 자기 자신의 주인도 아닌 것이다. 인간은 수많은 욕망과 파괴 본능을 지닌 존재로 전락한 것이다. 그래서 프로이드 이론에 대한 수많은 비난이 쏟아졌다. 인간의 기본적인 성격은 아동기 초기에 결정되며 이 경험이 성인기 이후의 모든 행동을 결정한다며 아동기 초기경험의 중요성과 과거가 중시된다.

환경과의 관계에서는 인간을 투쟁적 인간으로 묘사하는데, 쾌락을 추구하려는 속성을 지닌 인간이 이를 방해하는 사회에 대해 지속적으로 대항하는 존재인 것이다. 특히 문화가 발달할수록 인간 내적 충동의 만족도는 낮아지게 된다.

3. 주요 개념

1) 의식수준

프로이드의 정신분석이론은 크게 세 가지 측면으로 이해할 수 있다. 치료이론, 인간발달, 성격과 비정상 심리가 바로 그 세 가지이다.

성격을 이해하는 틀로서 성격을 지형학적 구조를 의식, 전의식, 무의식의 세 영역으로 나누었고 특히 그는 무의식의 중요성을 강조하였다. 정신의 지형학적 모형은 정신의 형태, 구조, 생성원인, 발달을 탐색하고 더 나아가 그것들의 역할과 기능을 밝혀내는데 목적이 있다. 의식과 무의식을 쉽게 표현하자면 의식은 '아는 마음'이며 무의식은 '모르는 마음'이다.

프로이드는 마음을 일종의 지도로 개념화해서 마음의 다양한 현상들을 단순화하고 명료화시켰다.

(1) 의식(意識, the conscious)

의식은 우리가 현재 지각하고 생각하고 느끼고 기억할 수 있는 내용들로 구성되어 있으며 현재 느끼거나 알 수 있는 모든 경험과 감각을 뜻한다. 현재 느끼거나 알 수 있는 모든 경험과 감각, 지각, 기억 등을 포함한 부분으로 이에 관한 관심에서 벗어나면 이 영역의 자료들은 전의식의 부분이 되어 더 이상 의식되지 않는다. 전체 정신세계 중 극히 일부, 일상생활의 일부분만이 의식범위에 포함되고 생리적 욕구나 심리적 욕구가 존재할 때 혹은 외부 자극이 존재할 때 개인이 그 욕구나 자극대상에게 관심을 가지면서 의식작용이 발생한다.

의식 속에 있던 내용이 개인의 주의나 관심이 다른 곳으로 돌려지게 되면 곧 전의식이나 무의식 속으로 사라져 버린다(김춘경 외, 2015).

(2) 전의식(前意識, the preconscious)

전의식은 의식 속의 자료들이 저장되는 영역으로 현재는 의식되지 않았지만 주의를 집중하면 쉽게 의식될 수 있다. 그러한 이유로 전의식은 잠재의식, 이용 가능한 기억이라고도 한다. 또한 의식과 무의식을 연결시켜 주는 가교역할을 한다고 본다. 전의식은 어떤 단서나 실마리를 통해 쉽게 의식수준으로 떠오를 수 있는 내용들이다. 가령, '초등학교 동창생'이란 말을 듣는 순간 방금 전까지 의식할 수 없었던 그 시절의 친구들, 사건들, 주변 상황들이 떠오르는 것은 전의식의 내용이다.

(3) 무의식(無意識, unconscious)

무의식은 우리 정신의 가장 깊은 곳에 있어서 인식할 수 없으며 성적 충동, 공격성, 공포와 같이 의식에서 밀려난 억압된 본능들이 집결되어 있는 정신구조이다.

무의식은 프로이드가 가장 크게 공헌한 영역으로 마음을 구성하는 사고, 감정, 본능, 욕구, 동기, 갈등 따위의 자료들이 저장되어 인간의 행동을 결정한다고 보았다. 무의식 속의 대부분의 자료들이 의식되지 못한 채 인간의 행동을 지배하고 행동방향을 결정한다고 믿었다.

프로이드는 우리의 의식구조를 빙산에 비유하였다. 마치 빙산의 대부분이 수면 아래에 가려져 있는 것처럼 마음의 대부분은 의식의 표면 아래에 있는 무의식 영역에 속해 있다고 주장하였다.

2) 성격구조

프로이드는 인간의 성격이 원초아(id), 자아(ego), 초자아(super ego)의 세 가지 체계로 구성되어 있으며 개인의 행동은 이러한 심리적 체계들 간의 힘겨루기, 즉 정신역동에 의해 나타나는 것으로 보고 있다. 프로이드는 인간의 성격을 에너지체계로 가정하고 원초아, 자아, 초자아라는 세 구조의 에너지 보유량에 따라 성격의 특성이 결정된다고 주장하였다.

(1) 원초아(Id)

라틴어로 Id(원초아)라고도 한다. 자아(自我, Ego), 초자아(超自我, Superego)와 함께 인간의 정신의 근간이 되는 영역이며, 본능을 포함하고 있다. 원초아는 인간의 본능이 존재하는 곳이다. 인간은 출생 시부터 삶의 본능(eros)과 죽음의 본능(thanatos)을 가지고 있다.

삶의 본능은 개인과 종족의 생존을 유지 발전시킨다. 배고픔, 목마름과 성적 충동은 생의 본능이 가지고 있는 특성들이며, 이런 본능은 에너지를 가지고 있다.

삶의 본능이 가지고 있는 에너지를 리비도(libido)라고 한다. 삶의 본능의 여러 측면 중 프로이드가 가장 관심을 가졌던 부분이 성이기 때문에 이 리비도란 용어는 흔히 '성 에너지'와 같은 뜻으로 쓰이기도 한다.

원초아는 쾌락 원리를 따른다. 쾌락 원리의 목적은 원하는 것을 즉각적으로 만족시키는 것이다. 충족되지 못한 욕구는 긴장상태를 유발한다. 따라서 사람은 자신의 욕구를 즉각적으로 만족시키고자 한다. 긴장해소가 궁극적인 목표이며 본능적인 에너지의 흐름이 자아(ego)나 초자아(super ego)에 의해서 방해될 때에는 그 힘을 공상이나 다른 행동으로 방출하려고 한다.

원초아의 힘이 자아나 초자아의 장벽을 넘어서서 표출되는 것이 바로 실언, 착각, 기억착오 등의 심리적 착란 현상이다.

(2) 자아(ego)

원초아에 의한 충동적인 행동은 사회로부터 처벌을 받게 됨으로써 고통이나 긴장을 증가시킬 뿐이다. 따라서 현실원리(reality principle)에 따라 작동되며 욕구를 충족시킬 수 있는 대상이 발견될 때까지 충동적 에너지의 맹목적 방출을 연기하는데 있다.

자아(ego)는 행동을 통제하며 반응할 환경의 특징을 선택하고 어떤 본능을 어떤 방법으로 만족시킬 것인지를 결정하기 때문에 성격의 집행자라고 불린다. 원초아와 자아의 근본적 차이는 전자는 마음의 주관적 실재만을 이는 반면, 후자는 마음속의 것과 외계에 있는 것을 구별하는 것이다. 원초아는 완전히 주관적이지만 자아는 객관성을 추구한다. 자아는 두 가지 특성이 있는데 첫째, 이차적 사고과정, 둘째, 현실원칙이다.

(3) 초자아(super ego)

프로이드의 성격의 마지막 요소는 초자아(superego)이다. 이드가 열정이라면 자아는 합리, 논리 및 상식이고, 초자아는 양심에 가깝다.

초자아는 부모와 사회의 가치를 구체화하는 것이고, 무엇이 옳고 그른지를 결정한다. 초자아는 쾌락보다는 완성을 향해 노력한다. 초자아는 프로이드의 성격구조에서 가장 마지막으로 발달하는 단계이다. 초자아는 보상하는 체계와 처벌하는 두 하위체계로 나눌 수 있다.

행동을 보상하는 초자아의 측면을 자아 이상(ego－ideal)이라 부른다. 부모가 승인하거나 가치를 주는 것은 무엇이나 자아 이상으로 통합된다. 그러므로 자아 이상은 기준에 맞는 행동에 대해 자신을 자랑스럽게 생각하도록 함으로써 보상한다. 초자아는 가장 마지막에 발달하는 부분으로 아이가 부모의 사회적 가치와 이상을 동일시함으로써 발달한다.

초자아의 부정적인 측면은 양심이다. 부모가 승인하지 않거나 처벌하는 것은 무엇이나 양심으로 통합된다. 양심은 나쁜 행위와 생각에 대해 스스로가 죄책감을 느끼게 만듦으로써 벌을 가한다.

프로이드에 의하면, 원초아, 자아, 초자아가 균형을 이룰 때 건강한 성격이라고 한다. 에너지의 대부분이 원초아에 집중되어 있으면 충동적인 사람, 초자아에 집중되어 있으면 이상주의적 사람, 자아에 집중되어 있으면 현실에 적절히 적응해 가는 정상적인 사람이 될 것이다. 결론적으로 모두 무의식에 위치하고 있지만, 자아와 초자아는 의식, 무의식, 전의식 전반에 걸쳐 위치한다.

3) 심리성적 발달

프로이드는 성격이 심리성적 발달단계에 따라 형성되며 심리성적 단계의 주요한 특징은 정신 에너지인 성적 에너지(리비도)가 신체 부위의 어디에 집중되어 있느냐 따라 구순기, 항문기, 성기기, 잠복기, 생식기로 구분했다.

심리성적 발달이론(psychosexual development theory)은 인간의 성격이 형성되는 과정을 기술한 정신분석이론(psychoanalytic theory)과 프로이드 이론(Freudian theory)에서 유래한 개념으로 이 이론에 따르면 인간은 기쁨과 즉각적인 만족을 위해 타고난 추진력과 본능으로 동기를 부여받는다.

프로이드는 성격의 발달은 유아기부터 청소년기까지 5단계에 걸쳐 이루어지는데 이 단계들 중 앞의 세 단계가 성격형성에 결정적 역할을 하게 된다. 성격은 이러한 심리성적 발달단계가 해결된 결과이며, 개인이 각 발달단계를 성공적으로 통과하기 위해서는 적절한 만족을 얻어야 한다. 각 단계에 나타나는 생물학적인 성숙요인과 갈등과 장애가 원만하게 해결되지 못할 때 욕구좌절을 겪으면서 해결 여부는 개인의 궁극적인 성격발달에 영향을 미치게 된다.

(1) 구순기(oral phase)

본능적 생활의 가장 초기 단계로 출생에서 1세까지 지속되는 것으로 유아는 입에서 쾌락을 얻는다. 출생 시부터 1세 반 정도까지의 시기이며, 리비도가 입, 입술, 혀, 잇몸 자극에 만족을 느껴 빨고, 깨물고, 삼키고, 입술로 장난함으로써 충동적이고 즉각적인 만족을 얻고자 한다.

마음속에서 입이 차지하는 비중이 다른 어느 신체부위보다 큰 시기이다. 이 단계에 유아는 입과 구강을 자극함으로써 만족을 찾고, 주위에서 들려오는 언어나 스스로의 정신적인 활동을 통해 세상을 경험한다.

이러한 구순기의 욕구를 적절히 충족시키게 되면 개별화, 분리가 잘 되고 타인과 친밀한 관계를 형성할 수 있지만, 그렇지 못한 경우에는 철퇴, 극도의 의존성, 친밀한 관계를 형성하지 못하는 문제를 일으키게 된다. 구강 욕구가 지나치게 만족되면, 성인이 되어 지나친 낙관론을 갖거나 의존적인 성격을 갖는 경향을 보인다. 자아개념과 개인적 가치감은 보통 이 단계에서 발달한다.

(2) 항문기(anal stage)

항문기란 대변을 가리는 훈련이 시작되는 1세 내지 1세반에서 3세까지를 가리키는 정신분석 용어다. 이 시기에는 리비도가 항문에 집중되는 것으로 배변의 보유 및 배설행동을 중심으로 성격이 발달된다. 그러나 배설 때보다도 오히려 변이 체내에 머물러 있음으로써 생기는 점막의 자극으로부터 쾌감을 얻는 수도 있다. 이 시기의 성격 형성은 본능적 충동인 배설과 외부적 현실인 배변훈련과 관련되어 결정된다고 한다. 배설물을 방출하는 것은 쾌락이고 그것을 지연시키는 방법을 배우게 된다. 항문기는 유아가 처음으로 사회의 기대에 순응하라는 요구에 직면하는 단계이다.

부모가 거칠게 혹은 억압적으로 배변훈련을 시켜 고착된 항문기 강박적 성격은 고집이 세고, 인색하며, 복종적이고, 시간을 엄수하며, 지나치게 청결한 특징을 가진다. 반대로 배변훈련 시 지나치게 관대하여 고착된 항문기 폭발적 성격은 잔인하고, 파괴적이며, 난폭하고, 적개심이 강하며, 불결한 특징을 가진다.

(3) 남근기(phallic stage : 3~6세)

남근기는 3~6세까지로 리비도적 관심은 신체의 새로운 성감대인 생식기로 옮겨가게 된다. 아동이 자신의 성기를 만지고 자극하는데서 쾌감을 느끼는 시기를 말한다. 이 시기부터 원초아, 자아, 초자아는 역동적으로 작용하기 시작하며 동성의 부모에게 성적동일시를 하므로 남자아이는 남자답게, 여자아이는 여자답게 행동하려고 애쓴다.

남근기의 갈등은 오이디푸스 콤플렉스나 엘렉트라 콤플렉스와 같은 반대 성의 부모와 관련한 근친상간 욕망에 대한 환상과 관련되어 있다. 항문기에는 외적인 금지에 대항하여 자신을 방어했지만 남근기에는 내적인 금지에 대항하여 자신을 방어한다. 이 시기에 여자아이는 남근을 부러워하는 남근 선망증의 심리상태가 보인다. 프로이드는 남근기에 초자아가 확립되는 것이 오이디푸스 콤플렉스 결과라고 한다.

이렇게 갈등을 극복하고 욕구충족을 하려는 동일시 과정을 통해 아동은 부모의 가치규범, 도덕을 내면화하고 초자아를 발달시킨다. 이것은 자녀가 부모를 닮을 수밖에 없는 중요한 이유가 된다.

(4) 잠재기(latency stage : 6~12세)

어떤 자극이나 원인이 작용하여 반응이 나타나기까지의 시간이다. 말 그대로 성적충동이 집중되는 특정한 신체부위가 존재하지 않아서 특정한 성적 활동이 없는 비교적 평온한 시기이다. 이 시기에는 본능이 행동의 동기 유발에서 극히 미미한 역할밖에 하지 못한다고 한다. 성적 욕구에 대한 흥미가 떨어지고 지적 활동인 학업에 열중하고 환경의 탐색도 하며, 또래집단과의 놀이를 통해 사회적 기술을 습득하게 되는데, 학교활동, 취미, 스포츠, 우정관계 등을 통해 성적 충동을 승화시킨다. 즉 성적 에너지는 새로운 지적 과제를 학습하고 사회적 가치와 기술을 습득하는 등의 외적 활동을 통해 방출된다고 볼 수 있다.

잠복기에 고착되면 성인이 되어서도 이성에 대한 정신적인 친밀감을 갖지 못한다. 즉 이성과의 성적 관계를 회피하거나 정서적인 감정 없이 단지 공격적인 방식으로서 성적행동을 하게 된다

(5) 생식기(genital stage : 12세 이후)

발달단계 중 마지막 단계이다. 생식기는 남근기와 마찬가지로 성적 관심이 생기지만 이 단계에서 호르몬의 변화로 급격한 신체적 변화를 경험하게 되면서 이전과는 전혀 다른 성적 만족을 추구한다. 사춘기의 청소년들은 제2차 성징의 변화를 경험하면서 성적 만족을 느낄 수 있을 만큼 성적으로 성숙하고 그 대상은 이성에게로 향한다. 이러한 변화에 따라 삼복해 있던 리비도가 성기에 집중되면서 잠복기 동안 억제되었던 성적, 공격적 충동이 자아와 자아의 방어를 압도할 정도로 강해진다. 사춘기에 접어들면서 반대 성에 대한 관심과 인식이 증가하게 되고 성적 공격적 충동이 부활 소생하게 된다.

생식기 성격발달을 위해서는 근면을 배워야 하고 즉각적인 만족을 지연시켜야 하며, 책임감이 있어야 한다. 아동기 초기에 경험한 심각한 외상으로 인해 성적 에너지의 고착이 있으면 생식기에서의 적응이 어렵다.

4) 본능

프로이드는 본능(Instinkt, instinct)이라는 개념을 쓰지 않고 추동(Trieb, drive)이라는 개념을 썼다. 본능은 생득적인 행동 도식으로서 개인차가 적고 시간의 흐름에 따라 발현되며, 목표를 달성하는 데 비교적 장애가 적다. 이에 비해 추동이라는 개념은 에너지와 운동적 특성을 가진 유기체의 역동적 과정을 의미한다. 신체적 자극에 의한 긴장이 추동의 시발점이 되고, 긴장 해소가 그 목적이다. 1920년 당시의 프로이드는 성본능과 공격본능에서 인간의 생명체적 삶을 이끌어가는 누 개의 큰 동력으로서 삶을 지향하는 힘과 죽음을 지향하는 두 역동적 힘을 가정하고서 전자를 에로스(eros)라 하고, 후자를 타나토스(thanatos)라고 하였다. 그리고 이 두 힘 사이의 갈등과 조화가 본능적 삶의 다양성을 결정하는데 있어서 핵심 역할을 하며, 에로스의 저변에는 리비도의 역동적 힘이 작용하고 있다고 하였다.

삶의 에너지(리비도, libido)로서 육체적 성욕을 비롯하여 삶의 에너지에 있어서 생산, 성취, 창조 및 인간관계 형성 등의 기본적 에너지가 된다. 죽음의 에너지(타나토스, thanatos)로서 공격행동을 비롯하여 파괴, 정리, 저항, 인간관계 단절의 기본적 에너지가 된다. 이 두 가지 본능은 서로 상반되기도 하지만 또 한편으로는 서로가 균형 있게 공존해야 한다.

(1) 삶의 본능

프로이드는 삶의 추동을 에로스라고 칭하기도 하였는데, 이는 종족 보존의 성 추동뿐만 아니라 자기 보존 추동까지도 포괄한다(윤순임, 1995). 에로스는 서로 결합하여 성숙하고, 좀 더 큰 단위로 통합하고, 보존하는 것이 목적이다. 또한, 인간관계의 모든 긍정적인 측면에 존재하며, 대부분의 인간활동의 동기에서 건설적인 요소이다. 이렇게 삶의 추동은 포괄적이고 함축적인 의미로 사용되었지만, 좁은 의미에서는 성 추동 혹은 리비도(libido)로 사용되기도 하였다. 삶의 본능은 개체의 생존과 번식의 목적에 관여하는 것으로, 예를 들면 생식본능이라던가, 성본능 같은 것이 이 범주에 속한다.

프로이드가 가장 중요시 한 삶의 본능은 성본능이며, 초기 정신분석에서는 모든 행동이 신체 여러 부위에 있는 성적 요구에서 오는 것으로 보았다. 다시 말하면, 이러한 성적 욕구는 신체 부위의 성감대, 즉 입술, 구강, 항문 그리고 성기 등에서 오는 것이다. 어렸을 때는 빨거나, 배설하거나, 주무르거나, 마찰하는 행위 등을 통하여 각각 독자적으로 그 욕구가 충족되다가 사춘기에 이르게 되면 이들은 모두 융합되어 함께 생식 목적에 공헌하게 된다고 한다.

(2) 죽음의 본능

프로이드는 삶 본능과 상반된 개념으로서 죽음 본능이라는 것이 있다고 가정하고, 이 죽음 본능의 주요한 구성요소가 공격성이라고 주장하였다. 즉 개인의 죽음 본능은 공격성으로 표출되어 자신이 아닌, 타인이나 특정 대상을 죽이고자 하는 소망으로 파괴하고, 정복하고, 죽이도록 하는 추동을 말한다.

공격이란, 죽음의 본능에 내포된 자기 파괴의 욕구가 외부의 다른 대상물에게 돌려진 것으로, 어떤 사람이 타인과 싸우거나 파괴적인 행위를 하는 것은 스스로의 죽음에 대한 욕구가 바깥으로 나타나는 것이다. 죽음의 본능은 삶의 본능의 작용보다 뚜렷하게 표출되지 않으므로 이를 입증하기는 어려우나, 인간에게 있어서 죽음의 본능은 보이지 않게, 그러나 필연적으로 그 기능을 수행하고 있다고 할 수 있다. 죽음의 본능인 타나토스(thanatos)는 생물체가 무생물체로 환원하려는 본능으로 이것 때문에 생명은 결국 사멸되고 살아있는 동안에도 자신을 파괴하거나 처벌하며, 타인이나 환경을 파괴시키는 공격적 행동을 하게 된다. 생과 죽음의 본능은 서로 영향을 미치거나 혼합된다.

4. 방어기제

방어기제란 개인을 불안으로부터 보호하고, 내적인 또는 외적인 위험이나 스트레스 요인으로부터 보호하는 자동적인 심리과정이다. 인간은 실제 외부세계에서 받은 위협, 위험에 대한 인식기능으로 현실적 불안을 느끼게 된다. 그러나 그러한 불안을 느낄 환경이나 이유가 없음에도 불구하고 자아가 본능적 충동을 통제하지 못해 불안에 사로잡히는 신경증적 불안과 자신의 도덕적 원칙에 위배되는 원초아와 초자아 간의 갈등에서 비롯된 도덕적 불안 등 불안을 해결하기 위해서 내적 긴장을 완화시키고 불안에 대처하기 위하여 자아가 활용하는 여러 가지 심리적 책략들을 자아방어기제라 한다.

정신분석 용어사전에서는 방어란 위험들과 그에 수반되는 불쾌한 정동들로부터 자신을 보호하기 위한 자아의 분투를 가리키며, 무의식적으로 작동한다. 이때 위험이란 애정대상의 상실, 대상의 사랑 상실, 거세 및 초자아의 인정을 받지 못하는 것 등이 포함된다.

방어 자체가 비정상적이거나 병리적인 것은 아니며, 적응적인 기능을 지니기도 한다. 방어기제는 우리 정신을 건강하게 지키기 위해 반드시 필요하다. 만일 방어기제가 없다면 우리는 아주 사소한 충격에도 약한 마음을 지키기 어려울 것이다. 어떤 상황에서 어떤 방어기제를 써야 할지를 결정하는 것은 대개 우리의 무의식이다. 건강한 사람은 상황에 맞는 방어기제를 선택적으로 융통성 있게 쓴다.

1984년 프로이드는 방어의 신경정신병(The Neuropsychoses of Defense)에서 처음으로 방어라는 용어를 사용하였다. 여기서 그는 사람들이 고통스런 정동을 일으키는 받아들일 수 없는 사고나 감정들을 막아내기 위해, 무의식적 방어과정을 통해 이들 사고나 감정들을 덜 혼란스럽게 만든다고 하였다. 무의식적인 간접적인 대처방법인 방어기제는 다음과 같다.

(1) 억압(repression)

억압은 수치스러운 생각, 고통스러운 기억, 용납할 수 없는 생각이나 욕구 등을 무의식 속으로 추방시켜 의식화되는 것을 막는 것이다. 이 대처방법은 방어기제 중 가장 보편적이고 1차적인 기전이다. 자기의 욕구가 쉽게 달성될 수 없을 때, 그 욕구를 무의식의 영역으로 옮김으로써 열등감, 불안, 긴장 등을 해소하는 무의식의 영역이기 때문에 자신은 전혀 모르고 있다.

억압은 항상 불충분한 것이어서 긴장이나 불안 같은 감정을 전적으로 통제하지 못하기 때문에 계속 무의식 속에서 조정하는 노력을 되풀이해야 한다. 이와 유사한 방어기제가 억제(suppression)인데, 받아들이고 싶지 않은 욕구나 기억을 의식적으로 잊으려고 노력하는 것으로 무의식적인 억압과는 구별된다.

억압과 억제의 차이점은 억압은 자신의 무의식적 욕구나 감정에 대한 의식적인 인식 자체를 거부하는 미성숙한 방어기제이며, 억제는 자신의 욕구와 감정을 인식하고 자아의 결정에 따라 그 표현과 충족을 지연하는 성숙한 방어기제이다. 지나친 억제를 자주 사용하는 경우, 자신의 현실에 대해 소극적인 태도를 형성할 수도 있고, 이런 관망적인 태도로 인해 적절한 문제해결의 가능성과 시기를 놓치는 결과를 초래할 수도 있을 것이다. 즉 현실회피적일 가능성도 있다.

(2) 반동형성(reaction formation)

반동형성은 자신의 무의식적 욕구와 정반대행동을 함으로써 오히려 금지된 충동이 표출되는 것으로부터 자신을 조절하거나 방어하는 과정을 말한다. 무의식 속에 숨어 있는 자신의 강한 욕망이나 심정을 타인에게 감추기 위해 자신도 모르게 욕망과 반대되는 태도나 행동을 취하는 방어기제를 '반동형성(reaction formation)'이라 한다.

프로이드는 반동형성을 '이드' 충동의 공개적 표현과 이와 대립되는 '초자아'의 압력으로부터 '자아'를 보호하기 위한 전략이라고 정의했다. 즉 무의식에 잠재된 이드 충동이 의식으로 표출되는 것에 불안을 느껴 초자아는 이드 충동과는 반대의 행동으로 표현될 수 있도록 자아에게 명령한다.

예를 들어, 배척이나 혐오, 적개심의 부정적 감정을 과도한 관심이나 상냥함, 애정 등의 호의적인 감정으로 표현하는 경우가 여기에 해당된다. 이와 반대로 좋아하거나 긍정적인 감정을 오히려 엄격해지거나 얼굴이 굳는 등의 부정적인 태도로서 감추는 경우가 있다. 마음 속에 증오와 적의의 감정을 이드라고 한다면 이것은 무의식 속에 감춰져 있는 감정이기 때문에 본인도 깨닫지 못하는 본능이다. 이 감정이 상대방에게 그대로 보이는 것에 불안을 느낀 초자아는 도덕적 판단을 통해 증오의 반대감정인 사랑을 가지도록 자아에게 압력을 가한다. 그 결과 상대방에게 지나친 사랑의 감정을 표출하게 된다.

(3) 퇴행(regression)

퇴행은 안전하고 즐거웠던 인생의 이전단계로 후퇴함으로써 불안을 완화시키는 방법으로 개인이 직면한 갈등이나 좌절을 현재의 인격성숙 수준에 알맞은 방식으로 해결하기보다는 과거 심리성욕발달기의 초기단계로 돌아가거나 더욱 단순한 또는 유아기적 표현을 하여 미성숙한 적용방식을 취하는 현상이다. 이런 현상은 불안을 감소시키지만 근본적인 원인을 해결하지는 못한다. 현실에 대처할 능력이 없다고 생각되거나 좌절했을 때 유치한 과거수준으로 후퇴하는 것을 말한다.

그러나 긴장이완, 피로해소를 위한 수면 등은 정상적인 현상이며 또한 생산적이고 창조적인 활동을 위한 건강한 준비과정으로서 정상적인 퇴행이라고 할 수 있다. 비정상적인 퇴행은 자아 자체가 퇴행함으로써 갈등 상황 속에서 무기력해지고 공상에 빠지거나 누구에게 지나치게 의존하는 등 적극적인 해결방법을 포기하고 미성숙한 방식으로 대처한다.

(4) 동일시(identification)

동일시는 강한 심리적 유대를 갖고 있는 다른 사람이나 사물의 속성에 동화하는 과정을 의미한다. 동일시 방어기제는 '타인의 정체성을 차용하여 자신의 정체성에 융합시킴으로써 자기를 지키려는 것'이라고 할 수 있다. 자기 자신보다 강하거나 우월한 타인의 특성을 자기 것으로 내면화함으로써 자신의 단점이나 나약함을 은폐하려는 과정에서 나타나게 된다. 따라서 동일시는 다른 사람의 특성을 끌어내어 자기 자신의 인격(personality) 속으로 잠입시켜 이것을 자기화하는 것을 말한다.

프로이드는 오이디푸스 갈등기 동안 유아가 동성의 부모를 동일시함으로써 이성의 부모를 간접적으로 소유하게 된다고 설명했다. 반대로 자기가 미워하는 사람을 절대 닮지 않겠다고 하면서 자기도 모르게 닮아가는 '적대적 동일시'와 '병적 동일시'도 있다.

(5) 보상(compensation)

보상이란 정신적 · 신체적 부족이나 열등감을 방어하기 위하여 자신의 다른 장점이나 특기를 내세우는 행동을 하는 방어기제이다.

(6) 합리화(rationalization)

합리화란 현실을 왜곡하여 비합리적 행동이 타인과 자기 자신에게 합리적이고 정당한 것처럼 보이게 하여 자신의 자존심을 보호하는 행동이다. 여러 가지 사회적 명분을 내세우고 자신의 권력에 대한 욕심을 감추어 자신의 이기적이고 자기중심적인 욕망을 집단을 통해 표출한다. 만약 성공하게 되면 그에 대한 보상을 자신이 전적으로 차지하려 하나 실패하면 그 이유를 집단으로 돌려 자기 책임을 회피하려 한다.

합리화를 통해 개인의 행동, 태도가 정당하다고 느끼게 되나 자주 사용하는 경우 이유나 핑계로 인해 자신의 진정한 욕구와 감정, 모습을 인식할 수 없기 때문에 올바른 방향으로의 행동변화가 어려워진다.

(7) 대치(substitution)

대치는 성취할 수 없는 혹은 받아들여질 수 없는 욕구, 감정, 충동 등으로 인한 좌절감을 줄이기 위해, 원래의 대상과 비슷한 사회적으로 받아들여질 수 있는 대상으로 만족하는 것을 말한다. 전치(displacement)는 어떤 대상에 대한 감정을 다른 대상에게 표현하는 것이다. 대치는 대상 자체를 강조하며, 전치는 대상에 대한 감정을 강조한다.

(8) 투사(projection)

사람들은 본능적이고 무의식적인 원초아의 욕구를 가지고 있지만, 현실적 · 도덕적으로 그 욕구를 다 충족시킬 수는 없다. 그렇게 되면 사람들에게는 현실불안, 도덕불안이 발생한다. 사람들은 그런 불안을 해소하기 위해 자신에게서 발생한 문제를 남의 탓이나 환경 탓으로 돌리면서 자신을 방어하려고 한다. 이러한 방어기제가 투사이다.

어떤 청소년은 친구들이 아무도 자기를 좋아하지 않는다고 불평하지만, 사실은 그 자신이 자신을 포함한 어느 누구도 좋아하지 않는 것이다. 투사는 용납할 수 없는 자신의 문제나 결점이 자기 외부에 있는 것으로 생각하는 것이다.

(9) 부정(denial)

부정은 불편한 감정이나 진실에 부딪쳤을 때 가장 쉬운 전략은 그것을 부인하는 것이다. 위협적인 현실에 의해 압도될 때, 사람들은 종종 부정이라는 방어기제에 의지한다. 부정은 현실에서 일어났던 위협적이거나 외상적인 사건이 발생했나는 것을 믿으려 하지 않는 것을 말한다. 부정은 억압과 마찬가지로 사람이 대처할 수 없다고 느끼는 무언가를 의식하지 않도록 막아준다. 그러나 부정과 억압은 위협의 원천이 다르다. 부정은 외부세계에서 발생한 무언가를 의식하지 않도록 해주는 반면, 억압은 내부세계에서 발생한 무언가를 의식하지 않도록 막아준다.

(10) 승화(sublimation)

본능적 욕구나 참기 어려운 충동 에너지를 사회적으로 용납할 수 있는 형태로 바꾸어 사용하는 가장 건전하고 건설적인 방어기제이다. 승화는 다른 방어기제와는 달리 자아를 반대하지 않으며 자아의 억압이 없고 충동 에너지를 그대로 유용하게 전용하는 것이 특징이다.

승화는 용납되지 않는 충동을 억압할 수 없을 때 사회적으로 용납되는 유익한 다른 형태로 전환하여 표출하는 것으로, 가장 건전하고 바람직한 기제이다. 위험한 원초아의 충동 때문에 일어난 갈등으로 인해 스트레스를 받게 되면 이 충동을 학교 일, 문학, 운동 등 사회적으로 용인되는 활동으로 전환시킴으로써 줄일 수 있다.

연 습 문 제

1. 프로이드의 이론이 사회복지실천에 미친 영향으로 옳지 않은 것은?

① 무의식적 동기의 중요성을 인식하는 데 유용하다.
② 인간 자유의지의 중요성을 인식하는 데 유용하다.
③ 유아기 경험의 중요성을 인식하는 데 유용하다.
④ 방어기제의 중요성을 인식하는 데 유용하다.
⑤ 본능의 중요성을 인식하는 데 유용하다.

2. 자아방어기제에 대한 설명이다. 옳지 않은 것은?

가. 상황 : 미운놈 떡 하나 더 준다. 나. 반동형성 : 자녀의 죽음을 인정하지 않고 마치 살아 있는 것처럼 행동하는 아버지 다. 부정 : 무의식의 죄책감을 씻기 위해 불행하게 지내는 경우 라. 보상 : 나폴레옹 콤플렉스

① 가, 나, 다 ② 가, 다 ③ 나, 라
④ 라 ⑤ 가, 나, 다, 라

3. 배변훈련이 충분히 이루어진 아동이 동생이 태어나자 대소변을 가리지 못하게 되었다. 이는 다음 중 어느 방어기제에 해당하는가?

① 억압 ② 격리 ③ 반동형성
④ 투사 ⑤ 퇴행

4. 프로이드 이론에서 초자아를 발달시키는 두 하부체계를 바르게 연결한 것은?

① 쾌락원리－일차과정 사고
② 현실원리－이차과정 사고
③ 양심－자아이상
④ 자아의 현실검증－이차과정 사고
⑤ 쾌락원리－이차과정 사고

5. 전의식에 대한 설명으로 옳은 것을 모두 고른 것은?

가. 현재 의식되지는 않지만, 전에 의식했던 저장된 것으로 주의집중을 통해 의식할 수 있다. 나. 정신의 가장 깊은 곳에 위치해 있다. 다. 흔히 이용 가능한 기억이다. 라. 의식적 사고와 행동을 통제하는 힘이다.

① 가, 나, 다　　② 가, 다　　③ 나, 라
④ 라　　⑤ 가, 나, 다, 라

정답	1. ②	2. ①	3. ⑤	4. ⑤	5. ②

9 인지행동주의이론

인지행동이론은 인지이론과 행동주의이론을 통합한 이론이다. 두 이론은 각각 독특한 관점에서 인간을 이해한다. 인지이론은 인간의 행동에 사고, 인식, 해석이 정서와 행동의 결정요인이라고 본다. 반면, 행동주의이론에서는 인간의 행동은 모방과 관찰을 통해 학습된 결과로 전제한다. 인지이론에서는 왜곡된 인식이나 해석으로 인해 인간의 문제가 발생한다고 설명한다. 반면, 행동주의이론은 부정적인 행동을 관찰, 모방, 학습한 결과에 의해 문제행동을 한다고 주장한다. 오늘날 사회복지실천에서는 이 두 이론을 통합하여 클라이언트의 문제에 효율적으로 개입하고 있다. 왜곡된 사고패턴을 인식하게 하고 실천행동을 하도록 개입할 때 보다 효과적이기 때문이다. 대표적인 인지이론은 피아제, 비고츠키, 엘리스이론을 중심으로 보고, 행동주의이론은 파블로프, 스키너, 반두라이론으로 살펴보고자 한다.

1. 인지이론

1) 피아제의 인지이론

(1) 피아제의 생애

피아제는 1896년 스위스의 뉴사텔에서 태어났고, 아버지는 중세 문학자였다. 그는 매우 엄격한 가정환경에서 자랐으며 특히 생물학에 대해 관심이 많았다. 10세 때 공원에서 본 일비노스페로우라는 새에 관한 논문을 학술지에 게재하기도 했다. 15세 무렵에는 연체동물을 연구하는 뉴사텔 박물관장의 연구를 도와 스위스의 유명한 학술지에 연체동물 관련 연구논문을 발표하여 외국의 여러 학자들로부터 초청을 받기도 하였다. 21세에는 뇌사텔 대학교에서 연체동물에 관한 논문으로 동물학 박사학위를 취득하였다. 이후 관심 분야를 인간의 정신구조로 확장하여 연구하기에 이르렀다.

그의 나이 23세에는 아동심리학 분야에서 처음으로 과학적 접근에 의해 '마음의 발달'을 연구하기 시작했다. 그는 파리의 비네 연구소에서 아동용 지능검사 제작에 관여하면서 아동의 틀린 답에 주목하여 아동들의 사고체계가 독특한 특성을 가지고 있다는 점에 주목하게 된다. 1925년 결혼하여 얻은 첫째 아이가 출생하면서부터 아동의 인지발달에 관해 연구를 본격화한다. 육아기간 동안 아동은 어른들과 다른 방식으로 사고한다는 특성을 구체적으로 관찰하였다. 이후 세 아이를 직접 관찰함으로써 실증적인 연구결과물인 『지능의 근원』, 『아동심리』 등의 저서를 남긴다. 1980년에 사망하기 전까지 아동의 인지발달에 관한 연구를 계속하다.

(2) 인간관

인지이론은 무엇을 어떻게 생각하는가가 정서적 반응과 행동에 영향을 미친다고 본다. 그러므로 인간의 문제행동은 비합리적인 사고와 신념에 기초한다. 인지이론은 사고의 획득과정과 기능에 초점을 두는 이론이다. 한 개인이 무엇을 어떻게 알게 되고 생각하게 되는지 그리고 무엇을 느끼고, 행동하는지에 초점을 두기 때문에 인간의 잠재력과 행동을 이해하고 이를 변화시키는 데 있어서 필수 불가결한 이론적 기반이 된다. 인간을 바라보는 관점을 정리해 보면 다음과 같다.

① 고유한 인지과정

인간은 고유한 인지과정을 갖는다. 인간은 환경 속에서 자신의 경험을 독특하게 해석하고 경험하면서 순환적 상호작용과정을 갖는다.

② **주관적인 존재**

인간은 매우 주관적인 존재로 규정한다. 한 개인이 세상을 보는 주관적 관점을 중요하게 여긴다. 각 개인의 정서, 행동, 사고는 개인이 현실을 창조해 내는 방식, 즉 현실세계를 구성하는 방식에 따라 달라진다(Beck, 1976).

③ **성장하는 존재**

인간은 비결정론적, 변화 및 성장하는 존재이다. 인간은 유전적 요인에 의해 결정되는 존재가 아니다. 환경적 영향을 받기는 하지만 환경적 자극을 활용하여 재구성할 수 있다(Kelly, 1963).

④ **미래지향적 존재**

인간은 미래지향적인 존재이다. 자신이 생각하는 신념체계가 달라짐으로써 얼마든지 변화될 수 있다.

⑤ **합리적·비합리적 존재**

인간은 합리적, 비합리적인 존재이다. 인간은 합리적인 존재인 것과 동시에 비합리적인 존재이다. 인간은 바람직한 자기대화, 자기평가를 통하여 자신을 긍정적으로 유지할 수 있다. 반면, 바람직하지 못한 사고로 인해 오히려 자신의 성장을 스스로 방해할 수 있는 존재이기도 하다(Ellis, 1979).

(3) 기본 가정

인지란 좁은 의미로는 사고할 수 있는 능력을 의미한다. 넓은 의미는 사고 외에 지각, 기억, 기능, 언어 등을 포함하는 정신과정으로 이해할 수 있다. 인지이론은 인간의 행동을 인지적 사고에 의해서 영향을 받는 결과로 가정한다. 인간에 대한 폭넓은 관점을 형성하기 위해서는 인지이론에 대한 이해를 가져야 한다. 인지이론은 인지발달의 획득과 기능에 초점을 둔다. 또한 인간의 지적 능력뿐 아니라 사고, 태도, 현재 상황을 어떻게 이해하고 해석하는지에 따라 행동에 영향을 미친다. 인지이론에서는 개인의 인지가 정서 및 행동의 기능을 중재한다고 간주한다. 따라서 인지이론에 기반을 둔 치료과정에서는 부적응적인 사고 유형을 파악하고 이를 직면하여 변화할 수 있도록 돕는 것에 초점을 둔다.

인지이론의 기본 가정은 ① 인지발달은 일생을 통하여 성장과 변화가 이루어진다. ② 인지적 유능성(예: 지능, 문제해결능력, 의사결정)은 개인이 기능하는 맥락에 따라 차이가 있다. ③ 인지, 감정, 행동에 따른 결과는 원인적 관련성을 지니고 있다. ④ 개인의 사고를 포함한 인지적 표상은 사회적 기능과 정서적 안녕에 영향을 미친다. ⑤ 인지적 변화는 행동 변화에 영향을 미친다(권중돈, 2014).

(4) 주요 개념

피아제는 도식(schema), 적응(adaptation), 동화(assimilation), 조절(accommodation), 평형(equilibration)을 주요한 인지발달 개념으로 설명한다.

① 도식

도식은 사물이나 사건을 바라보는 사고의 틀 또는 이해의 틀을 말한다. 인간은 어떤 사물에 대해 정확한 정보를 가지고 있지 않은 초기상태이며 인지하는 데 사용하는 기본적인 윤곽을 가지고 태어난다. 신생아는 몇 가지의 도식들을 가지고 태어나는데 빨기와 잡기도식이다. 신생아는 빨기나 잡기와 같은 최초 도식을 가지고 태어나며 반복행동을 통해 더 많은 도식으로 발전시킨다. 적응의 과정을 통해 새로운 도식을 개발하고 기존의 것들을 변화시킨다. 이처럼 도식은 인간이 환경에 적응하는 데 필수적인 인지구조로 조직화된다. 즉 인지적 조직화의 기초단위라 볼 수 있다. 피아제는 연령이 높아질수록 환경과의 상호작용 경험이 많아지면서 인지구조가 질적으로 발달한다고 보았다.

② 적응

적응은 환경과의 직접적인 상호작용을 통해 도식이 변화하는 과정을 말한다. 자신과 관련 있는 환경의 조건들을 조정하는 능력으로 주변과 조화를 이루고 생존하기 위해 변화한다. 인간은 적응과정에서 정보를 수동적으로 받아들이기보다 능동적으로 선택하고 해석하여 지식을 구성한다(Flavell, 1983, 최옥채 외, 2015). 그리고 동화와 조절의 개념을 적극적으로 적용하여 적응과정이 이루어진다.

③ 동화

동화란 새로운 환경자극에 반응하여 기존의 도식을 사용해서 새로운 자극을 이해하는 것을 말한다. 영아는 음식이나 물건을 무조건 입으로 가져가서 이해하려고 하는데 이를 동화과정이라 한다. 아이는 환경조건에 관계없이 하나의 도식을 사용하여 자기의 내적 욕구를 만족시키기 위해 환경을 변화시킨다(정옥분, 2018b).

④ 조절

조절이란 기존의 도식으로는 새로운 사물을 이해할 수 없을 때 기존의 도식을 변경하는 것을 말한다. 유아가 조절의 개념을 사용할 때 도식의 질적인 변화가 일어난다. 예를 들면, 유아가 '매'를 보고 '독수리'라고 이해했다면 누군가 잘못된 지식이라고 지적해줄 때 기존의 도식을 수정한다.

⑤ 평형

평형은 동화와 조절이 균형을 이루는 인지과정을 말한다. 기존의 지식(동화)과 새로운 정보(조절) 간의 균형을 유지하는 것이 평형화이다.

⑥ 조직화

조직화는 유기체가 현재 가지고 있는 도식을 새롭고 더욱 복잡한 도식으로 변화시키는 것을 의미한다. 기존의 도식을 보다 체계적으로 재구성하는 능력을 말한다. 예를 들면, 새의 종류를 보다 구체적으로 분류하고 조직할 수 있다.

(5) 인지발달 단계

피아제는 아동의 인지발달은 환경 간의 상호작용에 의해 단계적으로 이루어진다고 하였다. 발달은 유전적 요인에 의해 결정되는 것이 아니라 환경과의 상호작용으로 개인 스스로가 구성한다고 보았다(Piaget, 1983). 인지발달에는 네 단계의 일정한 순서대로 진행되고 단계가 높아질수록 복잡성이 증가한다.

① 감각운동기

출생부터 2세까지 해당하는 사고능력을 감각운동기로 설명한다. 이 연령은 영아기에 해당되는 시기로서 기본적인 빨기, 쥐기 등의 반사행동을 통해 인지능력이 발달하게 된다. 영아기를 감각운동기라 명명하는 것은 감각기관과 운동기능의 상호작용에 기초하여 사고가 발달하기 때문이다. 이는 감각기관을 통해 받아들인 정보가 인지발달의 중요한 내용이 된다. 감각운동기는 독립적이지만 상호 관련된 6개의 하위단계들로 이루어진다.

〈표 9-1〉 감각운동기 하위단계

세부단계	연령	인지발달
반사운동기	출생~1개월	• 빨기, 잡기, 큰소리에 반응하기 등과 같은 반사적 행동을 통해 지식을 습득하는 기초적인 과정이 됨
1차 순환반응	1~4개월	• 외부세계보다 자신의 신체에 관심을 갖고 행동함 • 순환반응이란 빨기, 잡기와 같은 감각운동의 반복을 통해 새로운 경험을 시도하고 기존 도식을 수정함
2차 순환반응	4~10개월	• 외부세계 대상에 관심을 갖고 행동을 반복함 • 우연히 딸랑이를 흔들었을 때 흥미로운 결과로 인해 행동을 반복함 • 의도적인 행동은 목표지향적인 사고가 시작됨
2차 순환반응 협응기	10~12개월	• 욕구를 충족시키기 위해 목적지향적인 행동을 함 • 목표를 달성하기 위해 두 가지 행동을 협응할 수 있음 • 원하는 장난감을 갖기 위해 방해물을 치우고 찾아냄
3차 순환반응기	12~18개월	• 외부세계에 대해 실험하고 탐색하는 데 집중함 • 흥미로운 것을 발견하기 위해 반복적으로 행동함 • 원인과 결과에 대한 가설을 세우고 새로운 방법을 시도함
사고의 시작	18~24개월	• 행동하기 전에 먼저 생각을 하고 시도함 • 눈 앞에 없는 사물이나 사건에 대해 상징화할 수 있음

② 전조작기

2세부터 7세에 해당하는 사고능력을 전조작기로 부른다. 이 시기에는 언어가 급격히 발달하고 상징적인 사고능력이 증가하게 된다. 유아기에는 사물과 사건을 상징으로 표상할 수 있게 되지만 논리적인 조작이 부족하다는 한계가 있어 전조작기라 부른다. '조작'이란 어떠한 사건들을 내면화시켜 서로 관련지을 수 있는 것을 의미하는데 조작능력이 충분히 발달하지 않은 상태이다. 이러한 특성을 지닌 전조작적 사고 단계는 전개념적 사고 단계와 직관적 사고 단계로 구분된다.

㉠ 전개념적 사고 단계

전개념적 사고란 사물의 본질적인 속성에 대해 정확히 이해하지 못한 것을 말한다. 만약 어떠한 사물에 대한 정확한 개념을 가지고 있다면 그 사물이 변화하더라도 동일한 대상으로 인식할 수 있다. 그러나 사물을 내면화시키는 과정에서 성숙한 개념을 발달시키지 못한다. 즉 상징적 사고, 자기중심적 사고, 물활론적 사고 등이 전개념적 사고의 특징이 된다.

㉡ 직관적 사고 단계

직관적 사고란 직관에 의해 사물을 파악하는 것을 말한다. 사물을 바라볼 때 자신의 주관적인 판단에 의존하기 때문에 전체와 부분의 관계를 정확하게 파악할 수 없다. 즉 사물이 보이는 상황과 직관에 의존하여 판단한다. 이러한 직관적 사고는 보존개념, 유목화, 서열화 등의 사고능력의 특징으로 나타난다.

③ 구체적 조작기

6세부터 11세에 해당하는 연령의 사고능력을 구체적 조작기라 부른다. 이 시기를 '구체적 조작기'라고 표현한 이유는 자신이 직접 경험한 구체적인 행위에 한정해서만 사고하기 때문이다. 즉 추상적으로 사고하는 것이 어렵고 주어진 정보를 이용하여 관련된 사고로 통합할 수 있다. 직접적인 경험을 통해서만 체계적으로 사고할 수 있다. 구체적 조작기에는 보존개념의 획득, 탈중심성으로부터 벗어나

기본적인 논리체계가 획득된다.

④ **형식적 조작기**

11세부터 15세에 해당하는 연령의 사고능력을 형식적 조작기라 부른다. 자신의 지각이나 경험에 의존하여 사고하는 경향이 줄어들고 논리적 원리에 의해 사고할 수 있게 된다. 이 시기에는 추상적 사고가 가능하기 때문에 경험하지 않고도 가설을 세워 검증할 수 있는 조작능력이 발달하게 된다. 이러한 형식적 조작기의 특징은 자아중심적 사고가 감소하고 가설적, 연역적 사고가 증가하면서 인지능력이 급격히 발달한다.

〈표 9-2〉 피아제 인지발달의 단계

단계	연령	특징
감각운동기	출생~2세	• 지식은 감각기관과 운동기술의 상호작용에 의해 획득됨
전조작기	2~6세	• 사물의 속성을 상징으로 이해할 수 있으나 자신만의 관점으로 이해함
구체적 조작기	7~11세	• 구체적이고 현실적 경험에 근거하여 논리적으로 사고함
형식적 조작기	청소년기 이후	• 가설적이고 추상적 사고를 할 수 있음. 가능성에 근거하여 연역적으로 추론할 수 있음

(6) 피아제 이론의 평가

피아제 이론은 아동의 인지능력이 어떻게 발달하는지를 체계화시켰다. 그는 아동의 사고는 성인의 사고와 질적으로 차이를 나타낸다고 전제하면서 연령에 따른 발달단계를 제시하였다. 이러한 점이 아동의 인지발달 과정에 대한 이해의 폭을 넓혀 주었다. 그의 이론은 지금까지 교육 및 사회복지실천에서 활발히 적용되고 있으나 몇 가지 한계점이 있다. 피아제는 아동 스스로가 물리적 환경과 상호작용하며 혼자 하는 여행으로 발달을 묘사하고 있다. 즉 아동에게 중요한 인물과 그가 속해 있는 문화의 영향력을 간과하고 있다는 점이다. 그는 아동이 속해 있는 사회문화적 관점을 포함하지 않고 있다(Guavain, 1998; Robert, 2007). 따라서 아동이 주도적으로 환경을 선택한다는 주장이 강한 비판을 받는다. 또한 피아제는 인간의 인지발달은 청소년기에 최종적으로 이루어진다고 보았다. 그러나 최근 연구에 의하면 인간의 인지능력은 성인기에도 계속된다고 주장한다. 마지막으로 인지와 사회성 발달과의 연관성에는 논리가 부족하다는 비판이다.

2) 비고츠키 인지이론

비고츠키(Vygotsky)는 피아제와 다른 관점으로 접근하여 인지발달을 설명한다. 피아제는 아동 스스로가 물리적 환경과 상호작용하며 혼자 하는 여행으로 발달을 묘사한다. 반면에 비고츠키는 아동에게 중요한 인물과 그가 속해 있는 문화의 영향이 여행의 동반자로서 인지발달에 기능한다고 보았다(Robert, 2007). 즉 아동이 속해 있는 사회문화적 관점에서 인지발달 과정을 주목하였다. 아동이 속한 문화적 맥락은 다양한 방식으로 인지발달을 조직화한다(Vygotsky, 1978). 첫째, 문화는 어떤 활동이 인지적으로 가치 있는 것인가를 규정짓는다. 예를 들면, 우리나라는 초등학교 1학년은 한글을 읽을 수 있는 능력을 갖출 것으로 기대한다. 둘째, 문화는 지적 활동에 필요한 도구를 제공한다. 덧셈과 뺄셈을 계산할 때 어떤 문화권에서는 계산기를 허용하나, 어떤 문화에서는 종이와 연필만을 제공한다. 셋째, 높은 수준의 문화적 관행들은 아동의 지식을 조직화하고 다른 사람과 의사소통하는 데 도움이 된다. 예를 들면, 어떤 나라에서는 협동적으로 과제를 해결하는 학생을 기대한다. 이처럼 아동의 인지발달은 문화적인 관습과 기대에 의해 영향을 받으며, 특히 성숙한 타인과의 관계를 통해 활발한 사고가 이루어진다고 주장한다.

3) 엘리스의 인지이론

엘리스는 개인의 비합리적 신념과 사고방식이 문제를 유발하는 핵심적 요인으로 보았다. 인간의 문제는 외부 사건에 의해 만들어지는 것이 아니라 개인의 잘못된 신념에 의해 비롯된 것으로 가정하였다. 이러한 비합리적인 신념은 정서와 행동에 부정적인 영향을 미치게 되어 부적응 요인으로 작용된다. 이에 상담과정은 클라이언트가 가진 믿음을 합리적인 신념체계로 대체하여 정서와 행동의 변화를 유도하는 것을 목표로 삼는다. 엘리스에 의해 고안된 인지치료는 '합리정서행동치료'(REBT : Rational-Emotion Behavior Therapy)라고 명명하여 부른다.

(1) 엘리스의 생애

알버트 엘리스(Allbert Ellis)는 1913년 펜실베니아의 피츠버그에서 3남매 중 장남으로 태어났다. 어릴 때 뉴욕으로 이주해서 일생의 대부분을 그곳에서 보냈다. 아버지는 출장이 많아 가족과 함께하는 시간이 많지 않았고, 어머니는 가정 일에 관심이 부족했다. 어린 시절 잦은 질병으로 인해 병원에 입원하기를 반복하였으나 부모님의 보살핌이 부족하였다고 한다. 부모는 결국 그가 12세 되던 해에 이혼을 했다. 그러나 어려웠던 아동기의 경험이 오히려 독립심과 문제해결능력에 강한 영향력을 미쳤다. 20대 초반에는 발표 불안과 이성에 대한 불안 등 사회공포증을 경험한다. 이러한 자신의 심리석 경험과 치료를 통해 심리학에 관심을 갖게 되어, 1947년에 콜롬비아 대학교에서 임상심리학 박사학위를 받게 된다. 1957년에는 미국심리학 학회에서 '합리적인 심리 요법과 개별 심리학'이라는 논문을 발표했는데 고대의 철학에 영감을 받았다. 특히 철학자 에픽테토스(Epictetus)의 '인간은 일에 의해서가 아니라 일을 받아들이는 방식에 의해 불안해진다'라는 사상에 큰 영향을 받는다. 그는 자신의 치료적 접근을 '합리적 치료'에서 '합리적 정서치료'로 변경했고, 1993년에는 '합리적 정서행동치료'로 공식적인 명칭을 바꾸게 된다. 이는 합리적 정서행동치료는 인지, 정서, 행동적인 측면을 모두 포괄하는 관점임을 주장하기 위해서다. 2007년 93세의 나이로 사망할 때까지 이론을 정교화시키고 대중화하는 일에 열정적인 삶을 살았다.

(2) 기본 가정

엘리스는 인간의 본성과 정서문제의 본질을 다음과 같이 가정을 한다(Ellis, 1982, 양옥경 외, 2018). ① 인간은 이성적인 동시에 비이성적이다. 즉 합리적인 사고를 할 가능성과 비합리적인 사고를 할 가능성을 동시에 지닌 존재이다. 합리적으로 생각하고 행동할 때 행복하게 된다. ② 정서와 심리적 어려움은 비합리적이고 비논리적인 사고의 결과이다. 불안정한 정서상태는 외부환경이나 사건에 의해서가 아니라 내재화된 지각과 태도에 의한 것이다. ③ 비합리적 사고는 생물학적 경향성을 띠고 있다. 초기에 부모와 사회적인 환경 속에서 특별하게 획득한 비논리적 학습에 기원한다. ④ 비합리적인 생각과 관념을 내적으로 언어화함으로써 비논리적인 행동을 유지한다. ⑤ 부정적이고 자기패배적인 생각은 인지과정을 재구성하는 방법으로 해결해야 한다.

(3) 주요 개념

① 합리적 신념

합리적 신념은 자신의 행동을 합리적이고 효과적으로 통제할 수 있는 사고능력을 말한다. 대부분의 사람들은 자신의 행동을 통제할 때 합리적 신념에 근거하여 결정하게 되지만, 갑작스런 사건에 부딪혔을 때는 비합리적 신념으로 대응하는 경우도 있다. 그러나 합리적인 사람은 객관적 현실에 근거하여 사고하기 때문에 비교적 안정된 정서를 유지한다. 엘리스의 인지치료 핵심은 개인이 가지고 있는 비합리적 신념을 찾아내어 합리적 신념으로 대체함으로써 정서행동문제를 해결해 가는데 목표를 삼는다.

② 비합리적 신념

비합리적 신념은 자신의 안정된 삶을 방해하고 정서적, 사회적 문제를 유발한다. 이러한 신념은 주로 어린 시절부터 부모나 문화로부터 영향을 받아 형성된 것으로 그 예는 다음과 같다(Ellis, 1962, 박희숙 외, 2017).

- 내가 알고 있거나 나에게 중요한 모든 사람들에게서 사랑과 인정을 받아야 한다.
- 내가 하는 모든 일은 성공적이어야 하며, 실패하면 나는 무능력한 사람이 될 것이다.
- 내가 하고 싶은 대로 솔직하게 말하면 다른 사람들은 나를 싫어할 것이다.
- 나는 무슨 일을 제대로 한 적이 없으며, 이번 일도 결코 성공할 수 없을 것이다.
- 사귀던 사람과 헤어진 것은 내가 사랑받을 만한 자격이 못되기 때문이다.

이외에도 지나치게 낙관적인 경향과 자신이 다른 사람보다 우월하고 완벽하다는 것을 입증해 보이려는 욕구 등의 사고경향을 가리킨다.

③ 자기대화

자기대화란 어떤 상황이나 사건에 대한 개인적인 판단과 평가를 말한다. 사람들은 어떤 사건이 일어나면 자신의 신념체계에 기반해서 자동적으로 익숙한 자기언어를 하게 된다. 이러한 자기대화는 결국 개인의 감정과 행동에 영향을 미치게 된다. 사건에 따른 긍정적인 자기대화는 긍정적인 감정과 행동을 결정하게 되지만, 부정적인 자기대화는 부정적인 감정과 행동결과로 이어지게 된다. 따라서 합리적 정서행동치료는 모든 정서적 문제의 원인이 그 상황에 대해 스스로 말하는 자기대화에 달려 있다고 전제한다.

[그림 9-1] 자기대화의 경로

④ 합리적 신념과 비합리적 신념의 구분

합리적 사고와 비합리적 사고의 기준을 구분하는 것은 절대적인 준거가 존재하지 않으나 일반적으로 다음 세 가지 기준을 적용해 볼 수 있다(이장호 외, 2005).

㉠ 융통성

어떠한 사람들은 '모든', '항상', '반드시', '꼭' 등의 언어 사용이 많다. 이러한 언어는 사고의 유연성을 가로막아 비합리적인 신념체계를 만든다. 즉 '나는 모든 사람에게 인정받아야 한다'라는 사고 경향성이다. 이러한 사람들은 융통성 있는 사고가 부족하기 때문에 예외적인 사건에 부딪칠 때 내적 불일치로 인해 정서적 혼란을 경험한다.

㉡ 현실성

어떠한 사람들은 현실적으로 실현이 불가능한 생각에 사로잡혀 있다. 이에 자신이 '가치 있는 사람이 되려면 유능하고 완벽해야 한다'는 비합리적인 신념을 갖게 된다. 그러나 이러한 신념은 현실적으로 실행하기 어렵기 때문에 심리적 좌절과 어려움이 따른다. 이러한 점에서 자신의 생각은 현실성에 바탕을 둔 것인지를 점검해 보아야 한다.

㉢ 유용성

자신의 생각은 현실에 행복을 주는 데 얼마나 도움이 되는지와 관련된다. 자신의 생각이 아무리 좋다 할지라도 자신과 타인에게 불행과 좌절을 불러일으키는 것이라면 합리적이지 않다. 이러한 점에서 자신의 생각이 얼마나 유용한지를 점검해 보아야 한다.

(4) 치료방법

합리정서행동치료 과정은 ABCDE 모형으로 설명한다. A는 선행사건으로 개인에게 혼란을 불러일으키는 어떤 사건을 말한다. B는 신념체계로 어떤 사건이나 행위 등과 같은 자극에 대해 개인이 갖는 태도 혹은 사고방식이다. C는 결과로서 그 사건을 신념에 의거하여 해석해서 느끼는 정서와 행동적 결과이다. 비합리적 사고방식인 경우 불안, 회피, 좌절, 죄책감의 부정적인 감정을 느끼는 것을 말한다. D는 논박으로 내담자가 가지고 있는 비합리적 신념이나 사고에 도전하고 그것이 옳은 것인지를 검토하게 된다. E는 내담자의 비합리적 생각을 논박하여 합리적인 생각으로 대체한 후 갖게 되는 긍정적인 감정과 행동을 의미한다.

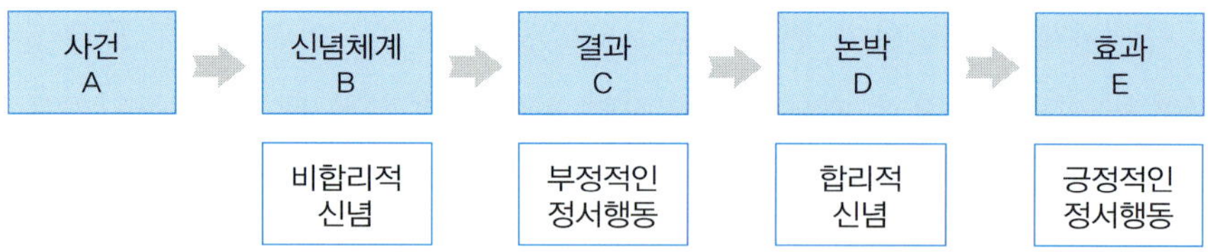

[그림 9-2] ABCDE 모형

비합리적 신념의 사람은 부정적인 자기대화를 하게 되고, 이것이 정서나 행동상의 문제로 이어진다. 이에 치료의 초점은 자신의 신념이 비합리적이라는 것을 논박을 통해 인식하도록 하여 긍정적인 자기대화로 바뀔 수 있도록 돕는다. 그리고 인지 및 행동적 상담 기법을 활용하여 내담자의 상황과 관련된 감정과 신념을 변화시킨다. 예를 들면, 상담자와 역할연기를 통해 내담자가 두려워하는 상황을 직접 시연하게 함으로써 연관된 감정과 비합리적 신념을 변화시켜 나간다.

(5) 인지치료 이론의 평가

엘리스는 인간이 환경요인을 어떻게 지각하고 해석하는가에 따라 적응에 영향을 미친다고 보았다. 그리고 현실의 상황을 인식하고 해석하는 근거는 개인의 신념에 의해서 비롯된다. 때문에 왜곡된 사고를 수정한다면 자신의 행동을 얼마든지 통제할 수 있다고 가정한다. 이러한 점에서 엘리스의 인지치료 이론은 사회복지실천에서 중요한 시사점을 갖는다. 사회복지사가 클라이언트의 사고체계 변화를 도와줌으로써 자신의 문제를 해결해 나가는데 영향력을 갖는 점이다.

인지치료 이론은 환경 개입보다 인지적 변화의 중요성을 강조한다. 이러한 측면에서 다음과 같은 한계점이 있다(Zasrow, 1995). 첫째, 개인의 인지구조와 신념체계를 분석하는 것은 지적 수준이 낮거나 현실감이 부족한 내담자에게는 효과를 기대하기가 어렵다. 둘째, 치료방법은 대체적으로 지시적이고 교육적이기 때문에 치료자의 가치와 철학이 일방적일 수 있다. 셋째, 인지와 신념에 대한 강조는 자칫 사건 자체의 중요성을 간과할 수 있다. 즉 빈곤, 학대, 차별 등의 사회적 사건이 인간의 행동에 영향을 미칠 수 있다는 점을 간과할 수 있다. 넷째, 신체적 질병, 유전적 영향 등의 인간의 한계가 되는 요인에 대해서 인지와 신념의 개념으로 모두 설명할 수 없다.

4) 인지치료와 사회복지실천과의 연관성

인지치료 기법은 사회복지실천에서 적극 활용되고 있다. 사회복지사는 클라이언트의 인지 변화를 위해 필요한 대처능력을 훈련할 수 있다. 특히 인지치료에서는 클라이언트의 학습경험을 강조하기 때문에 왜곡된 인지패턴을 인식하는 데 초점을 둔다. 클라이언트 자신의 부정적 자동 사고를 모니터링 하고 인지, 정서, 행동의 연관성을 인식한다. 또한 역기능적 자동 사고를 뒷받침하거나 반박하는 근거를 점검해 나감으로써 보다 현실적인 해석으로 대체하여 긍정적인 행동 변화를 모색한다.

(1) 사고일지 기록하기

클라이언트가 자신의 인지과정을 관찰하고 기록하는 훈련은 매우 중요하다. 기록방법은 자신의 일상생활에서 부정적 감정을 느낄 때마다 기록한다. 먼저 자신에게 문제가 되는 상황을 구체적으로 기술하고 이후 느껴지는 감정에 대해 적는다. 다음은 이러한 정서에 선행하는 자동적 사고와 자동적 사고에 대한 합리적 반응을 적는다. 마지막으로 그 이후의 정서상태를 재평가한다.

〈표 9-3〉 역기능적 사고일지

	상황기술	정서/감정	자동적 사고	합리적 반응	결과
날짜	① 기분을 나쁘게 만든 실제 사건 ② 기분을 나쁘게 만든 사고 흐름(꿈)	① 슬픔, 불안, 분노 등을 구체화 ② 감정의 정도를 1~100%로 평정	① 정서에 선행하는 자동적 사고를 기록 ② 자동적 사고의 확신 정도를 1~100%로 평정	① 자동적 사고에 대한 합리적 반응을 기록 ② 합리적 반응에 대한 확신도를 1~100%로 평정	① 그 이후의 정서상태를 1~100%로 재평정하고 구체화 ② 그 이후의 자동적사고의 확신정도를 1~100%로 재평정
기록하기	① ②	① ②	① ②	① ②	① ②

출처: DeRubeis, Tang, & Beck(2001).

(2) 인지재구조화 상담과정

인지재구조화는 말 그대로 인지를 재구성하는 개념이다. 클라이언트가 자신의 비합리적인 생각을 인식한 후 합리적인 생각으로 바꿔나가는 개입방법을 말한다. 이 기법은 클라이언트가 느끼는 불안, 우울, 낮은 자아존중감, 대인관계 어려움 등과 관련된 문제들을 다루는 데 효과적이다. 또한 행동수정 기법과 함께 사용함으로써 그 효과성을 높일 수 있다.

사회복지사는 클라이언트의 사고과정을 재조명 할 수 있도록 다음과 같이 돕는다. 첫째, 인지와 정서와의 관계를 인식하도록 한다. 둘째, 역기능적 신념과 사고패턴을 규명한다. 셋째, 역기능적 사고를 유발하는 상황을 규명한다. 넷째, 역기능적 인지를 기능적 자기진술로 대체하도록 한다. 다섯째, 성공적인 대처노력에 대한 보상과 인센티브를 규명하도록 한다(Hepworth et al., 2006, 이원숙 2014 재인용).

① 인지기능 이해하기

생각은 감정을 일으키는 역할을 하기 때문에 생각하는 방식에 따라 정서적 반응을 유발한다. 사회복지사는 상담초기 단계에서 인지와 정서, 행동과의 관련성을 이해시키는 것을 목표로 한다. 이는 클라이언트가 이해하는 것만으로도 자신과 관련된 문제들을 다룰 때 변화 동기를 갖는다. 사회복지사는 인지가 정서적 반응을 매개하는 것과 생각의 차이가 감정에 영향을 미친다는 사실을 예를 들어 설명하면 편리하다. 아래 사례를 보면 생각하는 방식에 따라 각자 다른 감정으로 반응한다는 것을 알 수 있다. 이와 같은 상황의 예를 들면서 인지가 감정과 행동에 영향을 미친다는 사실을 설명하고 인지재구조화의 중요성을 이해시킨다.

상황 : K는 학원을 가다가 같은 반 친구를 우연히 만났다. 반갑게 인사를 했는데 그 친구는 그냥 한 번 쳐다보고 인사를 제대로 하지 않고 지나갔다.
• 반응 1 : 저 친구가 나를 싫어하나? 내가 자기에게 무슨 잘못이라도 했나? • 반응 2 : 어떻게 나를 쳐다보고도 그냥 갈 수가 있지? 나를 무시하다니 기분 나빠. • 반응 3 : 저 친구 최근에 무슨 일이 있었나? 기분은 나쁘지만 다음에 만나면 물어봐야겠어. • 반응4 : ______________________

② 역기능적 신념과 사고패턴 규명하기

클라이언트의 사고와 신념이 정서적 반응에 영향을 미친다는 것을 이해시켰다면, 클라이언트의 역기능적 신념과 사고패턴을 검토하도록 돕는다. 이 단계에서 사회복지사는 지난 한 주간 문제가 되었던 상황이나 클라이언트가 변화시키고자 하는 사건에 초점을 두고 시작한다. 사회복지사는 최근의 상황을 구체적으로 진술하도록 한다. 예를 들면, 문제가 되었던 상황에 대해 사건 전, 사건 도중, 사건 후로 구체화해 보고 행동, 인지, 정서적 반응을 진술하도록 돕는다.

상황 : 친구관계에 어려움이 있는 청소년의 역기능적 자기진술
• 운동시간 전 : 나는 왕따야. 솔직히 이제는 친구들과 어울리고 싶은 건지도 잘 모르겠어. 오늘도 보나마나 친구들에게 말 한 마디 못하겠지. • 운동시간 중간 : 나는 항상 그렇지 뭐. 역시 오늘도 대화에 끼지도 못했어. • 운동시간 이후 : 아무리 노력해 봤자 소용없는 짓이야. 누가 나를 친구로 받아주겠어.

③ 역기능적 인지 발생 상황 규명하기

클라이언트가 주로 어느 상황에서 왜곡된 인지패턴을 보이는지를 파악하는 단계이다. 즉 부정적인 감정과 사고가 발생하는 반복적인 상황과 주제를 발견한다. 스트레스 사건이 자주 발생하는 장소, 관련된 핵심인물, 자신을 비하하는 상황 등을 알아차리고 대처전략을 생각해 보도록 지도한다. 예를 들면, 게임문제로 의뢰된 청소년의 경우 어떤 곳에서 게임하고 싶은 마음이 드는지, 누구랑 있을 때 게임하고 싶은 마음이 드는지 등의 질문을 통해 게임에 빠지도록 하는 상황을 탐색해 보도록 한다.

④ 기능적 자기진술로 대체하기

클라이언트가 자신의 역기능적 사고, 정서, 행동을 인식하였다면, 다음은 기능적 대처방식을 학습하는 단계이다. 클라이언트가 생각하고 있는 부정적 사고와 신념을 긍정적 사고로 수정하는 연습단계를 말한다. 사회복지는 클라이언트가 진술한 상황에 대해 피드백을 주고 새로운 대처방법을 모색하도록 지도한다.

상황 : 게임의 문제로 갈등하는 청소년의 기능적 자기진술
• 점심 전: 친구들과 친해지고 싶어서 게임에 빠졌지만 더 이상 내 삶을 망치고 싶지 않아. 오늘도 친구들이 권유한다면 거절해야겠어.
• 점심 중간 : 그래도 용기를 내서 다음에 하자고 말은 했네. 마음먹은 대로 잘 해나가고 있어.
• 점심 이후 : 불안하긴 했지만 잘 거절했어. 다음에 만날 때는 좀 더 단호하게 말을 해 보자. 그때도 잘 할 수 있을 거야.

⑤ 노력에 대한 보상

클라이언트가 변화에 대한 노력을 기울일 때마다 긍정적인 피드백을 준다면 더욱 효과적이다. 사회복지사는 작은 변화일지라도 지속적인 격려와 지지를 해줘야 한다. 그러나 클라이언트 자신이 자기에게 주는 보상의 의미가 더 중요함을 가르친다. 계획한 목표를 달성할 때마다 자신에게 필요한 보상을 해줌으로써 위로와 성취감을 기대하기 때문이다.

2. 행동주의이론

행동주의이론은 인간의 특정 행동을 이해하는 데 개인과 환경 간의 관계를 강조한다. 인간은 사회적 환경 속에서 영향을 받으며 새로운 행동을 학습하거나 수정해 나간다. 즉 인간행동과 환경 간의 영향을 미치는 방식에 초점을 둔다. 행동주의자들은 인간의 감정과 생각하고 행동하는 것은 학습된 결과라고 주장한다. 이는 감정이 행동을 결정짓는 것이 아니라 행동은 환경의 관계로 인한 결과일 뿐이다. 따라서 행동주의에서는 개인의 행동을 통제하는 환경조건에 관심의 초점을 맞춘다. 이에 개인의 바람직하지 않은 행동을 수정하는데 있어서 관련 있는 환경조건을 체계적으로 분석하고 계획하여 새로운 행동 변화를 하도록 한다. 사회복지사는 클라이언트의 문제해결에 대해 명확한 문제의 규정과 변화목표를 중점에 두고 개입해 나간다. 행동주의이론은 대표적으로 파블로프, 스키너, 반두라의 연구를 통해 발전되었다. 이러한 학자들은 인간의 행동을 과학적으로 접근하였다는 점에서 큰 공헌을 하였다.

1) 인간관

행동주의이론의 인간관은 학자마다 견해가 다르다. 대표적으로 스키너(Skinner)는 전통적 행동주의자로서 인간의 환경적 조건에서 자율성과 자기결정권이 존재할 수 없다고 주장한다. 반면, 반두라(Bandura)는 사회학습론자로서 인간은 환경적 조건에도 스스로 선택하고 결정할 수 있는 주체자라고 본다. 이는 인간행동의 결정요인에 대한 시각의 차이를 알 수 있다. 또한 반두라는 인간이 창조적인 사고를 함으로써 합리적 행동을 계획하고 실행할 수 있다고 보았다. 반면 스키너는 인간의 성격과 감정 등에 관심을 갖지 않는다. 이처럼 두 학자는 인간관에 대한 견해의 차이가 있다. 그러나 공통점은 인간의 행동은 환경적 자극을 통해 얼마든지 바람직한 방향으로 개선될 수 있다는 데 동의한다.

2) 기본 가정

행동주의이론에서 제시하는 기본 가정은 견해가 다르다. 스키너의 행동주의이론과 반두라의 사회학습이론에서 제시하는 기본 가정을 비교하여 살펴보고자 한다.

〈표 9-4〉 스키너이론과 반두라이론 비교

스키너의 이론	반두라의 이론
인간의 행동은 환경적 자극에 의해 동기화되며, 그것에 따르는 강화에 의해 행동의 빈도와 강도가 결정됨	인간의 행동은 환경적 자극에 의해 동기화되며, 개인의 인지적 요인과 다른 내적 사건에 의해 중재되어 행동으로 결정됨
인간은 자신의 행동을 통제할 수 있는 힘이 없음	인간은 자기효율성을 성취하는 방향으로 행동을 규제할 수 있음
외적 강화가 없이는 어떠한 행동의 학습이나 수정도 이루어질 수 없음	새로운 행동의 학습은 외적 강화 없이도 이루어 질 수 있음. 즉 행동 관찰과 대리적 강화를 통해 새로운 행동을 학습하고 창조함

출처: 권중돈(2014) 재구성.

3) 학습이론의 기본 원칙

학습이론의 기본 원칙을 요약하면 다음과 같다(Bruce & Fedric, 1997).

① 인간에 의해 일어나는 모든 현상들(느낌, 언어, 인지, 꿈 등)은 관찰이 가능하건 불가능하건 모두 행동으로 간주한다.

② 인간행동은 생활경험에서 광범위하게 학습되며 전 생애에 걸쳐 일어난다.

③ 기본적인 학습은 여러 문화와 생활환경을 통하여 개인의 행동으로 나타난다.

④ 대인관계 행동도 학습과정에 의해서 영향을 받는다.

⑤ 주요 학습과정은 고전적 조건화, 조작적 조건화, 관찰학습으로 대표된다.

4) 파블로프의 이론

파블로프(Ivan Pavlov, 1849-1936)는 러시아의 랴잔에서 목사의 아들로 태어났다. 아버지의 영향으로 신학을 공부하였으나 중단하고 새로운 학문의 길을 걸었다. 1870년 상트페테르부르크 대학에서 화학과 생리학을 전공했고, 이어서 의학 아카데미에서 의사 자격증을 취득했다. 1884년에는 독일의 라이프치히 대학과 브레슬라우 대학에서 공부하면서 순환계에 대해 독립적으로 연구하기 시작했다. 1888년

러시아로 돌아온 후 상트페테르부르크 대학교 의학 아카데미의 생리학 교수가 되었다. 1930년까지 소화의 분비 활성화에 대한 연구와 조건반사 연구에 몰두했다. 1904년에는 소화 생리에 관한 연구로 노벨상을 수상했다. 그는 동물 실험을 상대로 다양한 실험법을 창안했고 개의 타액분비 반사 연구에 있어 탁월한 성과를 이루었다. 그의 연구는 인간행동을 연구하는 데 지대한 영향을 미쳤다.

(1) 주요 개념

① 고전적 조건화

고전적 조건화는 새로운 자극에 의하여 반응을 일으킨다는 개념이다. 파블로프는 개의 타액 분비에 관한 연구과정에서 개가 어떻게 새로운 반응을 형성하는지를 발견하였다. 개의 실험을 통해 조건화 형성이 어떻게 이루어지는 그 과정을 그림으로 도식화했다.

㉠ 조건화 이전 : 개들은 음식물을 보면 자동적으로 침을 흘린다.

㉡ 조건화 과정 : 조건화 과정은 개에게 자극을 줌으로써 새로운 행동을 학습하는 단계이다. 1단계는 개에게 종소리(중성자극)를 들려주자 침을 흘리지 않았다. 그 이유는 종소리와 음식의 연관성을 알지 못하기 때문이다. 2단계에서 종소리(조건자극)를 들려준 다음 음식을 주는 과정을 여러 번 반복하자 개는 침(무조건적 반응)을 흘린다.

㉢ 조건화 이후 : 이제 개는 종(조건자극)소리만 들어도 침을 흘리는 반응(조건반응)을 보인다. 즉 종소리가 조건자극으로 형성되어 새로운 반응을 유발하였다. 개의 실험 연구는 조건화된 자극에 의하여 어떻게 새로운 행동이 학습되는지 그 과정을 보여준다.

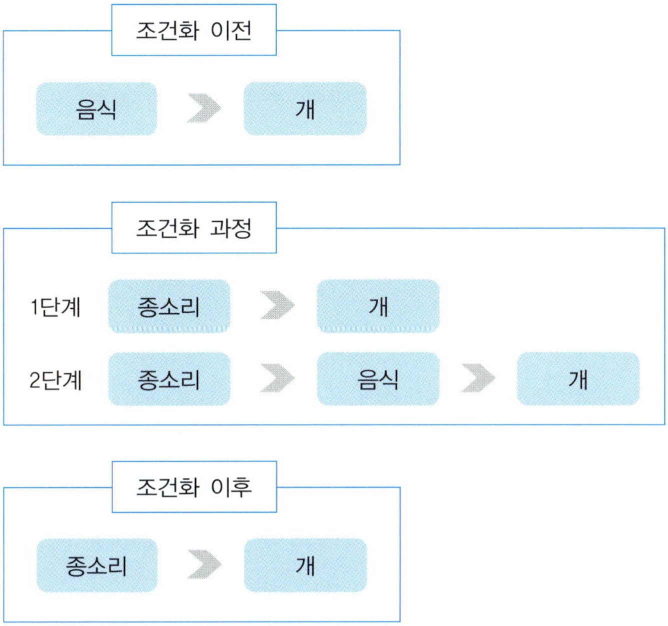

[그림 9-3] 고전적 조건화 과정

② **자극일반화**

자극일반화(Stimulus generalization)는 조건자극과 유사한 다른 자극에 동일한 반응을 나타내는 경향을 말한다. 개에게 종소리는 음식이 나온다는 신호로 학습되었다면 유사한 종소리에도 반응을 나타날 수 있다. 파블로프는 개가 종소리를 들을 때 타액이 분비하도록 조건화되고 나면 비슷한 소리를 들을 때도 가끔씩 입에 침을 흘린다는 것을 발견하였다. 조건반응이 종소리와 비슷한 소리에서 다른 소리로 일반화된 것이다. 예를 들면, 놀이공원에서 놀이기구를 타는 무서움(공포반응)이 빌딩의 높은 곳을 올라가기와 비행기를 타는 것 등을 두려워하는 것으로 일반화할 수 있다.

③ **변별자극**

변별자극(discriminative stimulus)은 유사하지만 서로 다른 자극을 구별하여 반응하는 것을 말한다. 예를 들면, 개에게 어떠한 자극을 주었을 때 보상을 받을 수 있는지와 없는지를 변별하도록 학습할 수 있다. 종소리가 5번 울리고 난 이후에야 음식이 나온다는 것을 학습한 개는 2번밖에 종소리가 나지 않을 경우에는 반응을 하지 않는다. 즉 개는 종소리가 5번 울릴 때와 3번 울릴 때의 보상결과를 배우게 된다. 결국 개는 종이 5번 울리는 소리에 대해서만 조건반응을 나타낸다.

④ **학습소거**

학습소거(extinction)는 학습된 조건반응이 사라지는 것을 말한다. 개는 종소리와 음식이 더 이상 연결되지 않을 때 조건반응(침 흘림)이 줄어들게 된다. 개는 종소리를 들을 때마다 음식이 나오는 것으로 학습되어 자동적으로 침을 흘리게 된다. 그러나 종소리가 반복적으로 울렸는데도 음식이 나오지 않는다면 종소리에 대한 개의 반응은 점차 감소하게 된다. 결국 개는 종소리를 들어도 더 이상 침을 흘리지 않는다. 즉 학습된 조건반응이 소멸되는 것이다.

⑤ **자연적 회복**

학습된 행동이 소거되었다 할지라도 다시 반복적으로 조건화 자극을 주게 되면 자연적으로 회복되는 것을 말한다. 이는 자발적 회복은 아니지만 반복된 학습에 의해 이전의 반응을 기억하고 있기 때문이다.

5) 스키너의 이론

스키너(Burrhus Frederic, Skinner, 1904-1990)는 미국 펜실베니아 주에 있는 서스쾌안나에서 태어났다. 그의 어린 시절은 물건 만드는 것을 좋아했고, 고교 시절에는 재즈 밴드에서 연주를 하고, 친구들과 함께 오케스트라 공연을 하였다. 해밀턴 대학교에서 영문학을 전공했고 졸업 후에는 작가의 길을 가려고 했으나 포기한다. 1928년 하버드 대학교에서 심리학을 공부하여, 1931년에 박사학위를 받았다. 하버드 대학교에서 1958년부터 1974년 은퇴할 때까지 심리학과의 교수로 재직하면서 행동주의 심리학자로 교육과 심리학에 많은 영향을 끼쳤다. 그는 실험심리학회로부터 웨렌상과 미국 심리학회의 특별과학 공로상을 비롯하여 심리학 분야에서 여러 상을 수상하였다.

(1) 주요 개념

① 조작적 조건형성

스키너는 고전적 조건화의 개념을 발전시키는데 기여하였다. 파블로프는 인간의 행동은 조건화된 자극에 의해 무조건적으로 반응한다고 보았다. 반면 스키너는 자극에 대한 행동에 뒤따르는 결과가 어떠한지에 따라 조건화된 행동이 유지되거나 통제된다고 전제한다. 이러한 자신의 생각을 검증하기 위해 실험 상자를 만들었는데 '스키너 상자'라고 부른다. 실험 상자는 지렛대를 눌러야만 음식과 물이 나오도록 설계했고, 상자 안에는 배고픈 쥐 한 마리를 같이 넣었다. 쥐는 상자 안을 돌아다니다 우연히 지렛대를 눌렀고, 지렛대가 눌리자 음식과 물이 나오면서 만족스러워 한다. 이런 실험을 반복적으로 실시하였는데 시간이 지남에 따라 쥐가 지렛대를 누르는 행동이 더 자주 나타났다. 여기서 지렛대를 누르는 행동은 자극이고, 음식은 강화물이 된다. 이 실험을 통해 어떤 행동을 한 결과가 만족스러우면 지속적으로 그 행동을 유지하려 하나 결과가 보상을 가져오지 못하면 그 행동은 소멸된다. 이러한 실험은 인간의 행동에도 연관된다는 점을 보여준다. 조작적 조

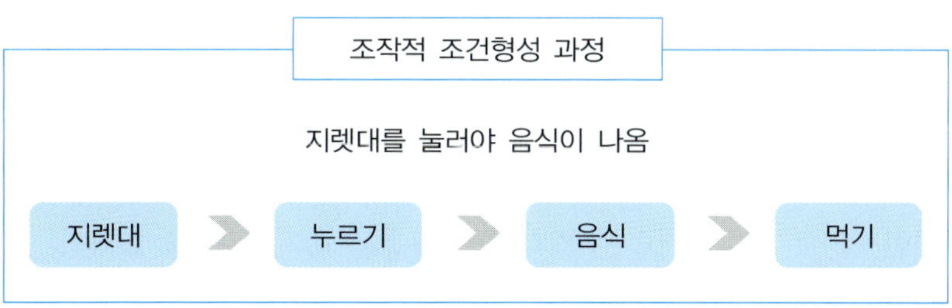

[그림 9-4] **조작적 조건형성 과정**

건화는 인간이 환경에 대해 자발적으로 선택하여 반응함으로써 새로운 행동을 습득하거나 또는 기존의 행동을 유지한다는데 초점을 둔다.

② 강화

강화(reinforcement)란 어떤 특정한 반응의 결과를 높이기 위한 과정을 말한다. 그리고 반응을 증가시키기 위해 제공되는 자극을 강화물이라고 하며, 반응을 감소시키기 위해 제공되는 자극을 처벌이라고 한다. 강화에는 정적 강화와 부적 강화가 있는데 반응을 이끌어 내기 위한 목적으로 사용된다. 정적 강화는 바람직한 행동을 했을 때 좋아하는 것으로 보상을 줌으로써 행동의 빈도를 높이는 것이다. 예를 들면, 아이는 동생들을 잘 돌봐 주었을 때 자기가 좋아하는 게임을 허락하는 경우이다. 정적 강화를 받은 아이는 동생들과 더 잘 지내려고 노력할 것이다. 부적 강화는 바람직한 행동을 했을 때 아이가 싫어하는 자극을 제거해줌으로써 행동의 빈도를 높이는 것이다. 예를 들면, 숙제를 잘 했을 때 싫어하는 공부 시간을 면제해 주는 것이다.

③ 처벌

처벌(punishment)은 강화와는 다른 개념이다. 정적 강화와 부적 강화는 바람직한 행동을 증가시키는 것에 초점을 두지만, 처벌은 바람직하지 않은 행동을 감소시키는 것에 중점을 둔다. 처벌에는 정적 벌과 부적 벌로 이해할 수 있다. 먼저 정적 벌은 싫어하는 자극을 제공하여 바람직하지 않은 행동을 감소하는 것이며, 부적 벌은 좋아하는 자극을 철회하여 행동을 감소시키는 것을 의미한다. 예를 들면, 정적 벌은 지각하는 학생에게 벌점을 줌으로써 지각하는 행동을 감소시켜 나간다. 부적 벌은 캠프에서 활동에 참여하지 않을 경우 스마트폰을 하루 동안 사용하지 못하는 것이 될 수 있다. 처벌은 즉각적인 행동을 통제하는 데 효과가 있으나 일시적이며 부작용을 초래할 수 있다.

④ **강화계획**

강화계획(reinforcement schedule)은 행동을 수정해 나갈 때 사용하는 강화물의 빈도를 말한다. 강화물을 어떻게 제공하는지에 따라 행동결과가 차이를 보이기 때문이다. 강화계획은 강화간격과 강화비율이라는 두 가지 기준에 따라 구분할 수 있다. 먼저 강화간격은 연속적 강화계획과 고정간격 강화계획이 있다. 연속적 강화계획은 행동이 일어날 때마다 강화물을 제시하는 것이며, 고정간격 강화계획은 정해진 시간간격으로 강화물을 제시한다. 고정비율 강화계획은 특정한 반응 빈도를 보일 때마다 강화를 주는 것이다. 예를 들면, 학생이 자원봉사를 한 시간보다 자원봉사에 임하는 태도에 의해서 상을 받는다면 더욱 최선을 다해 상(강화)을 받고자 노력할 것이다. 이는 일정한 시간에 따라서 강화가 주어지는 것이 아니라 반응의 빈도에 따라서 강화가 제공됨을 의미한다.

⑤ **행동조성**

행동조성(shaping)은 인간의 행동이 단번에 학습되는 것이 아니라 점진적으로 학습된다. 즉 복잡한 행동이나 기술을 학습시키기 위해서 단계적으로 계획하여 사용하는 방법이다. 기대에 부응하는 행동을 강화함으로써 행동을 점진적으로 만들어간다. 예를 들면, 대소변 가리기 행동을 학습시키기 위해서는 배변욕구에 관한 표현행동에 칭찬을 하여 자기의 표현행동을 조성한다. 다음 순서로 바지를 내리기, 변기에 앉기, 배설하기, 물 내리기 등의 순서로 행동을 만들어 나가는 경우이다.

(2) 스키너 이론의 평가

스키너는 인간행동을 설명하는데 과학적 실험연구를 통하여 개관적인 지식을 제공하였다. 조작적 행동주의이론은 인간이 환경 자극에 단지 수동적인 태도보다 능동적으로 자극을 선택하여 행동할 수 있다는 고전적 행동주의적 사고를 확장한 것이다. 즉 스키너는 인간의 행동은 개인과 환경과의 상호작용에 의해서 능동적인 선택과정에 영향을 미친다고 주장하였다. 그러나 스키너 연구의 한계점은 첫째,

인간은 스스로의 행동을 결정함에 있어서 합리적이고 창조적인 존재이나 이러한 측면에 초점을 두지 않고 있다는 점이다. 둘째, 인간의 모든 행동은 조작을 통하여 변화할 수 있다는 주장에 대해 전적으로 받아들이기 힘든 점이다. 이러한 점은 일반화의 한계점을 갖는다. 셋째, 인간행동은 보상과 처벌에 의해서 유지되고, 예측 가능하며 통제될 수 있다고 보았다. 스키너는 인간의 자율성과 내적 동기의 중요성을 간과하고 있다는 제한점을 안고 있다.

6) 반두라의 이론

반두라(Bandura, 1925-1997)는 캐나다 앨버타 먼데어에서 폴란드계 출신의 부모 사이에서 태어났다. 그는 어린 시절 작은 시골마을에서 성장하였고 고등학교를 졸업했다. 졸업 이후에는 벤쿠버에 있는 브리티시컬럼비아 대학교에서 심리학을 전공하였고, 미국의 아이오와 대학교에서는 심리학으로 석·박사학위를 받았다. 이후에는 캔자스 가이던스 센터에서 인턴과정과 스탠포드 대학교에서 심리학과 교수로 재직했다. 특히 사회적 상황에서 모방학습의 관련성에 관심을 갖고 많은 연구를 하였다. 1974년에는 미국심리학회(APA)의 대표로 선출되었고, 1981년에는 서부심리학회(WPA) 회장을 역임하였다. 대표적인 저서로는 『청소년의 공격성』, 『공격성: 사회학습분석』, 『사회학습과 성격발달』, 『행동수정의 원칙』, 『자기효능감』 등이 있다. 반두라는 인간의 행동이 모방과 관찰학습을 통해 형성된다고 보았다.

반두라의 사회학습이론은 강화물이 제공되지 않아도 타인에 대한 모방과 관찰만으로도 행동이 학습되어진다는 사실을 발견하였다. 즉 스키너의 이론으로 설명하지 못한 학습경로를 밝혔다는 점이다.

(1) 사회학습이론의 특징

반두라는 타인의 행동을 단순히 관찰만 하여도 그의 행동을 학습할 수 있다고 말한다. 특히 아동의 경우 사회 상황의 모방을 통해 많은 것을 학습한다고 주장한다. 스키너는 아동의 도덕성 발달은 보상과 처벌에 의해서 이루어진다고 보았다면, 반두라는 타인의 행동 관찰만으로도 도덕성을 학습한다고 주장한다. 특히 자신과 가까운 사람들이 모델이 되어 그 행동을 내면화시킨다. 그리고 단순히 타인의 행동을 모방하는 것이 아닌 자신의 인지적 능력을 활용하여 내면화할 것인지를 결정한다고 보았다. 즉 인간은 수동적인 존재가 아닌 스스로 생각하고 판단할 수 있는 능동적인 존재로 보았기 때문이다.

이처럼 사회학습이론은 인간행동에 대한 기본가정을 다음과 같이 정의한다. 첫째, 인간은 외적 환경의 자극과 내적 사건이 상호작용에 의해 행동에 영향을 미친다. 둘째, 새로운 행동의 학습은 외적 강화가 없이도 학습될 수 있다. 셋째, 긍정적인 자기효능감은 자신의 행동을 얼마든지 통제할 수 있다.

(2) 주요 개념

① 모방

모방은 다른 사람의 행동을 관찰하여 그 행동을 학습하여 따라하는 것을 말한다. 자신이 직접 상황에 참여하지 않아도 간접적인 관찰만으로도 모방 학습에 영향을 미친다. 아동은 모방을 통해 공격적 행동, 친사회적 행동, 성역할 행동 등을 학습하게 된다. 그리고 긍정적인 모방학습을 효과적으로 사용하기 위해서는 ㉠ 바람직한 행동은 가능한 여러 번 시범을 보인다. ㉡ 모방의 내용은 쉽고 간단한 것에서 점차 복잡한 것으로 옮겨간다. ㉢ 각 단계에서 말로써 설명해주거나 가르칠 내용을 보여주는 것이 효과적이다.

② 관찰학습

관찰학습은 타인의 행동을 관찰하여 학습해 나가는 과정을 말한다. 관찰학습은 주의, 기억, 운동재생, 동기유발의 네 가지 단계를 필요로 한다.

㉠ 주의집중단계

첫 번째 관찰학습은 모델의 행동에 주의를 집중하는 단계이다. 모델의 행동에 얼마나 주의집중을 하는지는 모델 자극의 특징과 관찰자의 개인적 특성과 관련된다. 예를 들면, 모델이 유능하고 관찰자와도 유사점이 많을 때 주의집중도가 높아진다.

ⓛ 기억하기단계

두 번째 과정은 관심 있게 관찰했던 내용을 자신의 내면에 기억하는 단계이다. 효과적으로 기억하기 위해서는 모델의 행동을 언어로 표현하기, 부호화하기, 반복 시연하기 등으로 적용할 수 있다.

ⓒ 운동재생단계

세 번째 과정은 모방하고자 하는 행동을 신체운동으로 재생한다. 이는 관찰을 통해 기억 속에 저장된 정보들을 행동으로 전환하는 과정을 말한다. 모델의 행동을 정확하게 재생하기 위해서는 신체를 활용하여 연습이 필요하기도 한다.

ⓔ 동기유발단계

학습관찰의 마지막 단계는 동기유발이다. 동기유발은 직접강화 또는 대리강화의 형태를 취한다. 직접강화는 자신이 어떤 행동에 대해 보싱을 직접 경험함으로써 동기가 유발되는 것을 말한다. 반면 대리강화는 다른 사람이 보상받는 행동을 관찰하고 자신도 그러한 행동을 하는 현상을 말한다. 특히 아동은 친구들의 행동에 따른 보상을 관찰할 때 자신에게도 그러한 보상이 있을 것을 기대하여 행동하려 한다. 칭찬 등의 긍정적 강화자극이 동기유발을 촉진한다(Shffer, 1996).

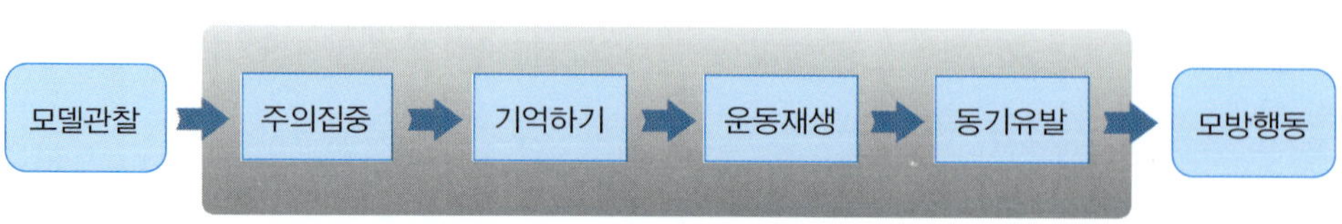

[그림 9-5] 관찰학습의 행동형성 단계

③ **상호결정론**

반두라는 인간의 성격은 개인적, 행동적, 환경적 요소들 간의 상호작용에 의하여 발달하며 이를 상호결정론이라고 한다(Bandura, 1977). 그는 개인, 행동, 환경 간의 관계는 상호 간 영향을 주고받는다고 보았고 삼각형 모형으로 설명한다. 예를 들면, 아동의 개인적 인지능력, 신체적 특성, 성격 등은 자신의 행동이나 환경에 영향을 미친다. 또한 아동이 밀접하게 관계를 맺고 있는 환경과 부모의 영향 등이 아동 자신에 대한 느낌, 태도, 신념에 영향을 미친다. 이러한 특성이 개인의 행동양식과 자신의 환경에도 영향을 미친다.

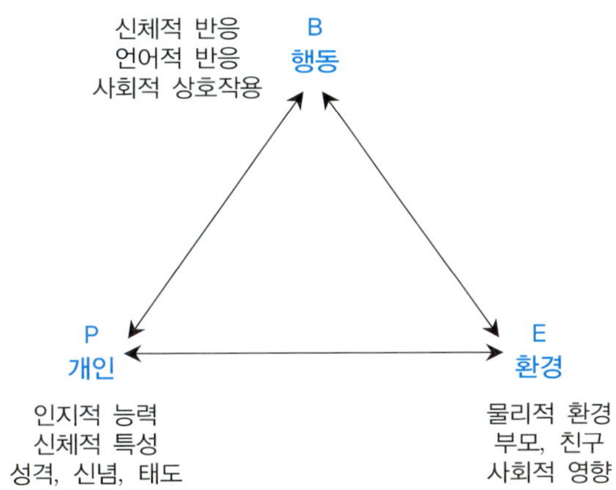

[그림 9-6] 상호결정론 모형

④ **자기효능감**

사회학습이론에서 자기효능감(self-efficacy)은 중요한 요소이다(Bandura, 1986). 자기효능감이란 자신이 어떤 일을 잘 해낼 수 있다고 믿는 개인적인 신념을 의미한다. 이는 어떤 행동을 모방할지를 결정하는데 도움이 된다. 자기효능감이 높은 사람은 어려운 과제나 활동을 시도하려고 도전하지만, 자기효능감이 낮은 사람은 자신의 능력을 벗어나는 과제나 활동을 회피하려고 한다. 예를 들면, 자신이 음악에 소질이 있다고 생각하면 좋아하는 가수의 노래를 모방하여 부르고 싶어 한다. 어떤 사람의 행동을 모방할 것인지를 결정할 때 자기신념이 적용된다. 이러한 자기효능감은 과제를 성공한 경험, 타인의 긍정적인 모델링 관찰, 중요한 타자로부터의 지지, 개인의 안정된 정서 및 통제능력 여부에 의해서 더욱 강화된다.

(3) 반두라 이론의 평가

사회학습이론은 사회환경의 중요성을 인식시켰으며 관찰학습 과정에서 인지적 요소의 중요성을 강조하였다. 반두라는 스키너의 조작적 조건화이론의 자극과 반응이라는 주요 개념을 넘어 개인과 환경 간의 상호작용의 중요성을 포함시켰다. 인간의 행동은 개인이 속해 있는 환경 간의 상호작용에 의해서 형성된다고 보았다. 또한 그 환경에서 관찰되는 사건에 대한 인지적인 평가에 의해서 행동이 형성된다고 믿었다. 따라서 인간의 행동은 개인특성 요인과 외부환경 요인의 상호작용에 의해 학습되는 인지과정임을 강조한다. 이처럼 사회학습이론은 관찰학습으로도 인간의 성격과 행동에 어떠한 영향을 미치는지를 설명하는데 기여하였다. 그러나 사회학습이론은 여러 한계점이 있다. 먼저 관찰학습은 연령에 따라 어떠한 차이가 있는지를 충분히 설명해 주지 못하고 있다. 사회학습이론은 주로 아동에게만 관찰을 포함하고 있어서 발달연령에 따라 어떠한지를 이해하는데 제한점이 있다. 또한 인간의 행동에 외부환경의 중요성을 강조하고 있으며, 내적이고 자발적인 측면을 과소평가하였다. 그러나 인간은 모델의 강화가 없이도 내적인 호기심에 의해 자발적으로 행동하고 학습할 수 있다.

7) 행동주의이론과 사회복지실천의 연관성

행동주의 치료목표는 클라이언트로 하여금 그들의 일상적 기능을 개선할 수 있도록 하는 데 목표가 있다. 이를 위해 바람직한 행동을 증가시키고 바람직하지 못한 행동들을 감소시키는 것이다. 사회복지사는 클라이언트의 문제를 분석하고 적절한 행동변화 목표를 세움으로써 변화계획을 지원하는데 기본적인 행동주의의 방법이 활용된다.

(1) 치료목표

상담자는 내담자의 문제를 과학적인 행동 사정에 근거하여 치료목표를 설정한다. 즉 포괄적인 치료목표가 아닌 구체적이고 명료한 행동목표를 설정한다. 상담자는 내담자와 함께 치료목표를 세우고 목표를 달성하도록 지도한다(Cormier & Cormier, 1985).

① 상담자는 내담자에게 치료목표를 세워야 하는 이유를 설명한다.
② 내담자는 치료에서 기대하는 긍정적 변화를 구체화한다.
③ 상담자는 진술된 목표를 클라이언트가 성취할 수 있을지 결정한다.
④ 목표가 현실적인지 함께 점검한다.
⑤ 목표가 성취되었을 때 나타날 수 있는 장단점을 함께 논의한다.
⑥ 치료를 진행할지 다른 기관을 소개할지 등을 선택한다.

(2) 상담자의 역할

행동치료 상담자는 치료과정에서 능동적이고 지시적인 역할을 수행한다. 내담자의 부적응적 행동이 무엇인지 정확하게 진단하고 그 행동을 개선하는 데 필요한 치료계획을 세밀하게 세운 후 실행한다(권중돈, 2014).

① 경험적 결과(문헌연구, 정보수집 등)에 근거하여 개입계획을 세운다.
② 내담자가 목적을 설정할 수 있도록 원조하는 데 개입의 초점을 둔다.
③ 양적으로 측정 가능한 행동과 환경적 조건에 치료적 초점을 둔다.
④ 환경과 개인 간의 상호작용에 대한 사정에서 시작한다.
⑤ 사정은 문제행동과 그 선행요인 및 결과를 검토한다.
⑥ 개입은 행동의 선행요인과 결과를 수정하는 것이며, 내담자의 환경적 조건을 변화시켜 나간다.

(3) 치료기법

① 이완훈련

이완훈련은 내담자가 겪을 수 있는 스트레스 상황에 적절하게 대처하는 데 도움을 주는 기술이다. 이 기법은 생활사건으로 인해 불안과 긴장이 높은 사람에게 효과적이다. 이완훈련은 내담자가 중요한 근육 부위를 점진적으로 이완할 수 있도록 가르친다. 구체적으로는 ㉠ 특정 근육을 수축, ㉡ 이완하는 기술을 가르치고, ㉢ 규칙적인 호흡방법과 즐거운 상상이나 생각을 하는 심상방법 등이 있다. 이러한 훈련은 평소 일상생활에서 유발되는 스트레스에 대처할 수 있도록 지도한다.

② 모델링

모델링의 기술은 사회복지사가 내담자에게 취할 행동을 시범적으로 보여준 후 똑같이 해보도록 하는 기법이다. 모델링 기술에는 즉석 모델링, 상징적 모델링, 복합 모델링, 참여자 모델링 등이 있다(Corey, 1991; Comier & Comier, 1991, 엄명용 외, 2016). 즉석 모델링은 내담자에게 사회복지사가 바로 그 자리에서 모델링을 제시해 주는 것이고, 상징적 모델링은 영화, 비디오 테이프 등 미디어기술을 활용하는 것을 말한다. 복합 모델링은 다양한 모델링 기법을 응용하며, 참여자 모델링은 집단에 참여한 사람들의 피드백이나 역할극 등을 활용한다. 모델링의 유형은 다음과 같은 구성요소를 가지고 있다. ㉠ 변화를 필요로 하는 구체적인 행동을 파악한다. ㉡ 모델을 제시한다. ㉢ 클라이언트가 모델링에 주의와 관심을 갖도록 한다. ㉣ 모델의 행동을 따라하도록 한다. ㉤ 따라한 행동을 강화한다.

③ 시연

시연은 클라이언트가 습득한 행동기술을 현실에서 직접 실행하기에 앞서 사회복지사 앞에서 습득한 기술을 반복적으로 연습하는 것이다(Lantz, 1996; Regehr, 2001). 이 기술은 집단상담을 통해 여러 사람의 피드백을 동시에 받을 수 있다는 장점이 있다. 시연은 숨겨진 시연과 명백한 시연이 있다. ㉠ 숨겨진 시연은 클라이언트가 원하는 반응에 대해 속으로 상상해 보고 반영해 보는 것을 의미한다. ㉡

명백한 시연은 클라이언트가 원하는 행동을 역할극에서 실제로 말로 표현해 보고 행동으로 나타내는 것을 의미한다(Cormier & Cormier, 1991).

④ 타임아웃

타임아웃 기법은 부적응 행동을 했을 때 긍정적 강화를 받을 수 있는 기회를 박탈함으로써 부적응 행동을 소거하는 기법이다. 예를 들면, 내담자가 약속을 몇 회 이상 어겼을 경우 기회를 일시적으로 제한하는 방법 등이다.

⑤ 자기주장훈련

자기주장훈련은 분노나 적개심을 표현하지 못하는 사람, 거절하지 못하는 사람, 지나치게 수줍음이 많아 대인관계에 어려움이 많은 사람에게 유익한 기법이다. 자기주장훈련은 자신의 생각을 타인에게 정확하게 표현할 수 있도록 가르치는 것에 목적을 두고 있다. 이 기법은 내담자가 어떤 상황에서 자신의 의사를 정확히 표현해야 하는지를 검토하여 모델링, 행동연습, 과제부여 등의 전략을 활용하여 훈련한다.

(4) 인터넷 중독 상담개입

사회복지 현장에서 인터넷 사용 문제로 어려움이 있는 청소년에게 적용하기에 효과적이다. 인지행동주의이론을 적용한 전반적인 상담과정을 요약해 보면 다음과 같다.

〈표 9-5〉 인터넷 문제 상담과정

상담 초기	상담 중기	상담 종결
• 문제 인식하기 • 인터넷 사용 및 생활패턴 평가 • 가족의 협조 구하기 • 인터넷 사용 목표 설정하기 • 상담 구조화하기	• 인터넷 관련 인지·정서·행동 요인 파악하기 • 인터넷 사용 목표 설정 및 점검하기 • 대안활동 탐색과 적용하기 • 일상생활 스트레스 관리	• 상담 종결 준비 • 목표 달성 평가 • 재발 예방 훈련 • 부모의 관심 협조

① 게임시간 기록하기

클라이언트 하루 일과 중 게임을 하는 시간을 기록해 보도록 한다. 기록표를 작성할 때는 주간평가 란에 어떤 상황에서 주로 사용하는지도 기록해 본다. 기록표를 작성한 뒤 게임 사용시간, 장소, 상황 등을 분석한 후 게임패턴과 생활패턴에 대해 함께 이야기를 나눈다.

〈표 9-6〉 주간사용 기록표

시간		월	화	수	목	금	토	일	주간평가
오전	6								
	7								
	8								
	·								
	·								
오후	12								
	1								
	2								
	·								
	·								
저녁	6								
	7								목표시간
	8								(/)
	·								
	·								

② 대안활동 찾기

사회복지사는 클라이언트와 함께 게임활동을 대체할 수 있는 환경을 탐색하는 시간을 갖는 것이 중요하다. 게임 외에 관심 있는 활동을 적극적으로 탐색할 수 있도록 미리 취미목록을 마련해 놓는다. 목록을 보면서 무엇을 할 때 가장 즐거웠는지를 떠올려 보도록 격려하고 잠깐 따로 시간을 준다. 다음은 게임을 대체할 수 있는 대안활동을 고민해 보고 작은 계획일지라도 실행에 옮기도록 지도하는 단계로 나아간다.

〈표 9-7〉 여가활동 찾기

체크	좋아했던 여가활동	이유는?	해보고 싶은 여가활동	이유는?
	자전거 타기		여행계획 세우기	
	영화 보기		요리 배우기	
	악기 연주		악기 배우기	
	그림 그리기		애완동물 키우기	
	운동(야구, 축구, 농구)		기차 여행하기	
	음악듣기		·	
	·		·	
	·		·	

③ 구조화 상담 개입

본 프로그램은 다면적 평가를 통해 인터넷 사용 문제 대상을 개입하기 위해 개발되었기 때문에 상담에 효과적이다. 특히 청소년 인터넷 중독 개입을 위해 인지행동기법을 적극 활용하여 구조화된 상담프로그램으로 구성하였다. 구체적인 프로그램을 제시하면 다음과 같다.

〈표 9-8〉 상담 개입 프로그램

회기	주제	목표	활동
1	나의 게임 스타일 파악하기	• 친밀감 형성하기 • 게임패턴 파악하기	• 상담 구조화하기 • 정서적인 상황 탐색하기

회기	주제	목표	활동
2	게임과 정서와의 관계 인식하기	• 부정적 정서의 원인, 패턴, 대처 방법에 대해 이야기하기 • 게임사용 기록표 작성하기	• 부적 감정 표현하기 • 게임사용 기록표 작성하기
3	변화단계 찾기 및 변화동기 만들기	• 변화단계 위치와 변화동기 점검 • 뇌 관련 교육 • 새로운 상담목표 설정하기	• 변화단계 확인 및 점검 • 건강한 뇌, vs. 중독된 뇌
4	심심한 시간 대처하기	• 지난 회기 실천 점검하기 • 심심한 시간 대처하는 방법 찾기 • 게임 생각에 대한 마음 이해하기	• 즐거운 경험 떠올리기 • 대안활동 계획하기
5	게임 조절 시간 계획하기	• 게임사용 분석표 작성하기 • 게임 쉬는 날 목표 세우기	• 게임사용 기록표 점검 • 목표 세우기
6	게임 충동 및 갈망의 차이 파악하고 대처하기	• 지난 회기 실천 점검하기 • 게임 갈망 및 부정정서 유발상황 사고 파악하기 및 대처목록 작성하기	• 게임 쉬는 날 실천 점검 • 상황 · 사고 다루기, 새로운 목표 설정하기
7	대인관계 전략 배우기	• 친구 및 가족관계 파악하기 • 대인관계 갈등에 대처방법 익히기	• 게임 쉬는 날 실천 점검 • 친구가족 관계 파악하기 • 갈등해결 전략 습득하기 • 새로운 목표 설정하기
8	게임하고 싶은 생각 조절하기 및 프로그램 마무리	• 지난 회기 실천 점검하기 • 위험 · 재발요인 탐색과 대처요령 학습하기 • 대안행동 점검하기 • 자기 대처 매뉴얼 정리하기	• 게임 쉬는 날 실천 점검 • 위험 · 재발요인 탐색하기 • 대안행동 점검 • 대처 매뉴얼 정리 • 수료증 주기

출처: 김현수 외(2015), 조절력 향상을 위한 단계별 맞춤형 개입 프로그램 매뉴얼: 내재화 유형, 재구성.

연 습 문 제

1. 피아제의 인지발달단계가 순서대로 올바르게 연결된 것은?

① 감각운동기 – 구체적 조작기 – 형식적 조작기 – 전조작기
② 감각운동기 – 전조작기 – 구체적 조작기 – 형식적 조작기
③ 감각운동기 – 전조작기 – 형식적 조작기 – 구체적 조작기
④ 감각운동기 – 형식적 조작기 – 전조작기 – 구체적 조작기
⑤ 감각운동기 – 구체적 조작기 – 전조작기 – 형식적 조작기

2. 피아제의 인지발달 개념 중 구체적 조작기의 특징으로 옳지 않은 것은?

① 구체적 조작기에 해당하는 연령은 대략 6세부터 11세이다.
② 자신이 직접 경험한 행위에 한정해서 사고한다.
③ 추상적 사고를 하는 것이 어렵다.
④ 주어진 정보만을 이용하여 관련 사고를 통합한다.
⑤ 자아중심사고로 인해 자신과 대상을 구별하지 못한다.

3. 스키너이론의 주요 개념으로 옳지 않은 것은?

① 조작적 조건형성 – 행동은 조건화된 자극에 의해 무조건적으로 반응한다.
② 강화 – 특정한 행동을 높이기 위한 개념이다.
③ 강화계획 – 행동을 수정해 나갈 때 사용하는 강화물의 빈도이다.
④ 처벌 – 바람직하지 않은 행동을 감소시키는 개념이다
⑤ 행동조성 – 새로운 행동 학습을 위해 단계적으로 계획하는 방법이다.

4. 반두라의 사회학습이론에 의한 관찰학습과정이 순서대로 바르게 연결된 것은?

① 주의집중과정 – 기억하기 – 운동재생과정 – 동기유발과정
② 주의집중과정 – 기억하기 – 동기유발과정 – 운동재생과정
③ 동기유발과정 – 운동재생과정 – 기억하기 – 주의집중과정
④ 동기유발과정 – 주의집중과정 – 운동재생과정 – 기억하기
⑤ 동기유발과정 – 운동재생과정 – 주의집중과정 – 기억하기

5. 반두라가 주장한 개념으로 옳지 않은 것은?

① 모방　② 관찰학습　③ 행동 강화
④ 상호결정론　⑤ 자기효능감

정답	1. ② 2. ⑤ 3. ① 4. ③ 5. ③

10 인본주의이론

인본주의이론은 정신분석이론과 행동주의이론을 반대하는 견해로부터 발전하였다. 정신분석이론은 현재 인간의 행동 근거는 무의식에 의해 결정된다고 보았고, 행동주의이론은 환경에 의해 학습된다고 주장한다. 인본주의이론은 인간의 과거와 환경에 초점을 두지 않고 지금 여기에서 무엇을 느끼고 생각하는지에 따라 행동에 영향을 미친다고 본다. 인본주의이론은 인간의 존엄성에 가치를 두고 있기 때문에 개인이 경험하는 주관적 경험을 중요시한다. 인본주의 인간관은 개인이 자신의 삶과 행동의 결정권자임을 강조하면서 인간의 긍정적인 측면에 초점을 둔다. 즉 인간의 자유의지, 스스로의 선택, 창조적인 능력을 중요시하고 자기실현경향성의 존재로 본다. 이 장에서는 인본주의이론을 발전시킨 로저스와 매슬로를 중심으로 살펴보고자 한다.

1. 로저스의 이론

1) 로저스의 생애

로저스(Rogers)는 1902년 미국 일리노이 주 시카고의 교외에서 6남매 중 넷째로 태어났다. 그의 아버지는 당시 성공한 사업가였기에 청소년기까지 경제적으로 안정된 생활을 할 수 있었다. 부모님은 종교적인 영향과 교육적인 측면에서 자녀들의 도덕성과 근면성을 중요하게 여겼다. 로저스가 12세 때 교육환경이 도시보다 농촌이 더 좋을 것으로 여겨 시골로 이사를 가게 되었고 고교시절까지 생활하게 된다. 농촌 경험은 농업에 대한 흥미를 갖게 되는 기회가 되어 과학적 방법론과 경험론을 이해하는데 중요한 토대가 된다. 이후에는 자신의 상담학 이론에도 영감을 주는 요인이 되었다(Rogers, 1961).

그는 1919년에 위스콘신 대학교에서 농업과 신학을 전공하였다. 1931년에는 컬럼비아 대학교에서 임상심리학으로 박사학위를 받았고, 졸업 이후에는 오하이오 주립 대학교와 시카고 대학교에서 심리학 교수와 상담소의 책임자 역할을 겸임한다. 이 기간 동안에 『내담자 중심요법』을 출간했으며, 『카운슬링과 심리치료』에서 비지시적 카운슬링의 개념을 소개하였다. 비지시적 카운슬링 개념은 이후 인간중심의 치료로 개념화되었다. 이후 시카고 대학교 교수직을 사임하고 연구소에서 인간중심 접근방법을 실천에 응용하는 일에 주력했다. 그의 이러한 연구의 업적을 미국심리학회로부터 인정을 받아 공로상을 수상하였으며, 1987년에 사망할 때까지 인간중심의 상담방법을 연구하는 데 집중하였다.

2) 인간관

로저스는 인간은 의식 있는 존재로서 이성적으로 생각하고, 선택하며, 자유롭게 행동할 수 있는 합리적인 존재로 믿었다(Payne, 1997). 인간은 이성적으로 사고하는 능력이 있기 때문에 자신의 삶을 통제하고 개척해 나갈 수 있다. 그리고 이러한 사고능력은 개개인마다 다르기 때문에 현실을 지각하고 해석하는데 개인의 주관적인 경험이 중요하게 작용한다. 이러한 점에서 각 개인의 경험이 존중되어야 한다고 강조한다.

(1) 인간의 의식이 자아를 지배한다.

프로이드는 무의식이 인간의 자아를 지배한다고 보았다면, 로저스는 인간의 의식이 자아를 지배하고 통제한다고 믿었다. 인간은 생각할 수 있는 존재이기 때문에 자신의 삶에 대한 스스로의 권한을 갖고 책임 있는 행동을 하게 된다.

(2) 인간은 선천적으로 창조적, 합리적, 성장 지향적인 존재이다.

인간은 자유의지를 가진 능동적인 존재로서 성숙의 방향으로 나아가려는 동기를 가지고 있다. 모든 사람은 개인의 삶을 향상시키는데 요구되는 기본적인 능력을 지니고 있다. 즉 인간은 자신을 실현하려는 목적지향적인 존재이기 때문에 어려움이 있더라도 고통을 참고 성장을 향해 도전한다.

(3) 인간의 성격은 창조적인 과정 중에 있다.

인간의 성격은 지속적으로 변화된다. 성격발달은 개인이 경험하는 세계와 그 경험을 어떻게 지각하고 해석하는지에 따라 영향을 미친다. 인간의 행동은 개인의 주관적 경험 또는 내적 준거체계에 따라 달라지기 때문에 지속적으로 변화될 수 있다.

(4) 인간의 자기 인식이 중요하다.

개인의 독특한 세계관을 이해하고 존중해야 한다. 과거보다 지금 여기에서 느끼는 감정과 생각을 수용할 때 진정한 자기개념을 발견하게 된다. 사회복지사는 원조관계에서 클라이언트의 자기 인식을 높여 나간다.

3) 주요 개념

로저스는 현상학이론가로서 개인의 주관적 경험과 감정을 중요하게 여긴다. 현상학은 어떤 사건에 대해 개인이 어떻게 지각하고 경험하는지를 연구하는 학문이다. 즉 동일한 현상이라 하더라도 사람마다 지각하는 수준과 해석이 다르다고 전제한다. 프로이드는 과거 경험이 인간의 행동을 결정하는 요인으로 보았다면, 로저스는 과거의 경험보다는 경험에 대한 현재의 인식과 해석이 중요하다고 여겼다.

(1) 긍정적 지향의 경향

현상학이론은 인간의 긍정적인 측면에 초점을 맞춘다. 인간은 본질적으로 선하며 성숙의 방향으로 나아가려는 경향성이 있다. 인간은 합리적이고 현실적인 존재로서 자신의 가능성을 최대한 실험하여 더 나은 삶을 지향하려고 한다.

(2) 자아실현의 경향

인간은 선천적으로 성장하려는 동기를 가지고 있다. 자신이 더 능력 있는 사람이 되려는 자아실현의 욕구가 있음을 말한다. 이는 자신의 잠재적 능력을 보다 건설적인 방향으로 성장시키려는 긍정적 동기를 의미한다. 인간은 자기실현의 과정을 통하여 점진적으로 완성되어져 간다.

(3) 주관적 경험과 행동

현상학이론은 개인의 주관적 경험과 행동 간의 관계를 중요하게 다룬다. 개인이 마주한 사건에 대해 어떤 느낌을 갖느냐에 따라서 행동에 영향을 미친다. 자극 상황에 대한 주관적인 해석이 중요하며 이러한 해석은 개인에게 중요한 의미를 갖는다. 인간의 행동을 이해하기 위해서는 현재 처해 있는 환경과의 관계성을 파악하는 것이 필요하다. 사회복지사는 클라이언트의 주관적인 경험을 존중하고 자유와 책임을 부여함으로써 내담자의 성장을 촉진할 수 있다.

(4) 무조건적인 존중

모든 인간은 타인으로부터 사랑과 관심을 받고자 하는 기본적인 욕구가 있다. 연령이 어릴수록 이러한 욕구는 더 크게 작용한다. 부모로부터 무조건적인 사랑을 많이 경험한 자녀일수록 자신을 가치 있는 존재로 인식하여 환경을 긍정적으로 평가한다. 반면에 부모로부터 조건적인 사랑을 받은 경우 자신보다 부모의 가치기준에 맞추려고 행동하기 때문에 진정한 자신의 모습이 왜곡된다. 따라서 모든 사람은 존재 그 자체로 무조건적인 사랑의 대상이 되어야 한다.

(5) 완전히 기능하는 사람

완전히 기능하는 사람이란 자신의 잠재력을 인식하고 그 능력을 발휘하는 삶을 사는 사람이다. 이러한 사람은 자기이해를 바탕으로 경험의 다양성을 추구하면서 지속적인 성장을 지향한다. 완전히 기능하는 사람의 공통적인 특징은 다음과 같다(Rogers, 1961).

① 경험에 대해 개방적이다.

완전히 기능하는 사람은 내적, 외부적 경험에 대해 열린 마음을 가지고 있다. 자기이해가 높기 때문에 내적인 감정들에 민감하고 자신의 감정에도 적절하게 반응한다. 이러한 사람은 자신의 감정을 억압하지 않고 상황을 합리적으로 판단하기 때문에 심리적으로 자유롭다.

② 실존적인 삶을 산다.

실존적인 삶이란 현재의 순간을 충분히 즐기면서 사는 것을 의미한다. 완전히 기능하는 사람은 지금 경험하고 있는 것에 집중하고 경험으로부터 그 의미를 발견하고자 노력한다. 지금 이 순간에 경험하는 삶의 여정을 소중하게 여긴다.

③ 자기 자신을 신뢰한다.

사람들은 어떠한 의사결정을 할 때 사회적 규범과 타인의 판단에 의존하여 선택하는 경우가 많다. 이는 자신의 내적 판단기준보다 외적 영향력을 더 신뢰하기 때문이다. 그러나 완전히 기능하는 사람은 외부의 환경 요인보다 자신의 직관과 경험을 잘 활용하여 의사결정을 한다.

④ 경험적 자유를 지니고 있다.

인간은 자신의 삶을 스스로 선택하고 책임질 수 있는 자유로운 존재이다. 자신이 선택한 삶과 그 결과에 대한 책임감을 갖는다. 이러한 사람은 자신의 인생과 관련해서 많은 것을 주도적으로 선택하려고 하며 원하는 것을 얻으려고 행동한다.

⑤ 창조성을 지니고 있다.

완전히 기능하는 사람은 창조적인 삶을 살아간다. 사회 속에서 어울려 살아가고 있지만 타인에게 의존하여 살아가지는 않는다. 사람들이 추구하는 것에 관심을 갖기보다는 자신이 추구하는 가치를 중요하게 여기면서 주체적인 삶을 살아간다.

4) 인간중심적 접근방법

인간중심적 접근방법에서는 감정이입, 무조건적인 관심, 진실성이 마음을 움직이게 하는 필수조건으로 설명한다. 이러한 상담기술은 클라이언트의 마음을 부드럽게 하여 자연스러운 변화 동기로 이끌어 낼 수 있다.

(1) 감정이입

사회복지사가 클라이언트 입장에서 생각하고 이해할 수 있는 공감능력을 말한다. 사회복지사는 클라이언트의 환경 속에 자신도 함께 놓여있다고 상상하고 느낄 때 온전한 감정이입을 할 수 있다. 그러나 클라이언트의 상황을 이해하는 것과 그 감정체계에 압도되는 것과는 구별할 수 있어야 한다. 진실함이 있는 감정이입은 자신이 이해받는다는 느낌과 경험을 가지게 되어 자기를 개방하게 된다. 클라이언트는 자신에게 마음을 다해 공감하고 애쓰는 모습을 지켜봄으로써 변화의 의지를 가진다.

(2) 무조건적인 긍정적 관심

무조건적인 긍정적 관심은 클라이언트를 조건 없이 있는 그대로 수용하는 것을 말한다. 클라이언트에 대한 평가보다는 긍정적인 부분에 초점을 두면서 관심을 가져줄 때 신뢰감이 형성된다. 조건 없이 있는 그대로 수용되어진다고 느낄 때 마음을 개방하게 된다. 사회복지사는 클라이언트의 긍정적인 측면에 관심을 기울이면서 그의 경험을 자유롭게 표현할 수 있도록 격려해야 한다.

(3) 진실성

진실성은 사회복지사가 클라이언트에게 진실하다는 것을 보여줌으로써 신뢰관계를 만들어 가는 것을 말한다. 이것은 모든 상담과정에서 일관성 있게 진실해야 함을 의미한다. 상담자로서 진실함이란 자신의 내적 경험과 외적 표현이 일치하고 클라이언트와의 관계에서 일어나는 감정을 솔직하게 표현하는 것을 말한다. 그러나 클라이언트의 변화 동기를 강화하기 위해서 과장된 감정표현이나 확신을 주는 약속 등은 포함되지 않는다. 사회복지사는 늘 객관적인 사실을 기반으로 상담과정 동안 일어나는 자신의 생각과 행동이 일치하는 모습을 유지한다. 클라이언트는 일관성 있는 진실한 모습을 통해 긍정적인 영향을 받는다.

5) 가치부여

내담자중심 이론은 원조관계에서 개인과 타인의 성장에 기여하는 가치를 중요하게 여긴다(Rogers, 1964). 사회복지사는 클라이언트에게 이러한 가치를 부여함으로서 성장을 도와야 한다. 가치부여란 클라이언트 자신뿐 아니라 타인의 존엄성과 가치를 존중함으로써 책임감 있는 행동으로 나아가게 하는 것이다. 클라이언트 자신과 타인에게 책임 있는 행동이 누적될수록 조금씩 삶의 변화를 맞이하게 된다. 이러한 책임의식과 윤리적인 행동 변화가 타인과의 관계에서도 성장을 가져온다(Turner, 2017).

6) 로저스 이론의 평가

로저스는 초기에는 프로이드의 영향을 받았으나 그의 방법론이 내담자에게 부적합하다고 생각하면서 자신만의 방법론을 창안한다. 프로이드의 이론은 치료자가 이끌어가는 지시적 방법론이었다면, 로저스는 내담자가 중심이 되는 비지시적 방법론을 제시하였다. 그의 방법론은 인간중심적 접근방법이라고 부르며 인간의 존엄성, 자기결정권, 잠재능력을 중심 가치에 둔다. 이러한 가치는 사회복지실천에서 중요한 윤리적 기준으로 적용되고 있다.

또한 그는 이론보다는 내담자의 마음을 움직이는 상담기법에 관하여 많은 영향을 끼쳤다. 상담자는 비위협적인 환경, 비심판적 태도, 공감과 진실성, 무조건적 긍정적 관심, 문제해결자로서의 내담자 등을 치료의 중요한 구성요소로 제안하였다. 이러한 접근방식은 사회복지사가 원조관계에서 클라이언트의 문제를 어떻게 바라보고 개입해야 할지를 안내한다.

내담자를 존중하는 접근방식은 사회복지실천에서 많은 시사점을 제시하였지만 여러 측면에서 한계점을 갖는다(Zastrow, 1995). 그의 이론은 첫째, 내담자가 자신의 문제를 적극적으로 해결하는 방식에 초점을 두기보다는 내담자의 자기 인식과 자기 이해를 통한 통찰에 보다 초점을 두고 있다. 그렇기 때문에 문제해결과 개입의 효과성을 파악하기란 어렵다. 둘째, 성격발달에 대한 설명을 제공하지 못한 점이다. 우울, 불안, 공격성 등의 심리적인 문제들을 설명하는 데 한계점이 있다. 셋째, 상담자는 내담자에 대한 진실성을 강조하지만 개입과정에서는 진실성의 표현이 어려울 때가 있다. 넷째, 내담자는 수용적인 치료적 환경 내에서 자신의 관심사를 말하기 때문에 문제가 자연스럽게 감소되고 결국에는 긍정적인 변화가 발생한다. 이러한 점은 환경을 중요시하는 학습이론적인 관점에서 해결될 수 있기 때문에 상담 효과성을 검증하는 데 제한점이 있다.

2. 매슬로의 이론

1) 매슬로의 생애

매슬로(Maslow)는 1908년 뉴욕의 브루클린에서 7남매 중 장남으로 태어났다. 부모님은 유대계 러시아인으로서 미국으로 이민을 오게 되었으나 이웃과의 교류에 어려움이 있었다. 매슬로는 어린시절을 외롭게 보냈고 일상의 많은 시간을 책을 보면서 위로를 받았다. 그의 부모는 정규교육을 받지 못했지만 자녀에게 만큼은 교육의 중요성을 강조했다. 아버지의 권유로 코넬 대학교에 입학하여 법학을 전공하였으나, 3학년 때 위스콘신 대학교로 옮긴 후 심리학으로 박사학위를 취득한다.

그가 심리학에 관심을 갖은 계기는 왓슨의 행동주의이론에서 영향을 받았기 때문이다. 매슬로의 학위논문은 행동주의이론에 토대를 둔 원숭이의 성적특성과 지배특성에 관한 주제였다. 하지만 행동주의에 대한 열정은 첫딸 출생 후 아이가 보이는 복잡한 행동을 관찰하면서 바뀌게 되었다. 아울러 제2차 세계대전에서 경험한 인간의 본성, 증오심에 대한 깊은 관심을 가지게 되면서 인본주의 심리학으로 전환하는 계기가 된다. 본격적으로는 1951년에 브랜다이스 대학교에서 심리학과 교수로 재직하면서 인본주의이론에 매진하여 가장 영향력 있는 인물로 성장하게 된다. 1967년에는 미국휴머니스트협회에서 상을 수상한다. 이후 1970년 6월, 그의 나이 62세 되던 해에 심장마비로 사망하게 된다. 대표 저서로는 『동기와 성격』, 『인간심리학을 향해서』, 『인간본성의 깊은 이해』 등이 있다.

2) 인간관

매슬로의 욕구위계이론은 인간의 자유의지를 강조하는 인본주의 관점을 채택한다. 따라서 인간의 긍정적인 측면과 자아실현 경향성에 초점을 둔다. 인본주의이론은 정신분석이론의 무의식적결정론과 행동주의이론인 환경결정론의 입장에 반대한다. 그의 이론은 인간의 가치관, 잠재력, 희망, 창조성, 성장 가능성 등 인간적인 측면에 가치를 두고 있다. 특히 모든 인간은 잠재의식 속에 성장 동기가 내재되어 있기 때문에 이러한 자아실현 경향성이 인생을 발전시킨다고 보았다. 모든 인간은 자신의 성장욕구를 충족시키고자 하는 선천적인 갈망이 있다는 것이다.

3) 기본 가정

매슬로 이론의 인간에 대한 기본 가정은 다음과 같다. ㉠ 인간의 본성은 선천적으로 선하며, 파괴적인 요소는 나쁜 환경으로부터 비롯된 것이다. ㉡ 인간은 자유롭고, 자율적이며, 인간행동은 내면으로부터 나오지만 무의식적 동기의 산물이 아니다. ㉢ 인간의 행동을 이해하기 위해서는 병리적인 측면보다 건강한 사람의 행동과 지각에 대해서 탐구해야 한다. ㉣ 모든 인간은 잠재능력이 있기 때문에 기본적인 욕구들이 충족되면 자아실현의 욕구로 발전하게 된다.

4) 주요 개념

인간이 특정한 목적의식을 가지고 노력하는 것은 그 내면에 잠재되어 있는 욕구 충족 때문이다. 모든 인간은 본능적인 생존의 욕구와 자기를 실현하려는 성장의 욕구를 가지고 태어난다. 생존의 욕구는 생리적 차원의 욕구를 가리키며 안전의 욕구, 소속과 애정의 욕구, 자존감의 욕구로 구분된다. 이러한 기본적인 욕구를 충족하지 못하게 되면 결핍 동기의 원인이 된다. 또한 인간은 본능적으로 성장하려는 욕구를 가지고 있는데 이를 자아실현 욕구라고 부른다. 성장의 욕구는 자신의 잠재능력을 발휘하려는 욕구이며 생존에 따른 욕구가 충족되었을 때에 동기로 작용한다. 이처럼 인간의 욕구는 그 중요성과 강도에 따라 위계적으로 배열되어 있다. 구체적으로는 다섯 단계로 구성되어 있으며 낮은 단계에 있는 욕구가 어느 정도 만족되어야만 더 높은 단계의 욕구를 의식하거나 동기가 부여된다고 가정한다.

(1) 욕구단계이론의 동기작용

① 결핍 동기

생존과 삶을 유지하기 위해 필수적인 동기로서 욕구가 충족되지 못했을 때 작용한다. 인간은 결핍욕구가 내재될 경우 이를 극복하기 위해 목표 지향적인 행동을 하게 된다.

② 성장 동기

더 나은 삶을 창조하려는 동기이다. 성장 동기는 자기실현의 욕구에서만 작용되고 하위 욕구가 어느 정도 충족되어야 자기실현의 욕구에 도달할 수 있다.

③ 형성 과정

인간은 정적인 존재가 아닌 동적인 존재로서 항상 발전하는 과정 중에 있다. 이러한 욕구는 자기를 향상시켜 나가려는 인간본성의 고유한 것이다.

④ 잠재적 창조성

인간의 가장 보편적인 특질은 창조성이다. 모든 인간은 누구나 잠재적인 창조성을 가지고 태어나며, 개개인의 창조성은 특별한 자질이나 능력을 요구하지 않는다.

(2) 인간의 욕구단계

매슬로가 제시한 인간의 욕구단계는 반드시 순서대로 이루어지는 것은 아니다. 연령과 개인의 환경조건에 따라 다른 차이를 보일 수 있다. 특히 연령이 어릴수록 생리적인 욕구가 가장 큰 동기로 작용한다. 아이는 부모에 대한 사랑의 욕구가 채워지면 환경을 신뢰하게 되어 다른 성장에도 관심을 갖게 된다. 반면에 애정의 욕구가 결핍될 경우 다른 성장의 욕구에 관심을 갖기가 어려워진다. 성인의 경우에는 환경의 조건이 안정될 경우 자기실현의 욕구단계로 동기화된다. 하지만 실업과 건강 등의 환경적 조건이 불안정해질수록 높은 단계에서 낮은 단계의 욕구로 전환될 가능성이 많아진다.

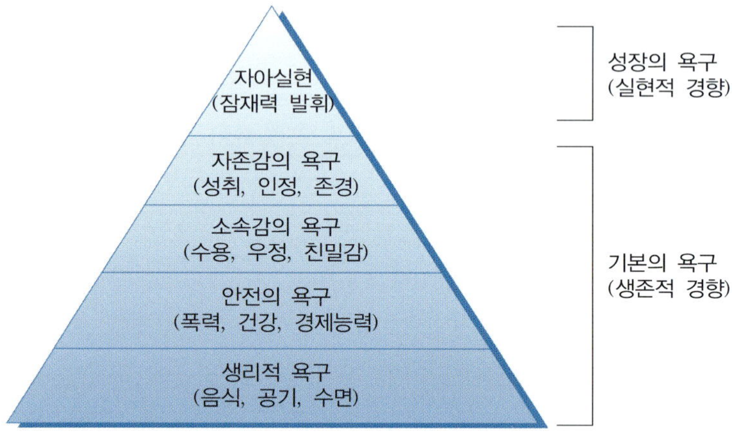

[그림 10-1] 매슬로의 욕구단계

① 생리적 욕구

인간은 생존을 위해 생리적 욕구를 본능적으로 충족하려고 한다. 본능적인 욕구는 음식, 물, 공기, 수면, 성욕, 추위나 더위로부터의 보호에 대한 욕구들이다. 이러한 생리적 욕구가 만족되지 못했을 때 신체의 모든 감각기능이 갈망의 욕구가 의식을 지배하게 된다. 또한 기본적 욕구가 만족되지 않으면 의식은 더 높은 단계의 욕구를 충족하려는 시도를 하지 못한다.

② 안전의 욕구

생리적 욕구가 어느 정도 만족되면 안전의 욕구에 대해 관심을 가진다. 인간은 본능적으로 자기를 보호하려는 욕구를 가지고 있으며 안전한 환경 내에서 살고 싶어 한다. 성인의 경우에는 직장의 작업환경, 폭력, 범죄, 전쟁, 자연재해로부터 안전해지려는 욕구라 할 수 있다. 반면 아동의 경우 부모와 타인으로부터의 안전한 경험이 중요한 요인이다. 특히 부모로부터 안전의 욕구가 채워지지 못할 경우 불안의 감정이 지속되어 성장에 방해를 받게 된다.

③ **소속과 애정의 욕구**

모든 사람은 집단에 소속되어 사랑받기를 갈망한다. 가족과 집단에 소속됨으로써 자신의 존재 가치를 확인받길 원한다. 이러한 욕구는 생리적 욕구와 안전의 욕구가 어느 정도 충족되었을 때 작용한다. 인간은 고립되고 소외감을 느끼는 것에 불안이 있기 때문에 소속감을 통해 안정감을 느끼길 원한다. 자신이 소속되어 있는 곳에서 수용받는다고 느낄 때 심리적 안정감을 느끼지만, 그렇지 못할 때에는 무가치함과 소외감의 감정을 경험한다. 집단을 통해 소속감의 욕구가 채워질수록 더 향상된 성장의 동기로 전환이 된다.

④ **자존감의 욕구**

소속감과 애정의 욕구가 어느 정도 충족되고 나면 자존감의 욕구를 갈망한다. 자존감 욕구에는 자신에 대한 존중과 타인으로부터의 존경으로 구분한다. 자기존중은 자신을 가치 있고 신뢰할 만한 사람으로 인식하는 것을 말한다. 이러한 욕구가 충족된 사람은 자신의 능력을 다른 사람과 비교하지 않고 자신의 존재 가치를 있는 그대로 수용할 줄 안다. 그러기에 타인으로부터 받는 존경보다 자기를 먼저 신뢰하고 존중하는 것이 중요하다. 한편, 타인으로부터의 존경은 자신이 좋은 평가를 받는 것을 말한다. 사람들에게 존경받는 경험이 많을수록 자신을 긍정적으로 인식하게 되어 자존감에 영향을 미친다. 자존감의 욕구가 충족되지 못할 때 열등감과 무가치함의 감정을 느끼게 되고 성장의 욕구를 가로 막는 원인이 된다.

⑤ **자기실현의 욕구**

자존감의 욕구가 충분히 만족되면 자기실현의 욕구를 갈망하게 된다. 이는 자기성장의 욕구로서 자신의 가능성과 한계를 실험해보고자 한다. 대부분의 사람들이 자아실현의 욕구를 가지고 있으나 실행하는 데 어려움이 따르기 때문에 하위단계의 욕구수준에 머물러 있다. 이는 자아실현이 실행되기 위해서는 개인의 강한 의지와 실행능력뿐 아니라 적절한 환경적 조건이 요구되기 때문이다. 자아실현을 위해서는 자기인식 능력이 필요하다. 자기 이해를 토대로 인생의 가치와 방향을 설정해 나갈 수 있기 때문이다. 그러나 많은 사람들은 자아실현의 욕구를 갖고 있으나 자신이 무엇을 원하는지, 자신의 능력이 무엇인지를 이해하지 못한 채 살아간다. 또한 자신의 능력을 알고 있어도 그 잠재력을 발휘하는데 두려움을 갖기도 한다. 결국 자아실현의 욕구는 실현되지 못한 채 내재되어 있는 경우가 있다. 자기실현을 성장시키기 위해서는 자신의 내면을 관찰하고 잘못된 습관을 개선하려는 의지가 필요하다.

⑥ 자기실현자의 특징

자기실현 욕구를 충족한 사람은 성장하려는 높은 동기와 목적의식을 가지며 자신의 체험을 확장하는 삶을 살아간다. 자기실현자의 특징은 다음과 같다(Maslow, 1970).

- 현실을 정확히 지각하며 편안해한다.
- 자신과 타인에 대하여 있는 그대로 수용한다.
- 내적 사고나 행동에 있어서 꾸밈이 없고 자연스럽다.
- 자신에 대해 불편해하지 않으면서 혼자 생활할 수 있다.
- 물리적, 사회적 환경으로부터 비교적 독립을 유지한다.
- 삶의 기본적인 것들에 대해 가치와 의미를 부여한다.
- 인간에 대한 깊은 공감, 애정, 도와주는 것에 열정을 가지고 있다.
- 창의적이고 철학적이며 유머감각이 있다.
- 자기보다는 외부의 문제들에 관심이 있다.
- 특정한 사회적인 압력에 쉽게 동요되지 않는다.

대부분의 사람들이 자기실현에 어려움을 느끼는 이유가 자신의 능력을 잘 알지 못하고 두려워하기 때문에 도전의 기회를 갖지 못한다는 점이다. 또한 사회의 경직된 도덕적 관념이나 규범 등에 의해 성장의 욕구가 방해를 받기 때문이다. 한 개인의 잠재능력은 조화로운 환경조건이 갖추어질 때 최대한 발휘되지만 환경이 취약할 경우 쇠퇴하게 된다. 마지막으로 안전의 욕구가 채워지면 안락함으로 인해 새로운 도전을 시도하는 것에 두려움을 느낀다. 안전한 생활에 지나치게 안주할 경우 오히려 성장의 동기를 방해하는 요인으로 작용한다.

5) 매슬로 이론의 평가

매슬로는 인본주의이론의 기틀을 마련하는 데 크게 공헌을 하였다. 그는 인간의 전인격, 잠재력, 창조성을 강조하는 새로운 인간관을 제시하였다. 인간은 본능적으로 생존하려는 욕구와 성장하려는 욕구를 갖고 있다고 보는 관점이다. 이러한 인간 욕구에 관한 준거 틀은 클라이언트의 욕구를 이해하는 데 의미한 바가 크다. 클라이언트의 기본적인 욕구에 따른 동기와 행동과의 관련성을 파악할 수 있기 때문이다. 특히 인간은 생존의 욕구가 충족되지 않는 상황이 누적될수록 개인의 문제를 넘어서 사회문제가 된다. 이에 사회복지는 클라이언트의 기본적인 욕구를 잘 파악하여 그의 기능을 향상시키고 환경을 개선하는데 주요 역할이 있다. 이러한 측면에서 욕구위계이론은 개인의 욕구와 문제행동을 설명하는 데 유용한 도구가 된다.

3. 인본주의이론과 사회복지실천

오늘날 사회복지실천에서는 인본주의이론의 효과성이 입증되면서 활발하게 적용되고 있다. 사회복지사는 인간중심의 접근기술을 활용하여 클라이언트의 문제를 돕는다. 인본주의이론은 인간의 존엄성을 가장 중요하게 여기는 기본 철학을 바탕에 두기 때문에 모든 사람이 사랑과 수용에 대한 기본적인 욕구가 있다고 전제한다. 이에 사회복지사는 클라이언트에 대한 감정이입, 존중하기, 진실성에 초점을 맞추면서 개입해 나간다. 사회복지사는 클라이언트의 인격과 문제를 따로 분리하여 바라보려는 노력이 필요하다. 이러한 관점은 한 개인의 전체에 대한 왜곡된 평가를 막을 수 있기 때문이다. 변화할 수 있다는 긍정적인 측면에 관심을 기울이면서 상담기술을 효과적으로 적용해야 한다.

1) 상담목표

인간중심 상담은 개인의 성장과 변화에 초점을 두고 달성 가능한 목표를 세우는 것이다. 무엇보다 클라이언트의 강점과 잠재능력을 최대한 발휘하여 스스로 문제를 해결해 나갈 수 있도록 원조한다. 사회복지사는 클라이언트와 함께 상담목표를 계획하고 그 실행방법을 모색해 나가야 한다. 그리고 상담목표에 도달할 때까지 현재 경험과 감정을 수용하면서 수정되어야 할 자기인식과 생활양식의 모순을 인식하도록 개입해 나간다. 즉 상담과정 동안 객관적인 자기평가의 기회로 삼아 성장으로 나아가도록 동기를 부여해야 한다. 원하는 목표에 도달하기 위해서는 클라이언트와 협동해서 일하는 파트너십에 열려 있어야 한다.

2) 상담관계

인본주의에서는 상담자와 내담자 간의 평등한 관계, 인간적인 관계를 중요시한다. 사회복지실천에서 평등하고 인간적인 관계란 사회복지사가 클라이언트에게 지시적, 권위주의, 해석을 하지 않는 것을 의미한다. 또한 클라이언트의 세계관과 그의 독특한 생활양식을 존중할 수 있어야 한다. 인본주의상담에서는 상담자의 주도적인 개입 없이도 내담자가 자신의 문제를 이해할 수 있다고 전제하기 때문에 지나친 제안과 해석보다는 자아실현의 동기에 초점을 맞춘다. 일단 클라이언트가 상담과정에 참여하게 되면 자기개방, 자기평가, 자기지시적인 방법으로 성장하게 된다고 믿기 때문이다(Zastrow, 1998). 상담관계에서 상호 간 신뢰관계가 잘 형성되기 위해서는 클라이언트의 잠재력이 최대한 발현될 수 있도록 안정되고 자유로운 분위기를 제공해야 한다.

3) 상담자의 자기훈련

인간중심적 접근방법에서는 상담자가 내담자에게 대하는 태도를 중요시 여긴다. 상담자는 내담자의 경험과 감정에 대해 진실한 마음을 갖고 그의 성장과 자기실현을 도울 수 있도록 해야 한다. 클라이언트를 돕기 위해서는 먼저 사회복지사 자신의 자아인식이 필요하다. 자기이해 훈련은 클라이언트가 직면한 문제와 상황들을 잘 이해함으로써 보다 효과적으로 도울 수 있기 때문이다. 자기이해와 자아인식을 지속적으로 발달시키는 사회복지사는 그렇지 않은 사회복지사보다 건강하고 효과적으로 기능할 가능성이 크다. 또한 충분히 훈련된 사회복지사는 자신이 가진 욕구, 인식, 감정을 클라이언트의 것과 분리시킬 수 있고 타인의 자아인식을 발달시키도록 도울 수 있다(Okun, 1997). 자기이해 평가방법은 자신을 둘러싼 상황에 대한 평가, 자존감의 점검, 타인의 수용 정도, 책임 있는 자기주장, 자기통제의 정도, 자신의 원가족 분석 등을 점검해 보는 것이다(Coumoyer, 2000). 다음의 질문을 통해 상담자로서 자기 자질을 스스로 평가해 볼 수 있다.

- 나 자신에 대해 어떻게 생각하고 느끼는가?
- 나의 가치관은 어떤 것이 있는가?
- 이것이 나의 행동과 타인과의 관계를 어떻게 규정하고 있는가?
- 내가 살고 있는 사회와 직장에서 어떻게 관계하고 있는가?
- 나와 관계된 사람들에게 나 자신을 어떻게 보여주고 있는가?
- 나의 기본적인 욕구(예 : 신체적, 정신적, 사회적, 영적, 지적 욕구)를 어떻게 다루고 있는가?

이러한 맥락에서 나는 왜 사회복지사의 길을 가려고 하는가? 라는 질문을 통해 동기와 욕구를 이해하고 가치관을 정립해야 한다. 사회복지사가 되려는 동기와 욕구가 무엇인지에 따라 클라이언트를 원조하는 관계에서 다양한 영향을 미치기 때문이다. 또한 사회복지사는 클라이언트의 욕구를 만족시키면서 자신의 욕구를 만족시킬 수 있는가? 라는 질문을 할 필요가 있다. 만약 사회복지사가 자신의 욕구를 이해하지 못한 채 클라이언트의 욕구에만 초점을 둔다면 직업의 정체성 혼란과 빠른 소진으로 이어질 수 있다. 반면에 사회복지사 자신의 욕구를 만족시키기 위해 클라이언트의 욕구를 무시하거나 이용할 수가 있다. 이러한 측면에서 사회복지사는 자신의 욕구와 클라이언트의 욕구를 구분할 수 있어야 한다.

사회복지사가 자신의 욕구들을 의식하지 못한다면, 개입의 본질에 영향을 미칠 가능성이 커진다. 따라서 클라이언트의 욕구를 충족시키면서 자신의 욕구도 충족시키기 위해 노력할 필요가 있다. 사회복지사가 경험할 수 있는 전형적인 욕구들을 정리하면 다음과 같다(Corey & Corey, 1998).

〈표 10-1〉 사회복지사의 욕구

욕구	내용
영향을 주고자 하는 욕구	많은 사회복지사들은 세상을 보다 나은 곳으로 만들고자 하는 이타적 욕망을 고백한다. 클라이언트가 변화하는 데 관심이 없거나 도움을 원하지 않을 때, 사회복지사는 때로 좌절감을 느낀다.
다른 사람을 돌보고자 하는 욕구	성장하면서 '남을 돕는 데 타고난 사람'이라는 말을 흔히 들었고, 이런 삶의 경험을 토대로 원조전문직을 선택하기도 한다. 그러나 자신에게 도움이 필요할 때 이를 요청하는 것을 배우지 않는 한, 개인적 및 전문적으로 소진될 수 있다.
자조의 욕구	개인적 이슈를 해결하기 위해서 원조전문직을 선택하기도 한다. 예를 들어, 알코올중독자 가족과 함께 성장하면서 겪었던 어려움 때문에 원조전문직을 택하였을 수 있다. 다만, 미해결된 개인적 이슈는 질적인 서비스 제공을 저해할 수 있으므로, 개인적 이슈를 인식하는 것은 중요하다.
필요한 사람이 되고자 하는 욕구	필요한 사람이 되고자 하는 욕구에서 자유로운 사회복지사는 거의 없다. 클라이언트로부터 덕분에 나아졌다는 감사의 말을 듣는 것보다 커다란 심리적 보상은 없을 것이다. 그러나 이 욕구가 지나치면 클라이언트의 의존성을 조장할 수 있다.

욕구	내용
돈에 대한 욕구	사회복지사가 많은 돈을 원한다면 원조전문직이 아닌 다른 직업을 택할 것을 권한다. 하지만 쾌적한 삶을 원한다고 해서 죄의식을 느낄 필요는 없다.
특권과 지위에 대한 욕구	사회복지사는 가난하거나 약물중독 등의 문제를 가진 클라이언트에게 서비스를 제공할 것이며, 그것으로 인해 높은 특권과 지위가 주어지지는 않을 것이다. 이에 따라 사회복지사가 확고한 자아존중감을 가지려면, 외적 조건이 아니라 자신 안에서 가치를 찾아야 할 것이다.
정보를 제공하고자 하는 욕구	많은 사회복지 전공생들은 다른 사람에게 조언을 주거나 '올바른 대답'을 제공하고자 강한 욕구를 가지고 있다. 예를 들어, 일부 학생들은 친구가 문제를 의논하러 왔는데 구체적 조언을 줄 수 없다면 스스로 부적절하다고 느낀다. 그러나 사회복지사의 목적은 대답을 주는 것이 아니라 클라이언트에게 방향을 제공하고 자신의 행동노선을 발견하도록 돕는 것이다.
통제하고자 하는 욕구	삶에서 어느 정도의 통제는 안전과 정신건강의 측면에서 필수적이지만, 과잉통제는 문제가 된다. 원조의 목적은 클라이언트가 자신의 삶에 대한 효과적인 통제를 회복하도록 가르치는 데 있다.

출처: Corey & Corey(1998).

4) 실무원칙

인본주의이론의 관점에서 적용되는 실무원칙은 다음과 같다(Turner, 2017).

① 인간은 현실을 인식하는 대로 행동하기 때문에 내담자의 문제를 개입할 때 어떻게 바라보는지에 따라 개입방향이 달라진다.

② 인간은 자기실현을 하고자 하는 본능적이고 원초적인 욕구에 의해서 동기가 부여된다.

③ 개인은 바람직한 조건에서는 자동적으로 자신의 잠재력을 발전시킨다. 이러한 조건들은 상담과정에서 만들어질 수 있기 때문에 상담자의 자세는 비지시적이어야 한다.

④ 모든 사람은 사랑과 수용에 대한 기본적인 욕구가 있다. 내담자는 상담자의 감정이입, 존중, 진실성의 태도에 따라 신뢰관계를 해석한다.

⑤ 개인의 자아개념은 다른 사람들로부터 경험된 영향에 의해 좌우된다. 내담자의 자아개념은 무조건적인 긍정적 관심을 경험함으로써 변화될 수 있다.

5) 개입기술

(1) 라포형성의 기술

라포관계를 형성하는 것은 상담과정의 기초기술이다. 라포관계는 사회복지사와 클라이언트 상호 간의 신뢰관계를 가리키며 상담 초기과정에서 반드시 형성되어야 한다. 성공적인 신뢰관계가 만들어지기 위해서는 사회복지사의 의지와 노력이 중요하다. 이는 앞서 기술한 자기인식과 함께 클라이언트를 존중하는 마음, 비심판적인 태도와 수용, 공감적인 이해, 돕고자 하는 열정이 바탕이 되어야 한다. 비자발적인 클라이언트와의 관계는 개방적이고 수용적인 태도를 유지하면서 인내심을 가지고 개입해 나간다. 라포형성의 기술을 요약하면 다음과 같다(Johnson, Van Hasselt & Hersen, 1997).

① 편안한 환경 분위기

클라이언트가 처음 기관에 방문하는 경우 불안한 감정으로 오기 때문에 따뜻한 분위기로 편안함을 주어야 한다.

② 상호 간의 역할 안내하기

담당 사회복지사는 기관과 자신을 소개한 후 전반적인 원조과정을 설명하면서 상호 간의 이해와 기대를 향상시켜 나간다.

③ 문제 사정과 공감적 반응하기

클라이언트는 자신의 문제 상황을 왜곡하거나 저항감을 가질 수 있기 때문에 상황을 객관적으로 이야기할 수 있도록 도와야 한다.

④ **자기이해 수준 파악하기**

클라이언트는 자신의 문제에 대한 통찰력이 없을 수 있기 때문에 이러한 수준을 정확하게 파악하여 관계를 맺는데 활용한다.

(2) 공감기술

공감기술은 상담과정에서 가장 중요하며 로저스의 인간중심 접근기법의 핵심기술이다. 공감적 이해란 자신이 직접 경험하지 않고도 다른 사람의 감정과 같은 수준으로 이해하는 것을 말한다. 구체적으로는 클라이언트가 느끼는 감정, 사고, 행동 등에 민감하고 주의 깊게 이해하는 것을 가리킨다. 이러한 공감적 기술이 잘 전달될 경우 클라이언트는 자신이 이해받고 있다고 느끼게 되어 자기 개방에 용기를 갖게 된다. 공감기술이 노련한 사회복지사는 클라이언트를 깊이 이해하려는 태도를 유지하려고 노력한다. 공감의 기술을 요약하면 다음과 같다(Shulman, 1984).

① **감정에 몰입하기**

클라이언트 감정에 몰입하는 것을 말한다. 이는 클라이언트의 입장에서 상상해 보고 감정을 경험해 보는 것을 의미한다.

② **감정에 반응하기**

클라이언트의 감정에 몰입하면서 그의 감정에 대해 반응을 해준다. 이는 언어적, 비언어적 표현 등을 통해 보여주는 것을 말한다.

③ **감정을 언어로 표현하기**

클라이언트가 자신의 감정을 잘 표현하도록 돕는 것을 말한다. 자신의 감정을 충분히 이해하지 못하거나, 또는 특별한 감정을 언어적으로 표현하지 못할 경우 그의 감정을 헤아려서 대신 언어로 표현해주는 것을 의미한다.

(3) 경청기술

경청기술은 클라이언트가 하는 말을 주의 깊게 듣는 것을 말한다. 구체적으로는 클라이언트의 비언어적 표현을 관찰하고, 자유로이 감정을 표현할 수 있도록 격려하며 상호 간의 대화내용을 잘 기억하는 것을 포함한다. 또한 내담자의 메시지를 정확하게 받아들이고 이해하고 있음을 전달하여 자신이 이해받고 있다는 생각을 갖도록 하는 행위까지 포함한다(Coumoyer, 2000). 로저스는 상담과정에서 내담자의 말을 온전히 집중해서 듣는 것이 매우 중요함을 강조했다.

그는 상담자가 훈련해야 할 경청의 기술을 단계적 훈련프로그램으로 제시하였고 그 효과성을 검증하였다. 첫 번째 단계는 유능한 상담자가 실시한 상담녹음 테이프를 듣는 것이다. 두 번째 단계는 노련한 상담자가 진행하는 상담을 관찰하는 것이다. 세 번째 단계는 슈퍼바이저의 지도하에 직접 자신이 상담을 실천해보는 것이다. 현재에도 이러한 상담훈련은 가장 효과적이고 일반적인 프로그램으로 적용되고 있다(Evans, et al., 1998). 경청의 기술을 요약하면 다음과 같다(Trevithick, 2000).

- 눈맞춤을 유지한다.
- 개방적이고 주의를 기울이는 몸자세를 취한다.
- 비언어적 형태의 의사소통방법에 주의를 기울이고 이러한 형태의 의사소통이 주는 의미를 파악한다.
- 의사소통의 한 방법으로 침묵을 허용하고 활용할 수 있도록 한다.
- 적절한 신체적 거리를 유지한다.
- 주요한 단서를 파악하고 이를 확인한다.
- 산만한 행동과 매너리즘에 빠져 있는 행동을 인식한다.
- 모호하고 혼돈스러운 언급을 회피한다.
- 각 세대에 맞는 적절한 언어를 활용하고 그 언어의 중요성을 인식한다.
- 면담장소와 일반적인 물리적 환경의 중요성을 인식한다.

- 면담의 전반적인 분위기와 대화가 잘 되지 않는 분위기에 민감해진다.
- 경청하면서 기회가 될 때 적절한 질문과 피드백을 제공한다.
- 민감한 문제나 고통스러운 주제와 관련하여 목소리 톤에 주의를 기울인다.
- 미리 예상하거나 편견을 갖지 않고 성급한 평가를 내리는 것을 피한다.

(4) 침묵기술

사회복지사는 상담장면에서 침묵의 기술을 유용하게 활용할 수 있어야 한다. 침묵은 부정적으로 인식되는 경우가 있다. 이를 테면 클라이언트가 침묵할 경우 빨리 흐름을 깨트려야 한다고 생각하거나 치료의 저항 등으로 오해하는 점이다. 그러나 상담과정에서 클라이언트의 침묵은 오히려 기회라고 생각하는 관점이 필요하다. 이러한 관점에서 침묵의 의미를 다시 정의하고 있다.

침묵은 생산적 침묵과 문제성 침묵으로 나눠볼 수 있다. 먼저 ㉠ 생산적인 침묵은 개인과 그를 둘러싼 환경에 대해 의미 있고 중요한 정보를 전달하는 비언어적인 시간이다. 창의적인 침묵이라고 할 수 있는데 클라이언트가 자신의 생각과 감정에 '행복하게' 깊이 빠져 있는 상태를 의미한다. 반면에, ㉡ 문제성 침묵은 클라이언트가 불안, 초조, 혼돈상태에 빠져 있는 것을 의미하거나 중요한 정보를 알리지 않고 숨기려는 의도성을 갖고 있는 경우라 할 수 있다(Trevithick, 2000). 유능한 사회복지사는 침묵의 의미를 잘 파악하여 효과적으로 활용할 수 있다. 침묵의 기술에서 고려할 점은 다음과 같다(Kadushin, 1990).

① 침묵에 동참하기

클라이언트가 면담상태에서 침묵할 때 사회복지사도 잠시 그의 침묵에 동참해야 한다. 그리고 먼저 사회복지사가 침묵을 깨트려야 할 이유가 무엇인지 고려한 후 행동해야 한다.

② 침묵의 의미 파악하기

침묵은 무언의 의사소통과정이기 때문에 침묵을 통해 전달하는 의사소통의 내용이 무엇인지 파악하는 것이 중요하다. 즉 침묵은 상황에 따라 나름대로 의미가 있다고 생각하고 그 의미를 파악하려는 노력이 필요하다.

③ 침묵의 시간 허용하기

침묵이 짧은 것도 실제에서는 매우 긴 침묵의 시간이 될 수 있다. 클라이언트 입장에서 침묵의 시간을 생각함으로써 시간적 여유와 편안함을 줄 수 있도록 해야 한다. 인내심을 갖고 침묵의 시간을 허용해줘야 한다.

6) 인본주의 집단상담

인본주의이론의 집단상담은 개인적 성장을 위해 집단의 역동성을 적극적으로 활용한다. 집단성원은 민주적이고 평등한 관계 속에서 상호 간의 변화를 이루는데 책임의식을 갖는 것을 목표로 한다. 로저스는 집단이 개인의 성장을 유도하는데 긍정적인 경험을 제공해 준다고 보았다. 특히 집단의 참여는 상호 간의 말을 주의 깊게 경청하고 공감과 자기주장훈련 등 기회제공을 통해 현실에서의 성장을 촉진한다고 말한다. 그의 이론은 참만남집단(encounter group)운동이 발달하는데 크게 기여하였다. 참만남집단의 원칙은 따뜻하고 안전한 분위기 속에서 자기표현의 자유로움이 제공되는 상호 신뢰관계의 존중의 원칙이 적용된다(Rogers, 1970). 사회복지실천에서는 인본주의이론에 근거한 집단상담의 가치관을 다음과 같이 제시한다(Payne, 1997).

(1) 인본주의 집단상담의 가치관

① 인간은 고유의 가치와 능력을 가지고 있다.
② 인간은 사회생활에서 서로를 위한 서로에 대한 책임을 가지고 있다.
③ 인간은 소속하고 소속될 권리가 있다.
④ 인간은 참여하고 경청될 권리가 있다.
⑤ 인간은 언어의 자유와 자기표현의 자유에 대한 권리가 있다.

⑥ 집단성원들 간의 차이로 인해 모두가 보다 향상될 수 있다.

⑦ 인간은 선택의 자유에 대한 권리가 있다.

⑧ 인간은 전문직에 의문을 제기하고 도전할 수 있는 권리가 있다.

(2) 공감적 반응의 기술

집단상담자가 효과적인 공감반응을 하려면 집단원이 이야기하고 있는 동안 전적으로 그의 입장에서 처음부터 끝까지 귀를 기울여야 한다. 집단상담자가 집단원의 말과 행동에 대하여 가치판단에 사로잡히거나 어떻게 반응해야 하는가에 관한 생각에 주의를 기울이는 경우 효과적인 공감반응을 방해하기 때문이다. 효과적인 공감적 반응은 집단원의 느낌을 이해하는 것 못지않게 그 이해하는 바를 적절한 말로 표현할 줄 알아야 한다(이형득 외, 2002).

집단상담자는 집단원의 생각과 느낌을 감지하기 위하여 자신을 그 집단원의 위치에 놓고 그의 입장에서 생각하고 느껴보아야 한다. 먼저 집단원의 생각과 느낌을 가장 잘 나타낼 수 있는 단어를 찾아낸다. 다음은 집단원을 이해하고 있다는 사실을 구체적인 단어로 직접 말해주어야 한다. 집단원은 상담자의 반응을 통해서 자기의 마음을 이해하고 있음을 확인하게 되어 자기노출 정도를 결정하게 된다. 집단을 이끄는 사회복지사는 다양한 상담사례를 통해 집단원의 감정을 파악해보는 훈련이 많은 도움이 된다. 아래 사례는 공감적 반응기술을 단계적으로 훈련하기에 적합한 예시를 제시해 본 것이다(Evans, et al., 1998).

① 감정 단어 찾기

집단원 : (사장과의 관계 상황)나름 노력을 하는데도 제대로 되는 것 같지가 않아요. 매번 사장님이 시키는 대로 하려고 하는데 잘 안돼요. 제 생각대로 하면 사장님께서 또 좋아하시지 않는 것 같구요. 이제는 그냥 어떻게 해야 될지를 모르겠어요.

집단상담자 : 집단원이 느끼는 감정 단어는 무엇인가? ㉠ 죄책감, ㉡ 분노감, ㉢ 좌절감

② 감정 반응기술 1단계

집단원 : (직장을 구하겠다는 남편의 반응을 설명하는 상황) 저를 비웃더군요. 그냥 거기 앉아 저를 비웃었어요. 제 자신이 너무 바보처럼 느껴졌고, 완전 묵사발 된 것 같았어요.

집단상담자 : "모욕감을 느꼈겠네요."

③ 감정 반응기술 2단계

집단원 : "저는 최근에 와서 심한 두통으로 시달리고 있어요. 괜히 이유도 없이 머리가 아파서 잠을 이루기 어렵고 때로는 가슴이 두근거리기까지 해요. 이런 일이 반복되니까 매사에 의욕도 없고 죽고 싶은 마음도 들곤 해요. 너무 힘이 들고 괴로워요."

집단상담자 : "당신은 최근에 심한 두통으로 고통을 받고 있군요.", "죽고 싶은 마음이 들 정도로 힘들고 괴롭군요."

연 습 문 제

1. 인본주의이론과 관계있는 내용을 모두 고른다면?

ㄱ. 인간은 창조적이고 자아실현을 추구한다.
ㄴ. 인간은 선천적으로 선하며, 긍정적이다.
ㄷ. 인간의 주관적인 경험을 중요시한다.
ㄹ. 인간은 자신의 행동을 자유롭게 선택한다.

① ㄱ, ㄴ ② ㄱ, ㄴ, ㄷ ③ ㄴ, ㄹ ④ ㄷ ⑤ ㄱ, ㄴ, ㄷ, ㄹ

2. 로저스의 완전히 기능하는 사람의 특징으로 옳지 않은 것은?
① 경험에 대해 개방적이다.
② 실존적인 삶을 살아간다.
③ 경험적 자유를 지니고 있다.
④ 자신보다 타인을 먼저 신뢰할 때 성숙해진다.
⑤ 선택과 결정에 대한 자유의지를 지니고 있다.

3. 로저스의 인간중심적 주요개념으로 옳지 않은 것은?
① 공감적 이해 ② 무조건적 관심 ③ 우월성 ④ 진실성 ⑤ 일치성

4. 메슬로의 욕구위계이론의 특징으로 옳지 않은 것은?
① 생리적 욕구, 안전의 욕구는 생존의 욕구이다.
② 소속감, 사존감의 욕구는 생존의 욕구로 분류된다.
③ 자존감의 욕구는 생존의 욕구에 포함되지 않는다.
④ 자아실현욕구는 성장의 욕구로 분류된다.
⑤ 기본적인 욕구가 충족될 때 성장의 욕구로 나아갈 수 있다.

정답	1. ⑤	2. ④	3. ③	4. ③

III

사회환경이해와 사회복지실천

11 사회체계적 관점

1940년대 생물학자 버틀란피(L. V.Bertalanffy, 1901-1972)는 자연과학과 사회과학을 포함한 모든 학문을 통합할 수 있는 이론으로서 체계이론(system theory)을 발표하였다.

체계이론은 원래 에너지와 물질, 정보 개념으로 시작한다. 에너지는 물질과 정보의 움직임을 일으키는 능력이다. 이러한 에너지와 물질, 정보들이 상호 관련되는 방식을 조직화라고 하고, 이것이 어느 정도의 응집성을 보일 때 체계가 나타난다. 그러므로 여러 하위체계(subsystem)들과 상위체계(higher system)의 관계를 밝혀내고 조직화의 유형을 파악하는 것이 체계이론이다. 체계이론에 따르면 인간을 구성하는 신체, 심리, 사회적인 측면들은 긴밀하게 상호작용하면서 영향을 줄 뿐만 아니라 외부체계와도 끊임없이 상호작용하며 의존한다.

이렇게 인간과 사회적 환경 사이의 관계를 체계이론의 관점에서 접근하는 것을 사회체계적 관점이라 한다. 사회체계적 관점은 생물학과 공학에서 발달한 이론으로 다양한 체계들을 이해하고, 외부환경과의 관계에서 문제를 이해하는 데 매우 유익한 분석모델이다.

사회체계적 관점은 1960년대 이후 개인과 사회체계 사이의 관계를 밝혀 개인의 행동에 대한 사회의 영향, 개인의 문제 및 욕구와 사회체계 사이의 상호 연관성을 분석하는 데 큰 영향을 끼쳤다. 특히, 가족 및 다른 인간 집단과 같은 체계 분석에 있어 근본적인 참고자료가 되었다. 사회체계적 관점은 사회복지사들에게 특정 문제에 대해 이전의 기계적이고 환원적인 사고에서 벗어나 체계적으로 사정하고 평가하도록 도와주는 관점 혹은 인식의 틀로 받아들여지고 있다.

1. 사회체계적 관점의 주요 개념

일반체계의 관점이 체계(system)를 구성하고 있는 요소들의 속성과 상호작용의 특성을 파악하기 위해 개발되었다면 사회체계적 관점은 일반체계의 관점을 적용하여 사회체계를 설명하는 모델이다. 구체적인 사회체계, 즉 가족, 조직, 지역사회, 문화 등을 다루게 된다.

사회체계적 관점은 엄격한 의미에서 사회과학의 다른 이론처럼 사물의 이치나 지식 따위를 해명하기 위해 논리적으로 일반화한 명제의 체계, 즉 사회현상을 설명하는 지식체계나 어떤 행위를 설명하고 예측할 수 있는 이론은 아니다. 사회현상에 대한 분석 또는 사고의 방식이 더 정확한 이론일 것이다.

이와 같은 관점에서 사회체계적 관점은 체계라는 개념을 기반으로 하여 개인이나 그룹, 혹은 가족 등 서로 영향을 미치는 움직이는 부분이 많은 자체 생태계로 보고 해결하고자 하는 대상에 접근하는 것을 말한다. 개인이 겪고 있는 문제와 증상에 대해 개입단계에서는 문제나 증상을 일으키는 원인을 제거하는 데 초점을 두기보다는 체계 내부의 부분들 간의 상호작용이나 체계와 환경 사이의 관계를 변화시킴으로써 증상을 제거하는 데 초점을 두게 된다. 이러한 사회체계적 관점에서 개인이 직면하게 되는 문제는 단순히 행동문제 차원이 아닌 개인을 둘러싼 사회체계와의 역기능적인 상호작용에 있다고 주장한다.

또한 환경에서 비롯되는 외부요인 혹은 개인과 환경 간의 상호작용에 의한 경우가 많으므로 인간행동을 이해하는 데 있어서 개인에게만 한정되지 않는 가족, 소집단, 조직, 지역사회, 문화 등 광범위한 상징의 의미를 포괄하는 광의의 시각으로 접근한다. 이러한 접근은 인간의 본질을 이해하고자 했던 성격이론이 개인의 성격 발달에 영향을 주는 환경을 도외시했다는 단점을 보완하게 되었다.

1) 체계(system)

우리는 일상생활 속에서 '체계'라는 말을 매우 빈번히 사용하고 있다. 체계의 영문표현인 system이라는 용어는 그리스어로 'systema'에서 유래되었으며, 이는 '함께 두다', '결합한다'는 의미에서 유래된 말로 가장 근본적으로는 어떤 현상을 보다 큰 전체라는 맥락 속에 넣어 이해하는 것, 즉 그 연관성의 본질을 확인하는 일을 뜻한다.

이처럼 체계 개념은 독립된 요소들의 집합에 대한 개념은 물론, 요소들 서로간의 관계들에 대한 개념으로도 이끈다. 또한 모든 체제는 구성요소들로 이루어지며 외부환경과 구별되는 경계가 있어서 환경에서 받아들이기도 하고 환경으로 내보내기도 한다. 사회체계적 관점의 핵심개념도 '상호 의존과 상호작용을 통해 존재하는 구성체들의 집합체'라고 정의하는 '체계'이다.

버틀란피에 의하면, 체계란 독특한 방식으로 상호작용하고 상호의존하는 부분들로 구성된 전체, 즉 부분들 간의 관계를 맺고 있는 일련의 총체를 말한다. 또한 체계는 완전히 변화만 한다고 해도 존재할 수 없고 완전히 현상유지만 한다고 해도 존재할 수 없다. 체계는 한편으로는 균형상태를 유지하면서 다른 한편으로는 지속적으로 변화를 추구해야 한다. 왜냐하면 살아남기 위함이기 때문이다.

이러한 체계의 이중적 성격은 체계의 역동적 특성에서 유래한다. 체계 내에는 성장, 개혁 그리고 변화를 창출해 내려는 자기지시적 과정이 있을 뿐만 아니라, 체계 내부의 규칙과 가치를 보존하고 안정성을 유지하려는 자기 수정의 과정도 존재한다(김동배, 권중돈, 1999: 424).

체계가 가지고 있는 기능의 측면을 보다 구체적으로 설명하고 있는 카우프만(Kauffmann)은 '하나의 체계는 전체로 기능하기 위해 서로에게 영향을 주는 부분들의 모음'으로서 '필요에 의하여 요구되는 결과 또는 산출을 달성하기 위해 함께 작용하면서 동시에 독립적으로 작용하는 부분들의 총체'를 의미한다고 하였다. 그러나 전체는 부분의 합보다 더 크고 다른 성질을 갖고 있으므로 개별적인 부분들로 구분하여 되돌릴 수 없다.

2) 홀론(holon)

버틀란피는 모든 체계는 그 자체로 전체이며, 홀론(holon)이라고 설명하고 있다. 홀론(holon)이라는 말은 본래 그리스어의 '전체'라는 뜻의 'holos'와 부분을 말하는 접미어 'on'의 복합명사로 「부분적 전체」라는 뜻을 함축하고 있는 철학적 용어이다.

심리학자인 아서 캐틀러(Arther Koestler)는 그 자체가 전체이면서 동시에 다른 전체의 부분인 어떤 존재를 지칭하기 위해 '홀론(holon)'이란 용어를 사용하였다.

홀론은 위로부터 보면 부분이 되고 아래로부터 보면 전체가 되는 계층적 구조에서 이해되어야 한다. 즉 사회단위는 그것이 전체(suprasystem)이고 동시에 더 큰 전체의 일부인 부분으로 구성된다. 이를테면 하나의 생명체는 전체이고 그 구성체인 분자는 부분이지만 분자는 또 그 구성체인 원자에 대해서 선체가 되고 원자는 부분이 된다.

모든 개체는 전체인 동시에 부분이라는 이중적 역할을 지니며, 하나의 홀론으로서 전체에 대해서 부분으로 기능하는 통합적 경향과 독자적인 자율성을 유지하는 자기주장적 경향의 양면성을 갖고 있다는 것이다.

또한 홀론은 자체의 부분들을 향하여 안으로 그리고 그것이 하나의 부분이 되는 체계들을 향하여 밖으로 동시에 그 방향과 대면한다. 즉 결론적으로 어떤 체계도 부분임과 동시에 전체임이 분명하고 단일체계는 결정력이 없으며, 체계행동도 부분이나 전체의 어떤 한 수준에서는 결정되지 않는다. 우리는 홀론의 개념을 추론적으로 확대 사용이 필요하다. 체계접근법은 초점체계의 지정이 필요하고 관점을 정하고 일차적인 관심을 두는 체계로, 예를 들어 가족이 초점체계가 된다면 가족성원 가족, 지역사회, 직장, 다른 가족들, 모임, 친목집단, 근린 지역사회 등과 같은 가족의 중요한 환경에도 주목해야 한다. 즉 거시적이나 미시적인 것이 아니라 전후 관계적, 상호작용적, 상호거래적, 다원적 접근이 필요하다. 개인으로 말하면 한 개인은 자율적이고 독자적인 존재인 동시에 사회나 집단이라는 다른 전체의 일부로 기능하고 있다.

홀론의 관념은 관측자가 그 초점체계의 구성요소와 그것을 완전히 이해할 수 있는 중요한 환경(suprasystem)의 구성요소 모두를 다룰 것을 요구한다. '홀론(holon)'의 핵심은 모든 체계는 정의에 따라 부분 및 전체라는 것이다.

3) 인간관

사회체계적 관점에서 인간에 관한 관심은 전체성에 있으며, 인간은 역동적이며 일방향적(unidirectional)이고, 성장하는(growing) 복합체로서 물리학적으로 설명하기 어려운 존재로 보고 있다. 인간은 '부분의 합'과는 다르며 그 이상이라고 말하고 있다.

인간의 의식과 창조성 간의 전체성을 나타내는 통합적 차원(wholeness)으로 인간의 전체는 부분으로 나누어질 수 없는 전체이고 인간존재 자체가 단일화된 현상으로 인식하였다. 또한, 인간과 환경은 서로에게 지속적으로 물질과 에너지를 교환하며 인간이 되어진다는 총체적 존재이기에 전일적(全一的)으로 이해해야 한다고 주장한다.

사회체계적 관점에서 인간을 통합된 하나의 전체로 간주하는 인간행동은 환경과의 역동적 상호작용의 결과물로 본다. 인간을 그 자체의 개별성의 차원보다는 전체 체계 및 구조에 속한 부분적인 요소, 혹은 하위체계로서 철저히 사회체계 내에 하위체계로의 관계성 속에서 이해되는 존재임을 알 수 있다. 인간들이 속한 전체 사회의 차원이 인간 개개인의 삶 속에 녹아 있는 역사성이나 삶의 의미 등의 차원보다 원칙적으로 더 강조되는 경향이 있다.

2. 사회체계

사회체계(social system)란 우리가 살고 있는 사회적 환경 안에 존재하는 다양한 형태의 인간 공동체에 적용할 수 있는 사회조직의 모형이라고 할 수 있다(장인협 외, 1991). 즉 다양한 형태의 사회조직 모형으로 개인, 조직, 집단, 지역사회, 문화 등이 포함된다. 이러한 부분들이 함께 작동해 사회 전체의 안정과 결속을 유지하는 복잡한 체계가 바로 사회이다. 따라서 사회체계는 행위자 간의 관계망조직 혹은 상호작용의 망상조직으로 다양한 상황 속에서 개인 행위자의 행위를 상호 관련시켜 주는 개념적 틀을 제공하고, 공동의 장소와 문화를 공유하는 사회의 구성요소로 이루어진 실체를 말한다(이종복, 전남련, 2007).

사회체계는 인간행동에 영향을 미치는 가족, 집단, 조직, 지역사회, 문화 등이 포함되며 인간의 생활에 직·간접으로 영향을 미치는 체계로서의 공통적인 속성을 갖고 있다고 볼 수 있다.

탈콧 파슨스(Talcott Parsons, 1902-1979)가 주장하는 '사회'란 기본적으로 균형을 찾고자 하는 역동적 체계이며, 대표 저작인 『사회적 체계』(1951)를 통해 4가지 차원의 체계가 사회를 이루고 있다고 하였다. 즉 문화체계, 사회체계(social system), 인격체계(personality system), 행동유기체(behavioral organism)가 사회를 구성하고 있다고 보았다.

특히 경제와 사회의 관계를 다루면서, 파슨스는 경제체계도 하나의 사회적 체계이자, 전체 사회의 부분적인 하위체계라고 주장하면서, '사회적 체계'를 통해 사회적인 것의 개념을 재구성하였다. 곧 신체, 인격, 사회, 문화라고 하는 독자의 체계는 상호 관련되어 인간의 행위를 만들어낸다. 체계는 스스로를 존속시키기 위한 구조와 기능이 있으며, 이러한 분석이 파슨스의 사회체계이론으로 나중에 구조기능주의로 발전한다.

체계적 접근방법의 기본 생각은 다음과 같다. 체계는 환경과 구별되는 경계

(boundary)를 지니며, 체계 속에는 여러 하위체계(subsystem)가 있고, 이 하위체계들이 상호 의존관계(interdependence) 속에서 상호작용(interaction)을 하며, 체계는 환경(environment)으로부터 투입(input)을 받아 전환(conversion)과정을 거쳐 환경에 산출(output)을 내놓는다는 것이다.

1) 사회체계 기능

구조기능주의는 파슨스(Parsons, 1951)의 체계이론에 의해 뒷받침되고 있는데 파슨스는 사회체계가 유지·존속·재생산되기 위해서는 네 가지의 요건인 적응(adoptation), 목표달성(goal attainment), 통합(integration), 잠재적 유형의 유지(latent pattern maintenance)가 충족되어야 한다고 보았다. 파슨스는 문화, 사회, 인격 및 유기체의 각 체계는 사회 전체의 형평을 지향하며 4가지 기능적인 요건들에 대해 이야기 한다.

첫째, 최하위 체계인 행동유기체(behavioral organism)가 과업을 달성하기 위해 전문화되어 있는 적응(adjustment : A)기능이다. 체계는 외부 상황의 요구들에 대처해야 하는데, 구체적으로 환경에 적응해야 하고 그 환경을 체계의 요구에 적응시켜야 한다. 적응은 사회성원들이 사회에 적응할 수 있도록 욕구의 수준을 조절하고 욕구에 맞추어 자원을 배분하는 기능을 사회가 행해야 하는 체계기능이다.

둘째 기능으로 인격체계(personality system)가 상위체계의 기대를 충족시키도록 하는 목표달성(goal attainment : G)이다. 체계의 주된 목표들을 정의하고 성취해야 하는 목표달성 기능은 인격체계가 전문화되어 있다. 목표달성은 사회가 사회목표의 우선순위를 정하고 목표들이 달성되는 것을 보장하는 것으로서 체계의 목표설정과 성취를 위한 사회체계의 하위체계인 정치제도가 담당한다.

셋째 기능은 체계의 구성요소 간의 관계에 대한 통제와 다른 세 가지 기능적 요건들 간의 관계에 대한 관리를 의미하는 통합(integration : I)이다. 사회구성원들이 조화를 이루도록 하는 가변적인 상호관계를 조정하고 유지하는 활동체계이다.

마지막으로 문화체계가 상위체계로서 기본적인 틀을 유지하면서 개인들의 동기와 그 동기를 유발하고 지속시키는 문화 유형을 제공 · 유지 · 갱신을 의미하는 형태유지와 긴장해소(latency : L)이다. 문화체계는 행위자들 간의 상호작용을 중개하며 인성과 사회체계를 통합시켜주는 기능을 한다. 문화는 유형화되고 질서는 상징체계로서 이것이 인성체계에 내면화될 때 사회구성원들은 정상적인 상호작용을 할 수 있고, 이것이 사회체계 내에서 유형화되면 그것은 곧 제도로 나타난다. 따라서 문화가 없이는 인성도 사회체계도 존재할 수 없다고 주장한다. 사회체계 내 개인의 욕구와 가치 및 동기를 안정적으로 보장하는 문화적 가치, 규범의 전수 또는 유지기능, 예컨대 가족, 교육, 종교의 기능을 말한다. 이러한 4가지 사회적 기능들을 AGIL이라 부른다.

이와 같이, 파슨스의 체계이론에서는 사회란 기본적으로 균형을 찾고자 하며 상호의존적인 역동적 체계로서 사회체계의 하위체계들은 그들에게 맡겨진 역할과 기능을 갖고 체계 전체의 질서와 안전성을 유지하는 데 기여한다고 본다.

그러나 이런 기능을 수행하는 과정에서 오는 불안, 스트레스와 같은 갈등은 당연한 일일 수 있다. 사회체계이론에서 사회제도는 개인적 필요를 충족시키는 집단적 수단으로 이해하는 구조주의, 기능주의에서 연유된 이론으로 사회의 질서와 안정을 위한 근원을 제공하는 단결, 연대 및 협력의 중요성을 강조한다.

따라서 사회적으로나 문화적으로 서로 다르더라도 사람들은 공통된 가치관을 공유할 필요가 있으며 사회에 통합되어야 한다고 주장한다. 이는 사회 통합과 안정성을 설명하기 위해 유기적이고 기계적인 연대 개념을 사용했던 뒤르케임(Durkheim)의 생각과 맥을 함께 하고 있는 것이다. 그러나 어떠한 형태든 각각의 체계는 엔트로피의 법칙에 의해 조화상태를 유지하려고 한다(Parsons, 1951).

2) 사회체계의 특성

사회체계적 접근에서 생물이나 무생물을 포함하여 어떤 형태이던 간에 모두가 체계로서 상호관련 된 특성을 가지고 있는 것으로 파악한다. 이들 간에는 일정한 행동 및 관계가 있는 체계가 존재하고 있으며, 모든 체계는 정보, 에너지, 자원 등을 교환하면서 역동적으로 존재하는 실체를 말한다.

모든 체계는 체계 성원들 사이에서 지속적으로 나타나는 안정된 관계유형, 즉 구조를 가지고 있다. 구조(structure)는 체계요소들이 수행하는 기능에 기반을 두고 있으며, 모든 체계들 간의 구분을 요하는 경계가 있고 개방체계와 폐쇄체계의 연속선상의 한 지점에서 기능한다.

또한 대상체계를 중심으로 상위체계와 하위체계가 존재하며 각 체계들 간에는 위계가 존재하며, 전체로서의 독립성과 부분으로서의 종속성을 갖고 있다. 이러한 경향은 상반되면서도 상보적인 것이다. 그러나 이것은 정적인 것이 아니라 역동적이며 역동적 균형이 전일적인 체계에 유연성을 주는 것이다.

(1) 구조적 특성

① 경계(boundary)

체계적 접근에서 '체계'는 다양한 수준에서 설명되고 있다. 예를 들어, 인간의 정신기능을 만들어 내는 뇌세포 조직의 신경체계로부터 시작해서 사회구성원들 간의 상호작용의 유형으로 가능한 모든 체계에 이르기까지 그 수준이 매우 다양하다.

이와 같이 하나의 총체로서 기능하는 체계는 다른 체계의 하위체계인 동시에 또 다른 체계의 상위체계가 될 수 있다. 예를 들어, 생물의 장기(臟器)는 신체의 하위체계이며, 동시에 조직의 상위체계가 된다. 체계는 부분들 간의 지속적인 상호교환 활동에 의해 조직화되는데, 부분들 간의 반복적인 상호교환 과정에서 체계 내의 구성요소들 간에 역할이 분화되고 하위체계 및 상위체계와 위계질서가 형성된다. 유지와 존속 그리고 발전을 위해 체계는 상위체계에 의존할 수밖에 없으며 자신의 하위체계에게는 방향을 제시한다. 이렇게 상위체계와 하위체계가 체계 내에서 공존하면서도 특정체계만의 고유성을 유지할 수 있는 것은 체계가 바로 "경계"(境界)를 가지고 있기 때문이다. 체계가 가지고 있는 경계선은 주변 환경과 구별짓는 체계 주변의 상상적 테두리 또는 선이라고 할 수 있다(김동배, 권중돈, 1999: 423).

경계란 체계를 외부환경으로부터 구분하는 일종의 테두리를 의미한다(Chetkow-Yanoov, 1992: 19). 사회체계의 경계는 눈으로 보거나 만질 수 없다. 단지 경계는 그 체계를 구성하는 사람들이 서로에 대해 그리고 외부사람에 대해 행동할 때 나타난다. 경계의 기능은 외부와의 접촉을 통제하는 비가시적 경계로서 사회체계적 관점에서 보면, 체계의 구성체들은 서로 교환관계를 통해 조직되고 기능하기 때문에 체계 어느 한 부분의 변화는 전체로서의 체계 및 체계를 구성하는 다른 모든 구성체들에 영향을 미친다.

사회체계의 경계는 사회적 구조이지 물리적 구조가 아니므로 경계를 유지하는 행동을 통해서만 드러난다. 사회체계에서 경계는 두 가지 주요 기능을 한다(Chess & Norlin, 1988: 68). 첫째는 그 경계의 정체성을 규정해 주며, 둘째는 주위환경과의 내적 · 외적 교환을 통제한다.

② 개방체계와 폐쇄체계

버틀란피는 물리학의 폐쇄체게 개념에 대하여 연속신상의 여러 체계형태 중 극단적 형태에 불과하며, 더욱더 복잡하고 발달한 수준의 형태로서 개방체계 개념의 우월성을 주장하였다.

개방체계는 반투과성의 경계를 가지므로 경계가 상대적으로 느슨해지면서 에너지, 정보, 자원을 다른 체계들과 상호 교류하는 체계이다. 개방체계는 에너지가 부족할 때마다 필요한 에너지를 주변으로부터 얻기 위하여 주변체계와 접촉한다. 반대로 에너지가 남아돌면 주변으로 방출한다. 주변 세계에 접근함으로써 체계는 자신의 생존과 성장 그리고 안정화에 필요한 에너지를 획득할 수 있게 된다. 한 마디로 개방체계는 물질과 에너지의 유입과 산출을 지속시킴으로써 계속 개방체계로 존속하게 된다. 결국 모든 개방체계는 성장과 변화 그리고 동시에 스스로를 유지할 수 있는 능력을 가지고 있는 셈이다.

개방체계는 침투력이 강한 경계를 가진 체계로써 환경으로부터 신속하고 다양한 투입을 받아들인다. 따라서 융통성 있는 경계선을 가지고 있으며, 외부환경과 활발한 에너지의 교환 덕분에 안정된 상태를 유지한다. 이렇게 본다면 개방은 체계의 생존에서 필수적 요소가 된다.

그러나 개방체계에 비해 폐쇄체계(closed system)는 상대적으로 침투력이 낮은 경계를 가진 체계이다. 폐쇄체계는 환경으로부터 격리된 체계로서 엔트로피가 증가하고, 결국 균형상태에서 과정이 정지되는 완전히 무질서의 상태인데 반해, 개방체계는 그 환경과 물질을 교환하는 체계로서 결국 방향성과 목적성이 있는, 즉 조직된 복잡성이 나타나는 체계를 의미한다.

폐쇄체계는 다른 외부체계들과 상호교류가 없거나 혹은 교류할 수 없는 체계를 말하는데 폐쇄체계에서는 체계 안의 에너지 정보, 자원 등이 외부로 나갈 수가 없으며, 시간이 지나면서 모든 요소들이 비슷해지기 시작하여 결과적으로 조직과 효과적인 기능의 상실이 초래되는 무질서, 즉 엔트로피의 속성이 나타나게 된다 (Compton & Calaway, 1989: 125).

(2) 과정적 특성

모든 사회체계는 과정적 특성을 갖는다. 과정적 특성이란 사회체계 모두 사회환경과 투입－전환－산출－환류라는 교환과정을 거치게 되는 것이다. 체계는 환경으로부터 투입을 받아 자체의 전환 메커니즘을 거친 산출물을 환경으로 배출하며 그 결과를 다시 체계로 환류하는 행동적인 과정을 가진다. 이러한 체계는 지속적으로 의사소통 하며 체계의 모든 부분과 모든 수준 사이에 끊임없는 상호작용의 사이클을 제공한다.

① 투입(input)

투입은 환경으로부터 에너지, 정보, 의견 등을 받아들이는 과정이다. 투입은 과업과 관련된 투입과 유지관련 투입으로 나뉜다. 전자의 투입은 체계가 관심을 갖는 지각된 욕구, 기회 혹은 문제이며, 후자의 유지관련 투입은 지각된 욕구나 문제 혹은 기회를 위해 필요한 자원이다.

예를 들어, 사회복지기관에 대상자가 개인의 욕구를 해결하기 위해 찾아간다고 했을 때 대상자의 욕구와 문제는 과업과 관련된 투입이다. 그러나 대상자의 욕구와 문제를 해결하기 위한 여러 형태의 자원들은 유지관련 투입이 된다.

② **전환**(conversion operation)

전환이란 투입된 자원, 에너지 등을 가지고 체계 내에서 산출을 이끌어 내기 위해 투입을 산출로 변환시키는 과정으로 투입된 에너지를 자신에게 적절하게 변형 또는 재조직화하는 과정을 말한다.

③ **산출**(output)

체계 내에서 변형된 물적 자원, 에너지와 정보를 환경으로 방출하는 과정으로 환경에 대한 적극적인 반응이다. 과업관련 투입은 유지관련 투입을 통한 전환과정을 통해 산출을 낳는다. 산출은 과업산출, 유지산출, 소모로 분류할 수 있다.

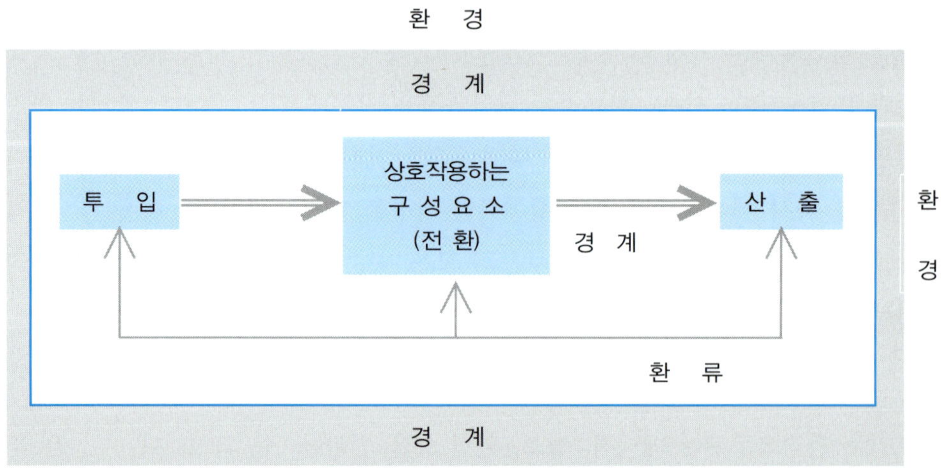

④ **환류**(feedback)

체계로부터 환경에 배출된 결과가 처음 목적하는 바와 차이가 날 때 목적과 결과의 차이를 없애기 위하여 투입을 수정하게 하는 기능을 말한다. 즉 일련의 정보투입이 일어나는 의사소통장치로서 투입의 특수한 형태이며 자신이 수행한 것에 관한 정보를 체계가 받는 것이다. 환류는 새로운 행위를 산출하거나 기존의 행위를 수정하는 자기 조절적 행위이다. 부정적인 환류는 기존의 실수나 행위를 수정하는 항상성 상태로 돌아가는 과정이다.

긍정적인 환류는 체계에 맞게 이루어진 투입에 대해 정보를 얻음으로써 긍정적 효과에 대한 확신을 얻게 된다. 산출의 결과를 다음의 새로운 투입에 전달 또는 반영하는 것으로, 체계가 변화의 기반으로서 정보를 수용하고 활용하는 과정을 의미한다.

(3) 진화적 특성

① **엔트로피와 네겐트로피**

체계는 어떤 형태로든 질서와 형태를 가지고 역동적으로 존재하는 실체를 말한다. 이러한 체계가 유지되고 변화하며, 성장하고 발전하기 위해서는 외부와 지속적인 에너지 교환이 있어야 한다. 에너지란 행동하려는 역량, 즉 행동할 수 있는 체계의 능력, 즉 체계 자체를 유지하고 변화시킬 수 있는 힘을 의미한다.

그러나 체계가 외부로부터 에너지를 공급받지 못한 채 계속적으로 체계 내부의 에너지만 소모하게 되면 점차 쇠약해지고 소멸하게 되며, 비체계적 특성인 무질서, 혼돈, 비조직화, 역기능의 상태로 나아가게 된다.

엔트로피(entropy)란 외부와 상호작용이 부족해짐에 따라 점차 체계를 유지하고 발전시키기 위한 유용한 에너지가 감소하는 경향성을 말한다. 엔트로피는 질서가 상실되는 과정이며, 체계가 붕괴하는 과정으로 체계가 해체, 고갈되고 본질적으로 사망으로 진행되는 폐쇄체계의 특징과 관련이 있다.

엔트로피(Entropie)란 개념은 독일의 물리학자 클라우지우스(Rudolf Clausius)가

1850년대 초에 열역학 제2법칙을 설명하는 과정에서 도입한 개념이다. 물체가 열을 받아 변화했을 때의 변화량을 가리키는 용어로서 그리스어의 알갱이(En)와 전환(Trepein)의 합성어이다. 모든 물질과 에너지는 관리를 소홀히 하면 사용 가능으로부터 사용 불가능으로, 이용 가능으로부터 이용 불가능으로, 질서 있는 상태로부터 무질서 상태로 변한다고 한다. '무질서의 정도'를 의미하는 엔트로피는 일상에서 '소멸하려는 경향'으로 설명된다.

역엔트로피(negative entropy)의 약어인 '네겐트로피(Negentropy)' 혹은 '네트로피(Netropy)'라는 용어는 1943년 물리학자 슈뢰딩거(Erwin Schr dinger)가 쓴 『행복이란 무엇인가』라는 저서에서 "생명은 네가티브 엔트로피로 지탱된다"고 선언한 바 있다(Schroedinger, 1944). 1865년 독일의 물리학자 클라우지우스(Rudolf Clausius)에 의해서 처음 소개된 '엔트로피(Entropy)'의 개념과는 반대의 경향을 말한다.

역엔트로피란 체계 내에 질서, 형태, 분화가 있는 상태로 체계 외부로부터 에너지를 유입함으로써 체계 내부에 불필요한 에너지가 감소하는 상태를 의미하며 주로 개방체계에서 나타난다. 체계가 열려 있을 때 체계는 자기가 쓰는 것보다 많은 에너지를 유입할 수 있다. 그 후 체계는 정교하게 세분화되면서 더욱 심화된 복잡성으로 향한다.

② **항상성**(homeostasis)

모든 체계는 환경과 물질, 에너지 정보 등을 주고받으며 체계 전체로서의 구조와 질서를 유지하려고 한다. 또한 전체로서의 체계는 일부의 환경변화나 위기에서 스스로 파괴되지 않으려 스스로를 보호하게 되며 환경과의 상호작용과 교류를 통해 새로운 체계로서 만들어지게 된다. 이처럼 체계는 환경과 끊임없이 에너지를 유입하고 산출하는 상호작용을 나누면서 체계 내에서 '하나의 안정상태를 추구하는 경향'을 가지고 있다. 즉 외부환경에 적응하기 위해 끊임없이 움직이면서 시간의 경과와 함께 어떤 안정상태에 이르게 되는데 이를 항상성이라 부른다. 항상성은 체계의 모든 성분들이 서로 잘 '어울려서' 하나의 조직된 응집체계를 함께 발전시키는 상호보완성으로 인해 생겨난다. 그리하여 변화에 어느 정도의 스트레스가 수반된다 하더라도 체계 내의 보완성 기능이 작용하여 체계는 일정한 항상성을 잃지 않고 균형을 유지하게 된다. 항상성은 균형보다 일정한 수준의 개방체계를 전제로 한다. 이는 환경과 지속적으로 상호작용 하면서 정적인 균형보다 역동적인 균형을 이루는 것이지만, 체계의 구조는 크게 달라지지 않는다. 보다 정확히 말하면, 항상성이란 체계가 균형상태를 위협받았을 때 이를 회복하려는 '역동적 경향'을 말한다. 원래 모든 생명체계는 균형을 되찾기 위한 본능을 가지고 있다. 물론 살아 있고 파괴되지 않은 정상적 체계는 외부 체계로부터 어떤 에너지의 투입 없이도 자체적으로 균형상태를 유지할 수 있다.

여기서 체계의 균형인 안정상태는 전체 체계의 평형을 이루고 있고 부분들 간의 관계를 유지시키고 쇠퇴하여 붕괴하지 않게 하기 위해 환경과의 융통성 있는 에너지 교환관계에서 이루어진다. 항상성은 환경과 지속적인 상호교환을 하는 체계에 존재한다. 물론 그 결과는 안정적이지만 정적인 균형은 아니다. 오히려 '역동적 균형'이라고 할 수 있다

③ **균형**(equilibrium)

균형은 외부환경으로부터 새로운 에너지의 투입이 없는 폐쇄체계에서 주로 나타나며, 주위 환경과 수직적 상호작용을 하기보다는 체계 내 수평적 상호작용을 하면서 현상을 유지하려는 체계의 속성을 말한다.

④ **안정상태**

안정상태는 투입요소를 받아들이고 사용함으로써 부분들 간의 관계를 유지시키고 쇠퇴해서 붕괴되지 않도록 끊임없이 에너지를 사용하는 상태를 의미한다. 안정상태는 개방체계에 속하는 환경과의 교환, 적응을 위한 구조를 변경시킬 수 있으며, 모든 사회체계의 기본적인 속성이다. 일정한 질서와 안정성을 유지하면서 목표를 향해 꾸준히 적응하려는 의도적인 노력, 체계의 변화를 위해 외부환경에서 자극을 받아들이는 개방적이고 역동적인 과정이다.

연 습 문 제

1. 사회체계이론의 주요 개념에 관한 설명으로 옳은 것은?
   ① 시너지(synergy)는 폐쇄체계의 특징과 관련이 있다.
   ② 안정상태(steady state)는 환경과의 상호작용에서 부분들 간의 관계를 유지하기 위하여 에너지를 계속적으로 사용하는 상태를 의미한다.
   ③ 항상성(homeostasis)은 시스템에서 위기가 왔을 때 불균형을 유지하려는 경향을 말한다.
   ④ 균형(equilibrium)은 주로 개방체계에서 나타나며 외부로부터 새로운 에너지를 투입하여 변화시키려 노력하는 속성이다.
   ⑤ 피드백(feedback)은 체계 구성 간의 상호작용이 증가함에 따라 유용한 에너지가 감소하는 상태를 의미한다.

2. 사회체계이론의 사회복지실천 상의 적용에 유용한 점이 아닌 것은?
   ① 인간행동에 관한 이해를 돕는다.
   ② 개인과 환경 상호 간의 본질을 조명해준다.
   ③ 단선적 인과관계 관점을 명확하게 해준다.
   ④ 사회적 환경에 대한 지식을 제공한다.
   ⑤ 다원론적인 관점을 적용한다.

3. 개방체계(open system)와 폐쇄체계(closed system)에 대한 설명으로 틀린 것은?
   ① 개방체계는 반투과성을 지닌 체계이다.
   ② 개방체계는 체계 내외에서 정보와 자원을 자유롭게 교환한다.
   ③ 폐쇄체계는 에너지의 투입과 산출이 자유롭지 못하다.
   ④ 폐쇄체계는 역엔트로피 속성을 지닌다.
   ⑤ 사회체계가 성장하고 발달하려면 투입에 어느 정도 개방적이어야 한다.

4. 사회체계접근법에서 각 체계의 각각 4가지 기능수행이 아닌 것은?
   ① A(Adaptation) : 적응
   ② G(Goal Attainment) : 목표달성

③ I(Integration) : 통합
④ L(Latency, Pattern Maintenance) : 유형유지, 긴장해소
⑤ S(Society) : 사회

5. 홀론(HOLON)의 설명이 바른 것은?
① 많은 지식 분야들로부터 발견과 통합하는 접근법이다.
② 부분성과 동시에 전체성을 나타내며 하나의 체계는 보다 큰 상위체제의 부분임과 동시에 다른 하위체계에 대해서 그 자체가 상위체계가 된다.
③ 사회적 질서, 사회적 실재, 개인과 사회의 문제, 사회적 관계에 사회학적 관심이다.
④ 개인의 경험과 행동을 타자, 집단, 문화와의 관계 속에서 과학적으로 연구하는 학문이다.
⑤ 모든 체계 또는 하위체계는 각기 생존의 문제를 네 가지 부분으로 분할한다.

정답	1. ②	2. ③	3. ④	4. ⑤	5. ②

12 생태체계이론

인간에 대한 정확한 이해수준을 향상시키기 위해서는 광범위한 문화적 및 역사적 맥락과의 상호작용과 상호교류의 발견이 가장 중요하다. 따라서 인간행동에 대한 진정한 이해는 사회환경의 맥락까지 종합적으로 이해하는 통합적인 관점이 필요하다. 통합적 관점이란 구체적인 사회현상을 시대적 배경과 맥락, 위치와 장소 및 네트워크 등의 공간적 맥락, 사회구조 및 제도의 영향력, 규범적 방향성과 가치 등을 고려하여 통합적으로 살펴보는 것을 의미한다. 이러한 통합적이고 역동적인 시각으로의 전환점을 제공하고 있는 이론이 바로 생태체계이론(Eco-System Theory)이다. 생태론적 접근방법(ecological approach)은 현상 해명의 '핵심 개념'을 '생태'에 두는 접근 시각을 말한다.

심리학자 브론펜브레너(Urie Bronfenbrenner, 1979)의 생태체계이론은 인간의 발달을 단순히 환경의 영향을 받는 수동적인 존재가 아니라 능동적이고 역동적인 실체로서 큰 맥락까지 포함하는 환경과 호혜성의 특징을 가지고 상호작용 한다고 주장한다. 이러한 주장은 인간의 행동은 유전적, 심리적, 사회적, 환경적 특성 등의 역동적인 상호작용을 통해 형성된다는 관점을 갖기 때문이다.

1960년대 이후 사회체계이론 및 생태체계이론은 개인과 사회체계 사이의 관계를 밝혀 개인의 행동에 대한 사회의 영향, 개인의 문제 및 욕구와 사회체계 사이의 상호 연관성을 분석하는 데 큰 영향을 미쳤다.

사회복지 실천현장에서도 1980년대에는 사람, 가족, 문화, 공동체 및 정책 등 이들 체계 간의 강점과 약점을 확인하고 개입하는 전체론적 사고의 준거틀을 제공하며 주목을 받았다. 또한 상황적, 환경적 맥락에서 클라이언트 체계를 보기 때문에 사정과 계획 단계에 매우 유용한 관점이다.

1. 생태체계이론

심리학자 브론펜브레너는 인간발달을 분석하고 설명하면서 생태학적 관점과 일반체계론적 관점을 결합시킨 것으로 사회적 환경 속에서 인간발달 형성에 영향을 주는 다중요인에 초점을 둔다. 즉 인간은 발달하면서 직접적인 환경 내에서의 상호작용뿐만 아니라 보다 광범위한 문화적 환경과 큰 범위의 환경에서도 상호작용을 함으로써 성장한다고 주장한다. 인간발달 단계에 직접적 환경, 특히 어머니와 아동의 관계를 지나치게 강조하는 데 초점을 둔 프로이드와 에릭슨이 제안하는 이론과는 차이가 있다.

이러한 다수준 체계의 환경적 조화를 강조하는 생태체계적 관점 혹은 생태체계적 이론이 기여하는 고유한 측면은 발달에서 문화적 환경의 중요성을 강조한 것이다.

브론펜브레너의 생태체계적 관점(eco-system perpectives)은 통합적 접근을 기반으로 하는 일반체계이론과 생태학을 결합하여 인간이 고립되어 있지 않고 가족, 친구, 학교, 이웃 및 사회와 관련된 관계의 맥락에서 성숙하는 것으로 간주하는 인간생태학 이론이다.

일반체계이론이 갖는 한계점을 극복하기 위해 생태학적 관점을 도입한 통합모델이 바로 생태체계이론이다. 사람을 '체계'로 간주하고 사람과 환경 간의 순응과 상호작용을 생태학적으로 간주한다. 사람과 환경은 분리할 수 없으며 상호작용하는 하나의 체계로 보는 것이다.

여기서 생태학적 관점은 유기체가 환경에 어떻게 적응하는지를 설명하는 생물학적 이론으로 거슬러 올라간다. 에른스트 헤켈(Ernst Haekel, 1868)은 생물을 지칭하는 용어로 "생태학"을 표명했으며 자연환경 내에서의 상호 의존성을 표명했다. "생태학"이라는 용어의 가장 보편적인 정의는 "유기물뿐만 아니라 무기물과도 상호작용하고 상호작용하는 유기체의 생활조건에 대한 학제 간 과학적 연구"를 의미한다.

체계를 생각하지 않고 자연계의 기능을 이야기하는 것은 불가능하다. 예를 들어, 일정한 공간의 식물과 동물들을 생각해보자. 식물과 동물들은 그들이 살아가는 기후와 서식지와 연결되어 있다. 고온의 날씨 영향으로 곤충이 늘어나면 곤충을 먹이로 하는 많은 새들이 찾아오고 새들은 곤충이 서식하는 식물을 파괴 시킨다. 그에 따른 일정공간의 환경은 곤충이 서식하지 못하는 부적합한 환경으로 변하고, 어려운 환경으로 곤충의 수 또한 감소하게 된다. 곤충의 감소로 머지않아 새들 역시 먹잇감을 찾기 위해 다른 곳으로 떠나게 되므로 새들의 수 역시 줄어들게 된다.

자연계는 이와 같은 생태적인 체계로 가득 차 있다. 이것이 생태적 '체계'의 형태이다. 생태체계 이론에서는 개인이나 유기체가 경험하고 있는 혹은 개인과 직·간접으로 연결되어 있는 환경적 상황과의 상호성을 묘사하는 비유로 사용된다.

'환경 속의 인간'이 제시하는 개념 틀을 실천적 의미로 구체화한 것이 사회복지실천 분야에서의 생태체계이론이라 할 수 있다. 생태체계이론은 성장하는 인간 개체와 그 개체가 살아가고 있는 끊임없이 변화하는 즉각적인 환경 사이에시 일생을 통해서 일어나는 점진적이고도 상호적인 조절(accommodation)에 대한 이론이다. 유기체의 적응은 환경과 적합성에 도달하기 위하여 전 생애에 걸쳐 일어나는 능동적인 행동의 결과라고 할 수 있다.

일반체계이론에서 충분한 설명이 없었던 체계 간의 공유영역에 대하여, 생태학적 관점에 의한 적응과 상호교류라는 개념으로 중요성을 강조하고 있다. 인간과 환경은 분리할 수 없으며, 지속적인 상호작용과 상호교환을 통하여 서로에게 영향을 미치고 서로를 형성하며 상호적응 하는 호혜적 관계를 유지하고 있으며, 체계의 변화의 속성만 강조한 일반체계이론에 비해 생태체계이론은 변화와 동시에 체계의 유지기능을 동등하게 중시한다. 이러한 이유로 일반체계이론보다 실제 생활 속에서 살아가는 인간의 문제에 관심을 가지기 때문에 실천적인 경향을 띤다. 이렇듯 브론펜브레너는 인간이 환경 속에서 어떻게 역학적인 평형상태를 유지하고 성장해 가는지에 관심을 둔다.

생태체계이론은 이진의 단선적이고 인과론적인 시각에서 하나의 문제나 현상에 대해서 다양한 원인이 있으며 다양한 체계 간의 상호작용을 고려하기 때문에 보다 다양한 해결책을 시도할 수 있어 개인이 문제를 해결하는데 보다 적합한 방법이 될 가능성이 있다.

1) 주요 개념

(1) 상호교류와 상호작용

생태학적 관점을 인간행동에 적용할 경우 인간과 인간의 주변 환경 간의 상호작용, 상호의존성 또는 역동적 교류와 적응에 초점이 주어진다. 생태체계이론의 기본가정은 인간과 환경은 상호교류 한다고 보기 때문이다.

상호작용은 개인과 환경이라는 두 가지 요인이 상호 간에 서로 영향을 주고받는 역동적인 관계를 의미하는 것으로 체계 사이 또는 체계성원들 사이의 정보나 자원의 교환이며 영향을 미치지만, 각기 독립적인 정체감을 유지한다. 이와는 반대로 상호교류는 개인과 환경이 상호영향을 미치며, 개인과 환경이 하나의 단위, 관계 그리고 체계로 융합되는 것이다.

(2) 적합성과 적응

생태체계이론에서 말하는 적합성(Goodness of fit)은 인간의 적응욕구와 환경자원이 어느 정도 부합되는가와 관련된 개념이다. 적합성이란 전 생애에 걸쳐 성취된다. 인간과 환경 사이의 상호교류에서 서로에게 유익한 결과를 가져올 때 적합성이 이루어지고 어느 한 쪽의 희생을 기반으로 생존과 발달이 이루어진 경우를 부적합성이 초래된 것이라 말한다.

적응(adaptiveness)이란 개인 또는 집단과 환경 사이의 활발한 상호교환을 포함하며, 주변의 환경적 조건에 맞추어 가는 능력을 말한다. 여기에는 환경을 바꾸는 노력, 환경에 맞게 개인을 변화시키려는 노력, 개인과 환경을 모두 변화시키려는 노력들 모두를 포함한다. 즉 개인과 환경이라는 하나의 단위 내에서 이루어지는 과정으로 가능한 유익한 적합성을 이루기 위해 개인의 욕구와 사회적 요구 사이의 조화와 균형의 정도를 말하는 것이다. 사람은 효과적으로 기능하기 위하여 새로운 상황이나 여건에 적응하기도 하며 성공적으로 적응하기 위하여 그들의 환경을 변화시키기도 한다.

생태체계이론에서는 부적응적인 결과 혹은 수용되기 어려운 행동으로 보이는 것조차 환경 안에서 적응적인 것이며 모든 행동은 상황 안에서는 의미가 있는 것이다(임은희, 2015).

(3) 스트레스와 대처

스트레스는 개인이 지각한 요구와 이러한 요구를 충족시킬 수 있는 자원을 활용할 수 있는 능력 사이에 불균형이 일어난 것이라 할 수 있다. 예를 들어, 사회적 또는 발달적 변화, 충격적 사건, 다양한 생활문제 등의 요구가 자신이 활용할 수 있는 인적 자워이나 환경자원 안에서는 해결하기 어려운 상황에서 비롯된다.

그러나 스트레스는 반드시 문제가 되는 것은 아니다. 어떤 스트레스는 개인이 긍정적 자아존중감을 가지고 있고 스스로 유능하다 여기면 스트레스는 정적스트레스(eustress)가 되어 오히려 개인의 성장과 발전을 도모하는 하나의 동기로 작용할 수 있다.

대처능력(coping skills)이란 스트레스를 경험할 때 자연적으로 나타나는 정서적 고통(distress)을 통제하기 위해서 개인이 수행하는 행동이며, 여기에는 자아존중감과 문제해결 기술을 말하는 내적 자원과 가족, 사회적 관계망, 조직의 지원 등을 포함하는 외적 자원이 있다. 대처 또한 적응의 한 형태로 문제를 극복하기 위해 노력하는 것을 말한다.

(4) 관계, 역할 및 유능성

유능성은 환경과 성공적으로 상호교류한 상태로써 자신의 판단을 신뢰하고 자기 확신을 갖고, 환경에 바람직한 영향을 미칠 수 있는 능력을 포함한다. 생태학적 이론에서는 타인과 관계를 맺고 긍정적인 자아정체감과 자존감을 형성할 수 있는 인간의 능력은 일생에 걸쳐 확대된다고 보고 있다.

(5) 인간관

생태체계이론의 인간관은 개인과 환경을 분리할 수 없는 존재로 본다. 한마디로 '환경 속의 인간'이며 상호교류에 초점을 맞추고, 인간을 사회환경적 요구에 부응하기 위한 노력의 결과로서 그 환경에 적응하기도 하며, 그 반대로 처한 환경을 인간이 통제하거나 선택하고 변화시킴으로써 만족스러운 삶을 영위하는 존재로 본다. 인간을 환경에 수동적으로 반응하는 존재로 이해하는 것이 아니라 환경과의 역동적이고 적극적인 상호관계를 통해 지속적으로 발전하고 성장하는 낙관론적, 긍정적 시각을 가진다. 여기에서 환경이란 물리적 환경만이 아닌 사회 · 문화적인 환경을 모두 포함하는 의미로서 인간 본성에 대한 유전적 결정론, 정신적 결정론, 환경적 결정론 모두를 배격한다. 그 대신에 인간을 환경적 요구에 적응하고 때로는 환경을 자신의 요구에 맞게 수정 또는 변화시킴으로써 발달해가고 만족스러운 삶을 영위하는 '환경 속의 존재'라고 본다.

대상자의 문제행동은 환경과의 상호작용에서 본인의 내적 욕구와 환경이라는 자원 간의 일치되지 못한 결과이므로 변화를 위해서는 다양한 가능성이 존재하는 것으로 본다. 따라서 대상자의 어떠한 문제도 당사자의 책임으로 보지 않고 대상자를 둘러싸고 있는 환경과의 상호작용의 산물로서 이해해야 한다고 주장한다. 인간의 행동이 겉으로 드러난 행동뿐 아니라 사고, 감정 등 인지적, 정서적 요소들까지 포함함으로써 복잡한 체계 내에서 다양한 요인들에 의해 성장하는 개인과 환경 사이의 상호작용의 결과이기 때문이라는 것이다.

즉 인간을 독립적인 유기체라고 보기보다는 인간을 둘러싼 주변 환경과의 상호작용을 통해 변화하는 존재로 이해하고 하나의 문제나 현상에 대해서 다양한 원인이 있으며 다양한 체계 간의 상호작용을 고려하여 해결책을 시도할 수 있다. 복잡하고 다층적인 생태학적 환경과 상호작용하고 있는 인간의 행동이나 발달은 모두 다 같은 원리나 법칙으로 설명할 수 없기 때문에 개개인의 행동이나 발달을 이해하기 위해서는 다양하고 복잡한 생태학적 환경과 상호작용을 파악해야 한다. 또한 생태체계 접근은 개인의 욕구만족과 발달과업 완수를 위하여 개인과 환경 간의 긍정적인 상호교류를 통하여 적절한 자원이 접근 가능해야 한다고 전제한다.

생태체계이론에서는 개인을 둘러싸고 있는 환경들을 개인과의 직접적인 상호작용의 정도에 따라 위계적으로 구분을 하고, 나아가 개인과 여러 환경들 간의 위계적인 상호작용에 초점을 둔다. 문제해결 과정에서 개인과 환경 간의 효율적인 교류를 촉진시키고, 자원을 활용하는 능력을 향상시키는 방법을 찾는 과정이 문제해결에 필수적임을 강조하는 것이다. 또한 생태체계적 접근은 결과적으로 인간발달의 과정, 발달이 일어나는 환경, 또는 인간이 처해 있는 다차원적인 환경들 간의 상호작용과 관례의 상호연계성을 규명하는 것이 궁극적인 목적이다.

2) 생태학적 환경의 구조

브론펜브레너의 생태체계이론은 인간발달에 결정적인 것으로 여겨지는 환경적 특성을 명시하는 5가지의 체계를 제시한다. 인간의 생태위계를 사회문화적 관점에서 구분한 것으로 다섯 가지의 환경체계를 브론펜브레너는 생태학적 환경이라고 규정한다.

인간의 발달에 대한 여러 수준의 환경의 역할을 체계적으로 구조화하고, 인간발달이 상호작용하는 다섯 가지 환경체계를 통해 진행된다는 것을 시사한다. 생태체계이론에서 환경은 사회적 환경과 물리적 환경, 그리고 문화적 환경뿐 아니라 공간과 시간적 리듬까지 포함한다. 그리고 환경과 관련하여 생활영역과 거주환경도 주요한 개념이다.

(1) 미시체계(Microsystems)

미시체계는 직접적 환경, 즉 개인이 일상생활 속에서 직접 접촉하고 상호교류할 수 있는 즉각적인 주변 환경을 말하며, 개인이 일상적으로 교류하는 환경요소인데, 개인이 경험하는 활동, 역할 및 인간관계의 유형이 이에 속한다. 이러한 맥락에는 그 사람의 가족, 또래, 학교 및 이웃 등 직접 관계하는 사람들 또는 조직을 포함한다. 개인의 근접환경으로 가까운 주변에서 일어나는 상호작용과 활동들을 나타낸다.

미시수준 환경은 인간의 행동 및 정서발달과 성장에 매우 중요한 영향을 미치기 때문에 이 미시체계에 속한 그룹이 개인과 어떻게 상호작용하는지는 매우 중요하다. 대개 미시수준 환경은 개인별로 독특성을 지닌다. 즉 가족, 친구, 학교, 이웃을 비롯해 개인이 살고 있는 집의 크기, 근처 운동장의 시설물, 학교 도서관에 구비된 장서의 크기와 같은 물리적 특성 등의 환경을 각 개인은 동일하게 경험하지 않는다.

미시체계는 발달심리학의 대부분의 연구에서 강조하는 부분이다. 그러나 오늘날 대부분의 발달심리학자들은 직접적 환경과 관계를 칭하는 데 미시체계보다는 맥락이라는 용어를 사용한다.

(2) 중간체계(Mesosystem)

중간체계는 다양한 미시체계 간의 상호연결망이며, 미시체계의 두 사람이 모여 상호작용할 때 만들어진다. 이는 서로 미시체계 간의 관계 또는 컨텍스트 간의 연결을 나타내는 것으로 미시체계들 간의 상호관계, 즉 환경들과의 관계를 의미한다. 전체 환경 중에서 미시수준 환경에 직 · 간접으로 영향을 주어 미시수준 환경의 성격과 기능을 결정하는 환경이 바로 중간체계이다. 몇 가지 일반적인 예는 가족 경험과 학교 경험, 교회 경험에 대한 학교 경험, 또래 경험에 대한 가족 경험 간의 관계를 말할 수 있다. 미시체계에 포함되었던 부모와 학교 교사와의 관계, 친구와 친구의 관계 등 체계들 간의 관계가 밀접하면 밀접할수록 인간발달이 순조롭게 진행된다.

(3) 외체계(Exosystem)

외체계는 간접적이지만 발달에 잠재적으로 중요한 영향을 미치는 사회적 제도를 칭한다. 유기체가 직접 능동적으로 참여하지 않고 유기체를 둘러싼 더 큰 환경이 유기체에 직·간접으로 영향을 미치는 것을 말한다. 생태체계이론에서 이 제도에는 학교, 종교단체, 미디어, 모의 직장, 지방교육체계 등 간접적이지만 영향을 미치거나 영향을 주게 되는 사회적 환경을 의미한다. 예를 들어, 대학에 입학하려 할 때 경쟁이 매우 심하며, 대입성적을 좌우하는 수능성적 때문에 많은 학생들이 극한 학업 스트레스를 받는다.

외체계는 이처럼 개인에게 영향을 주는 주변 요소들로 구성되어 있으나 통제할 수 없다. 이런 경우 개인이 적극적인 역할을 하지 못하는 사회적 환경과 개인의 즉각적인 맥락 사이의 관계에 관심을 둔다. 외체계는 궁극적으로 개인의 삶에 영향을 미치는 간접적인 영향이라고 할 수 있다.

(4) 거시체계(Macrosystcm)

거시체계는 광범위한 문화적 신념과 가치 시스템, 그리고 이 신념과 가치에 근거하여 구성된 경제적 시스템과 정부 시스템을 포괄하는 시스템이다. 특정 개인뿐만 아니라 개인의 생활에 간접적 영향을 미치는 체계로서 사회구성원 모두에게 공통적으로 해당되는 환경을 의미한다. 부모, 가족, 학교, 학부모의 직장 및 일반적인 규범, 가치 및 유산을 공유하는 커다란 문화적 맥락의 일부로서 개인이 사는 문화와 규범을 포함한다. 사회적 변화에 따라 전통이나 신념 등에 해당되며 다른 체계보다 변화가 적다.

문화적 배경에는 사회 경제적 지위, 빈곤 및 민족성이 포함되며 대표적인 예로는 문화적 가치, 법, 관습 하위문화로서 매우 강력한 영향력을 발휘한다. 법률과 같이 명백한 형태로 있는 것도 있으나 대부분 비형식적인 것으로 문화적 신념, 정치적 이념, 관습, 성 역할의 사회화, 경제적 위치, 국가 관습에 대한 확신 등을 내면화 한 것을 말한다.

(5) 시간체계(Chronosystem)

시간체계는 개인의 삶과 사회 역사적 상황에 대한 사건이나 전환의 패턴, 즉 역사적 맥락을 말한다. 인간은 시간의 흐름과 상황에 따라 변화하는 매우 복잡다단한 존재로서 자신이 가진 특성뿐 아니라 환경적 맥락의 수많은 변화가 존재함으로 인해 생태학적인 변화를 겪게 된다. 시간체계는 시간이 지남에 따라 변화하는 환경적 요인을 고려하여 인간발달을 설명하게 한다. 개인이 성장함에 따라 겪는 외적 사건(부모의 죽음 등), 내적 사건(심리적 변화 등)이 구성되며 시간체계에 관한 연구는 시간 경과와 함께 연속적 사건들의 누적적 영향에 관한 것이다.

3) 생태체계이론의 의의

생태체계이론에서는 인간은 문화를 형성함과 동시에 문화적으로 형성된 존재이므로 인간을 정확히 이해하기 위해서는 광범위한 문화적 및 역사적 맥락을 이해해야 한다고 주장한다.

생태학적 이론이 사회복지실천에 도입되면서 대상자의 정신 내적 생활을 돕는 직접적 사회복지실천과 이들의 환경적 조건을 개선하는 데 목적을 두고 실시되는 서비스를 포함하는 간접적인 사회복지실천의 통합이 가능하게 되었다.

개인과 환경 간의 적합성 또는 상호교류에 영향을 미치는 힘에 대한 포괄적인 지식을 제고해 주고 있다. 생태학이론은 궁극적으로 인간과 환경의 상호관계에 초점을 두고 있으므로 인간생태학적 방법을 통해 많은 유용한 정보를 얻을 수 있다.

특히 급변하는 사회에서의 환경, 즉 방치되는 아동, 방황하는 청소년, 증가하는 이혼의 추세, 소외되는 노인세대 등 현대의 사회문제에 있어 개인이나 개별 가족 차원에서는 해결될 수 없는 문제들이 증가하고 있는 상황에서 사회적 차원에서 개입하고 검토해야 할 필요가 있다. 또한 생태체계이론은 어느 하나의 개입기법을 가지는 모델이 아니기 때문에 문제를 가진 개인과 그의 환경에 대한 개입에 있어 다양한 기술과 기법을 필요로 하는 사회복지사가 통합적인 접근을 할 수 있는 기반을 마련해 준다.

연 습 문 제

1. '환경 속의 인간' 관점에 관한 설명으로 옳은 것은?

① 생리학에서 출발한다.
② 인간과 환경에 이중 초점(dual focus)을 둔다.
③ 인간내부의 심리 역동성에만 초점을 둔다.
④ 인간문제의 원인을 환경 차원에 한정시킨다.
⑤ 사회적 맥락에 대한 고려 없이 문제 진단에 치중한다.

2. 생태체계적 관점에 관한 설명으로 옳지 않은 것은?

① 문제의 원인을 단선적인 인과관계로 파악하는 데 유용한 틀을 제공한다.
② 문제해결을 위한 적절한 모델을 선택할 수 있게 한다.
③ 인간과 사회환경 사이의 관계를 이해하는 준거틀을 제시하고 있다.
④ 구체적인 인간발달단계를 제시하지 않는다.
⑤ 개인, 집단, 지역사회 등 다양한 체계에 적용이 가능하다.

3. 다음은 생태체계의 주요이론 중 무엇에 대한 설명인가?

투입과 산출이 균형을 이루어 체계의 본질이 유지되는 상태

① 항상성 ② 분화 ③ 비총합성 ④ 동종결성

4. 생태학적 관점의 주요 개념에 대한 설명이다. 다음 중 옳지 않은 것은?

① 적합성(goodness of fit)은 개인과 환경 간에 조화를 이루는 정도를 의미한다.
② 개인과 환경 간에 부정적 교류가 계속되면 부적합성이 발생된다.
③ 적응성(adaptiveness)은 인간이 자기 스스로 환경변화에 대한 수준을 높이고자 하는 일련의 과정이다.
④ 생태학적 관점에서는 적응상의 문제를 병리적으로 간주한다.
⑤ 유능성(competence)은 개인이 환경과 효과적으로 상호작용할 수 있는 능력이다.

5. 생태체계적 접근에 관한 설명으로 옳지 않은 것은?

① 인간과 환경 모두가 욕구를 지니고 상호 반응한다.
② 모든 인간은 내적 · 외적 변화에 대처능력을 지닌다.
③ 대처방식에 따라 체계 불균형이 더욱 커질 수 있다.
④ 개인의 항상성이 역기능적 상황을 초래할 수도 있다.
⑤ 엔트로피는 다른 체계와의 상호작용 능력을 감소시킨다.

정답	1. ②	2. ①	3. ①	4. ④	5. ④

13 가족, 집단, 지역사회, 문화

가족은 개인의 성장 발달에 영향을 미치는 일차적 집단체계이며, 역사상 가장 탄력적인 체계이다. 또한 사회의 여러 제도는 가족의 공헌에 의존하고 있다. 인류 역사가 시작된 이래 근친관례를 중심으로 구성되는 최소의 기본 단위로 존재해 왔던 전통적 의미의 '가족'은 현대사회에 오면서 상당한 변화를 경험하고 있다.

'가족(the family)'이라는 획일적인 형태보다는 생물학적 재생산 및 혈연관계, 입양 가족과 같은 가족의 다양성을 인정하는 '가족들(families)'이라는 개념으로 형태적, 기능적 측면의 변화를 겪고 있다. 다양한 형태의 가족체계와 기능에 대한 이해는 개인의 문제를 한 개인의 문제로 한정하지 않고 가족 전체의 문제로 접근하여 해결할 수 있는 중요한 원천이 된다.

1. 사회체계 : 가족

1) 가족의 개념

전통적 관점의 연구자들의(Murdock, Levi-Strauss et al.) 가족에 대한 정의는 주로 공동거주, 자녀의 존재, 그리고 사회적으로 인정되는 부부의 성적관계와 경제력 협력을 공통적으로 강조하고 있다. 머독(Murdock, 1949)은 공동의 거주, 경제적 협동, 생산(재생산)의 특징을 갖는 집단으로 사회적으로 인정받는 성관계를 유지하고 있는 최소한 두 명의 성인 남녀와 한 명 이상의 자녀로 이루어진 사회집단을 가족으로 정의하고 있다.

레비 스트라우스(Levy-Strauss, 1969)는 가족은 결혼에 의해 형성되고, 부부와 그들에 의해 출생한 자녀로 구성되며 법적 유대, 경제적, 종교적, 그리고 그 외 다른 권리와 의무, 성적 권리와 금지, 다양한 심리적 감정을 공유하는 집단이라고 정의하고 있다.

기든스(Giddens, 1992, 권진숙 외, 2008 재인용)의 정의는 가족은 정서적이고 물질적인 지지에 기반을 둔 두 명 또는 그 이상의 사람들이 상호 간에 기대를 갖고 그들의 삶의 유형과 관계없이 상호 책임감과 친밀감, 계속적인 보호를 주고받는 구성체라고 정의하고 있다. 이러한 정의는 혈연, 동거, 경제적 협력 등의 요인보다 가족원 간의 정서적 유대와 관계성에 기반한 가족정체성을 강조하는 현대적 의미이다.

2005년 민법 개정 이전에는 '가족'은 동일한 호적에 기재되어 있는 일가(一家)의 구성원으로서 호주가 아닌 자를 의미하였다. 즉 호주의 배우자, 혈족과 그 배우자 기타 민법의 규정에 의하여 그 가(家)에 입적한 자가 해당된다. 이에 대하여 개정된 민법 제779조에서의 가족의 범위는 배우자, 직계혈족 및 형제자매, 생계를 같이 하는 직계혈족의 배우자, 배우자의 직계혈족, 배우자의 형제자매를 가족으로 한다.

가족의 범위를 명시하고 있는 민법 이외의 법률은 건강가정기본법, 국가유공자 등 예우 및 지원에 관한 법률, 독립유공자예우에 관한 법률, 소득세법, 어선원 및 어선재해보상보험법, 장기 등 이식에 관한 법률, 해외 이주법, 산림조합법 등이 있으며 각각의 법령에서 가족의 범위를 규정하고 있다. 현행법상 다수의 법률에서 가족관련 규정을 두고 있고 그 구체적인 범위는 서로 상충하는 부분이 있어, 법률상 가족 개념은 상당히 혼란스러운 것도 사실이다.

2) 가족의 기능

가족기능이란 가족구조의 정서적 차원인 가족 응집성과 조직적인 권력 차원인 가족 적응성을 말하는 것으로 적절한 수준의 응집성은 개인의 개별성과 가족의 결속감에 균형을 이루어 가장 기능적인 가족체계를 유지하고 개인의 발전에도 최적의 수준을 제공하게 된다(Olson, Portner, & Lavee, 1985). 적응성은 가족체계가 대내외적인 스트레스 상황에 유연하게 대처할 수 있는 능력을 말한다. 가족집단이 수행하는 역할 및 행위를 의미하는 가족기능은 시대, 문화, 그리고 지역에 따라 다르게 나타난다.

가족기능은 사회와 시대에 따라 끊임없이 변화하고 있으며, 사회학, 가족학 등 가족기능을 연구하는 학문 분야에 따라 다양하게 정의되고 있다. 전통적 가족기능론에서는 가족기능을 고유기능, 기초기능, 부차적 기능 등으로 구분한다. 고유기능에는 애정, 성, 생식과 양육의 기능, 성적통제와 종족보존의 기능 등이 있고, 기초기능은 대내적으로는 생산과 소비, 사회적으로는 노동력 제공과 경제질서의 유지기능 등을 포함하며, 그리고 부차적(파생적) 기능에는 교육, 보호, 휴식, 오락, 종교의 기능 등을 포함한다(유영주, 1993).

전통적으로 가족이 수행해 왔던 기능은 성적 기능, 자녀출산의 기능, 생산과 소비를 함께 하는 경제적 기능, 양육(보호)의 기능, 교육(사회화)의 기능, 부양의 기능, 휴식과 오락의 기능, 종교적 기능 등이다.

가족집단만이 수행하여 오던 고유한 가족의 중심 기능에는 첫째, 대표적으로 성(性)과 애정의 기능 그리고 자녀출산에 따른 양육기능이 있다(Murdock, 1949; 양옥경, 2000에서 재인용). 가족은 본능적 의지에 의해 결합된 집단으로 대부분의 사회에서는 결혼이라는 제도적 통로를 통해 성적 질서유지 기능을 하게 된다. 즉 성적 욕구를 충족하면서 사회적으로는 성행위를 제도적으로 통제하고 규제하는 대외적 기능을 하는 것이다. 이러한 일차적 기능들은 다른 집단이 대신할 수 없는 가족 고유의 기능으로 사회존속과 인류 종족 보존의 기능을 동시에 가진다. 파버(B.

Faber)는 성행위와 문화전수와 같이 가족만이 담당할 수 있는 보편적 기능은 '보편적으로 영원히 유용한 상태'로 남아있을 수 있다고 주장하였다.

둘째, 생산과 소비의 경제생활을 통해 기초적인 생활유지가 가능토록 하는 기초기능으로 전통 농경사회에서는 자급자족의 생산단위로서 가족이 생산기능의 주체였다. 그러나 현대사회에서는 공사 영역의 분리로 가족은 소비기능의 주체로 변화했다. 즉 기업이나 공장에서 대량 생산한 물자를 구입해서 사용하는 소비 공동체로서 기능이 바뀌면서 생산단위로서의 가족의 기능이 축소되고 소비기능이 강화되었다. 생활양식도 산업 적응적 모델로 바뀌어 오늘날에는 가족이 독자적으로 담당했던 전통적 기능들이 사회로 많이 이전되었다.

셋째, 기초기능과 고유기능으로부터 파생된 기능으로 자녀의 교육, 즉 자녀들에게 그 사회의 가치와 규범을 가르치는 사회화의 기능과 휴식, 오락, 종교 등으로 심리적 · 신체적 사회의 안정화와 문화전달의 대외적 기능이다.

종교적 기능은 종교적 의례나 형식만을 의미하는 것이 아니라 매일의 생활에 감사하고 삶의 진리를 깨달으며, 인간 능력의 한계를 겸허하게 인정하고 기도하는 자세로 살아가는 생활태도를 의미한다. 이러한 기능들이 어떻게 수행되느냐에 따라 가족의 질적 수준이 달라지며, 시간적 조건, 지역과 문화배경에 따라 다르게 나타난다.

전통사회에서는 의식주 해결, 자녀 양육, 노인 부양 등 대부분의 기능을 가족이 수행하였다. 그러나 산업화, 도시화로 인하여 그 기능의 일부가 전문화된 기관과 조직체 등 다른 제도에 흡수되어 그 기능이 점차 축소되고 있으며, 가족기능의 상실을 진단하고 있는 오그번(W. Ogburn)은 가족의 기능은 가치관의 급속한 변화와 자본주의 사회 · 경제적 문제가 복합적으로 결합되어 가족의 생산기능은 공장으로, 교육기능은 학교로, 종교기능은 종교단체로, 오락기능은 극장으로, 의료기능은 병원 등으로 기능이 분화되어 가면서 가족의 기능이 상실해가고 있다고 보았다. 이러한 가족기능의 변화는 사회변화에 민감한 가족체계와 사회의 역동적 관계에서 파생되는 다양한 결과로서 양옥경(2000)은 미래의 가족기능은 출산이나 양육의 기능, 교육이나 사회화의 기능보다 정서적 기능이 중요하게 부각될 것으로 전망하였다.

3) 가족의 유형

개인의 가족생활 경험에 대한 편견과 낙인을 배제하고 가능한 한 모든 가족 유형들이 가족복지의 대상이 될 수 있도록 하기 위해서는 가족에 대한 정의가 포괄적이어야 한다. 그러므로 가족복지의 실천적 측면에서 가족에 대한 정의는 혈연을 기반으로 한 가족에 대한 정의의 제한점을 극복하고 다양하게 나타나고 있는 가족 유형을 포함하는 것은 매우 중요하다고 볼 수 있다.

핵가족은 사회적으로 인정받게 된 모델이 되었다. 그 이유는 핵가족의 구조는 대량 생산사회의 필요들, 즉 공유된 가치관과 생활 형태, 상하 계층적인 힘, 가정생활과 일의 명확한 분리 등에 아주 적합하기 때문이다. 하지만 인구통계학적 변화와 경제 상황과 직업관의 변화, 페미니즘, 성역할의 변화 등 우리를 둘러싼 사회적, 역사적 맥락은 오늘날의 결혼과 가족생활 양식을 과거보다 훨씬 복잡하고 다양한 형태로 변화시켰으며, 많은 가족학자들이 이러한 다양화가 앞으로도 계속될 것으로 전망하고 있다.

이처럼 변화된 가족 생활양식은 맞벌이가족과 같이 보편적인 유형부터 다소 실험적인 동성애나 공동체가족까지 그 형태가 매우 다양하다. 어기서는 맞벌이가족, 분거가족, 무자녀가족, 한부모가족, 재혼가족, 동성애가족, 공동체가족을 중심으로 다양한 가족유형을 살펴보고자 한다.

(1) 다양한 가족의 형태 발생배경

① 사회적 요인

- 산업화 및 도시화(핵가족화 촉진, 전통적 가족주의 가치관 퇴색, 서구적 개인주의적 가치관 확산 등), 남녀평등

② **가치관 요인**

- 결혼 가치관, 자녀 가치관, 부부관계 가치관, 가족부양 가치관, 여성의 자아 욕구
- 결혼과 자녀의 개인의 삶의 필수가 아닌 선택적 사항이 되었고, 이혼과 재혼에 대해 허용적 가치관 확대와 가족부양에 대한 가치관 약화

③ **인구학적 요인**

- 초혼연령 상승, 혼인 감소, 소자녀 선호, 평균수명 연장

④ **개인 및 가족요인**

- 여성의 교육수준 향상, 여성의 경제활동 참가 증대, 가족해체, 국제결혼 증가
- 여성의 교육수준 향상으로 여성의 남녀평등 의식과 경제적 독립 가능

(2) 구조적 측면의 가족형태

전통적 시각으로 바라 본 가족은 부모와 자녀로 구성된 하나의 체계로서 자녀의 사회화 및 가족원의 안녕을 위하여 남성의 도구적 역할과 여성의 표현적 역할의 구분을 강조하고 있다.

전통적 가족구조를 기준으로 할 때, 한부모가족은 자녀의 입장에서 부 또는 모가 부재한 가족이고, 미혼모가족의 자녀로서는 부가 부재한 상황이다. 또한 무자녀가족은 부모의 입장에서 자녀가 없는 가족이며, 노인가족 특히 노인단독가족이나 노인부부가족의 경우 평생 자녀가 없었거나, 자녀가 있더라도 현재 시점에서 함께 생활하지 않는 구조적 특징을 갖는다.

① **한부모가족**

"모" 또는 "부"가 배우자와 사별 또는 이혼하거나 배우자로부터 유기(遺棄)된 자, 정신이나 신체의 장애로 장기간 노동능력을 상실한 배우자를 가진 자, 교정시설 · 치료감호시설에 입소한 배우자 또는 병역복무 중인 배우자를 가진 사람, 미혼자

(사실혼(事實婚) 관계에 있는 자는 제외)로 한부모가족지원법에서 정의한다.

불과 얼마 전까지만 하더라도 한부모가족은 편모 · 편부가정 또는 모자 · 부자가정으로 지칭되었다. 그러나 이러한 표현이 내포한 결손과 결핍의 부정적 이미지와 이로 인한 사회적 낙인에 대한 우려로 최근에는 한부모가족이라는 용어를 대체하여 사용하고 있다. 한부모가족은 경제적 문제, 자녀양육과 직장 병행의 어려움 등으로 문제가 야기되기도 한다.

② **조손가족**

조부모가 부모를 대신하여 손자녀를 양육하는 가정형태로 가족해체의 급증과 가족안정성의 약화 추세에 따라 빠르게 증가하고 있다. 한부모가족지원법 제5조의 2특례에 따라 부모의 사망, 생사불명, 정신 또는 신체의 장애 · 질병에 의한 장기간 노동능력 상실, 장기복역, 부모의 불화, 이혼 등으로 유기하여 부양을 받을 수 없는 아동과 그 아동을 양육하는 (외)조부 또는 (외)조모일 경우로 규정하고 있다. 통계청 장래가구추계에 따르면 2015년 15만 3,000가구에서 2035년 32만 1,000가구로 급증하고 있다. 가구당 평균소득도 전체 가구 평균소득 4,883만 원의 45%에 불과한 2,175만 원으로 빈곤위험이 높으며, 가족 내 돌봄과 보호기능이 취약한 문제를 가지고 있다.

③ **소년소녀가장세대**

부모의 사망, 질병 등으로 18세 미만의 소년소녀가 가정의 생계를 책임져야 하는 경우로서 정부의 보호가 필요한 세대를 소년소녀가장세대라고 한다. 1984년 "소년소녀가장세대 보호대책" 수립에 따라 1985년도부터 가정보호를 우선시하여 지원하였으나 가정위탁보호로의 전환을 추진하게 되는 2000년도부터 지원대상의 명칭을 소년소녀가정(youth family)으로 변경하고, 2013년부터는 소년소녀가장세대의 추가 지정이 전면금지 되었다. 18세 미만의 아동은 국가, 사회, 보호자가 이들이 독립된 인간으로 성장하기까지 미성년자로서 보호해야 하기 때문에 아동을 가장의 자리에 두지 않고 친권을 행사할 수 있는 후견인이나 위탁가정을 마련하여 이들이 건강하게 성장하도록 보호해야 한다.

④ **노인가족**

구조적 측면의 다양한 가족 중에서 마지막으로 논의할 대상은 노인가족이다. 일반적으로 노인가족은 가족원 중에 노인이 포함된 형태로서 노인독신, 노인부부, 노인부부와 미혼자녀, 노인부부와 기혼자녀 및 기타 혈연 또는 비혈연 가족원 등으로 구성된 가족형태로 나타날 수 있다. 과거 3세대 직계가족 구조의 형태에서 핵가족 형태가 주류를 이루는 변화를 거치면서 노인독신 및 노인부부가족이 증가하고 있는 것이다. 전통적 가족구조의 관점으로 보았을 때, 노인독신이나 노인부부가족은 무자녀가족과 마찬가지로 노부모의 입장에서 자녀가 부재한 가족형태이다.

우리나라와 같이 인구고령화가 급속도로 진행되고 있는 상황에서 자녀가치관, 노부모 부양에 대한 가치관이 변화하는 등 가족을 둘러싼 주변 환경의 변화를 통해 이들 가족형태의 지속적인 증가가 예측된다.

(3) 가족체계와 인간행동

가족의 상위체계는 그 가족을 둘러싼 지역사회, 집단, 조직 등이 있다. 따라서 체계로서 가족을 이해한다고 하는 것은 그 가족을 둘러싼 지역사회, 조직, 집단에서 일어나는 역사적이고 문화적인 환경변화와 상황적 사건들이 가족에게 미치는 영향에 대해 알고 있다는 것을 의미한다.

미누친의 주장처럼 부부나 부모와 자녀, 형제 등 가족의 하위체계로서 서로에게 영향을 주고받는 과정에서 나타나는 경계선은 건강한 가족기능을 위해서 경계가 명확해야 한다. 명확한 경계선과 경직되어 지나치게 분리된 경계선은 분명 그 차이가 있다. 경계선이 경직되어 지나치게 분리된 가족은 서로에게 무관심하며 가족 간 정서적 욕구에 반응하지 못하고 고립감과 소외감을 느끼게 된다. 그러나 명확한 경계선(clear boundary)은 경계를 유연하게 하여 융통성 있는 관계이며, 각 하위체계는 독자성과 기능, 관계의 형태를 지닌다(Salvador Minu-chin, 1950). 따라서 개인의 문제를 그를 둘러싼 전체로서의 가족이라는 맥락에서 이해해야 한다.

"아동에게 있어 온 세상은 부모"라는 말이 있듯이 아동은 부모로부터 제공되는 신체적 보호 및 안전, 물질적인 도움과 정서적 지지에 전적으로 의존한다. 그리고 아동은 자신이 누구인지, 그리고 어떻게 느끼고 생각하고 행동하는 것이 받아들여지는 것인지를 주요 양육자와의 관계 속에서 배우게 된다.

코언(Cohen)은 인간이 태어나면서 처음으로 만나는 집단이 가족이기 때문에 가족의 특성이 인간의 성격과 행동에 미치는 영향이 대단히 크다고 하였다. 또한 성장과정에서 가족의 구성원 간 빈번한 상호작용을 통해 일치감을 가지게 되며 이를 통해 외부환경에 대해서는 가족이 단단하게 뭉치는 경향을 보인다고 주장한다.

이런 가족환경은 개인의 행동양식에 잠재적이든 표면적이든 지속적으로 영향을 미치게 되는 공간의 단위이자 사회적으로 인정되는 행위규범을 사회화 하고 역동적 상호작용을 하는 가장 초보적인 사회집단이다.

2. 사회체계 : 집단

집단이란 상호작용을 통해 2명 이상이 공유된 목적이나 관심을 갖고 응집력을 발전시키는 사회적 집합체이다. 성원들 간의 상호의존이나 상호작용을 통해 영향을 주고받는 개인들의 집합으로 개인이 경험하는 집단 유형과 그 집단 속에서 수행하는 과업과 역할은 성격형성, 인간관계의 질, 생활과업 수행에 영향을 미친다. 즉 동일한 집합체에 소속해 있다는 집단의식과 공동의 목적이나 관심사가 있으며 목적을 성취함에 있어 상호의존적이다.

1) 집단의 개념

배스(Bass, 1960)는 타인에게 보상을 주는 집합체로서 존재하는 인간의 모임체라고 정의하고 있다. 또한 피들러(Fiedler, 1967)는 성원 간에 상호의존 의식과 공동운명체 의식을 가진 인간들의 모임이며, 스타이너(Steiner, 1972)는 상호반응하는 개인들의 단위라고 하였다. 따라서 집단은 서로서로 영향을 주고받는 둘 혹은 그 이상의 사람들로써 정의하였다.

아들러(Adler, 1935)는 인간은 누구나 열등한 존재이며, 이러한 개인의 열등성을 사회적 관심을 통해 극복한다고 주장하였다. 그는 사회적 관심을 다른 사람과 협력하고 기여하도록 하는 공동체적 느낌으로 정의하고, 개인의 선보다 공동의 선을 추구하는 것이 바람직한 사회적 관심의 형태라고 언급하였다

우리는 태어나면서부터 가족이라는 집단에 속해 있고, 자라면서 또래집단에 속해 있다. 사회집단(社會集團)은 같은 구성원이라는 의식을 가지고 있는 사람들의 모임이다. 운동 경기장에 우연히 모여 있는 군중은 사회집단이 아니며, 남자나 장애인 등과 같이 공통적 성격에 의해 구분된 사람들도 사회집단이 아니다. 이들은 함께 상호작용을 하고 있다는 집단 속 의식이 없기 때문이다. 사회집단은 조직과도 다르다. 사회집단은 집단이 추구하는 뚜렷한 목적이 없거나, 있다 하더라도 구성원이 그것을 비교적 명확하게 이해하지 못하는 반면, 사회조직은 아름다운 무늬의 천을 짜듯이 명확하게 정의된 목적을 추구하기 위하여 의도적으로 세밀한 구조를 갖도록 짜여진 것이다.

사회집단은 1차적 집단과 2차적 집단으로 분류할 수 있다. 1차적 집단은 부모와 자식 간의 관계와 같이 선택의 여지가 없이 태어나면서부터 자연적으로 맺어진 관계를 말한다. 혈연과 지연에 의해 이루어진 소규모의 친밀한 사람들의 집단은 대체로 1차적 집단으로 분류할 수 있다. 이 집단에 속하는 사람들은 서로 강한 감정적인 결속으로 연결되어 있다. 여기에서 '1차적'이라는 뜻은 사람의 사회화 과정에서 가장 중요한 역할을 하는 집단이라는 의미를 담고 있다.

이와는 달리, 인간관계가 부분적이고 공식적으로 맺어진 사람들로 이루어진 집단을 2차적 집단이라고 한다. 2차적 집단 안에서 사람들은 특정한 이익을 도모하기 위하여 서로 관계를 맺는다. 목돈 마련을 위해 만들어진 계(契)나 지역 재개발

을 위해 구성된 지역조합 등이 2차적 집단의 예이다.

미국의 사회학자 탤컷 파슨스는 1차 집단과 2차 집단을 구별하는 다섯 가지 요소를 분류했다. 2차 집단과 대조적으로 1차 집단 구성원들 사이의 관계는 ① 특수하거나 한정적이기보다 분산되어 있으며, ② 보편주의적이기보다 특수주의적이고, ③ 무엇을 하는가 또는 해왔는가 하는 업적에 바탕을 두기보다는 지위와 직업을 중요하게 평가하며, ④ 자기지향적이기보다 타자지향적이거나 집단지향적이고, ⑤ 감정적으로 중립적이기보다는 정서가 개입된다. 2차 집단은 구성원들 사이의 관계가 이 다섯 가지 요소와 정반대되는 경향이 있다.

한편 독일의 사회학자 페르디난트 퇴니에스는 오늘날 널리 알려진 '게마인샤프트'와 '게젤샤프트'라는 용어를 만들어냈다.

2) 집단 형태

(1) 1차 집단과 2차 집단

미국의 사회학자 쿨리(Cooley, 1902)는 사회집단을 1차 집단과 2차 집단으로 분류하여 1차 집단은 가족이나 절친한 친구집단처럼 직접적이고 비교적 영구적이며 친밀하고 전인격적인 접촉방식을 유지한다고 주장하였다.

쿨리에 따르면 일차집단은 원초집단(primary group)이라고 하며, 1차 집단은 개인의 성격이나 개성 형성에 큰 영향을 미친다. 구성원 간의 대면적 접촉, 직접적 접촉, 친밀감을 도모하는 집단, 구성원 간의 인간관계 자체가 목적이며 개인의 인성과 정체성, 사회성을 형성하는 기초이다. 도덕, 관습 등과 같은 비공식적 제재방식을 통해 통제하는 특성이 있으며, 예로는 가족, 또래집단 등이 있다. 이차집단(secondary group)은 어떤 특정한 목표를 달성하기 위해 인위적으로 계약에 의해 만들어진 것으로서 촌락사회가 몰락하고 사람들이 도시에 집중됨에 따라 출현한 새로운 형태의 집단이다. 2차 집단(쿨리 자신은 실제로 사용하지 않았으나 그 뒤 생겨난 말임)은 그 밖의 모든 대인관계를 가리키지만, 대개 법적인 관계나 계약관계를 통해 개인들이 공식적인 관계를 맺게 되는 직업 집단과 같은 집단 및 단체를 가리킨다.

수단적 만남으로서 구성원 간의 간접적 접촉, 특정한 목적을 달성하기 위해 구성(목적지향적)되며, 사회화가 전문화될수록 그 수가 증가한다. 또한 현대사회에 들수록 개인 생활에 미치는 영향력이 증대하며, 규칙, 법률 등과 같은 공식적 제재방식을 통해 통제하는 특성이 있다. 예로는 노동조합, 정당, 관청, 기업체, 학교, 회사 등이 있다.

미국의 사회학자 파슨스는 1차 집단과 2차 집단을 구별하는 요소를 다섯 가지로 정리했다. 2차 집단과 대조적으로 1차 집단 구성원들 사이의 관계는 ① 특수하거나 한정적이기보다 분산되어 있으며, ② 보편주의적이기보다 특수주의적이고, ③ 무엇을 하는가 또는 해왔는가 하는 업적에 바탕을 두기보다는 지위와 직업을 중요하게 평가하며, ④ 자기지향적이기보다 타자지향적이거나 집단지향적이고, ⑤ 감정적으로 중립적이기보다는 정서가 개입된다. 2차 집단은 구성원들 사이의 관계가 이 다섯 가지 요소와 정반대되는 경향이 있다.

(2) 게마인샤프트와 게젤샤프트

퇴니스(F. Tonnies)는 집단성원들의 결합양식을 기준으로 하여 사회적 관계의 두 가지 기본적 유형을 대비시키기 위해 게마인샤프트(gemeinschaft)와 게젤샤프트(gesellschaft)라는 개념을 제시하였다. 게마인샤프트적 관계는 정서적, 비공식적, 전통적, 감상적, 미분화적이며, 실례로서 가족, 교회, 민족, 씨족, 중세적 소도시 등이 있다. 게젤샤프트적 관계는 비정의적(非情誼的), 공식적(계약적), 공리적, 현실적, 분화적이며, 인위적 · 계약적 결합으로서 판매자와 구매자 사이의 관계 같은 것이라고 정의내릴 수 있다. 실례로서 대도시, 국가, 세계사회, 주식회사 등이 있다.

(3) 성장집단과 치료집단

성장집단은 '집중적인 집단경험'의 집단생활을 통해 사회화(社會化)와 퍼스낼리티의 성숙에 목적을 달성시키기 위해 조직된 것으로 훈련집단(T-group), 감각인식

집단, 엔카운터집단, 감수성훈련집단, 유아원집단, 청소년집단, 경쟁집단 등이 이에 속한다. 이러한 성장집단을 통해 감정에 대한 자각 증진, 대인관계 의사소통의 향상, 가치의 탐색과 정립, 생활양식의 변화 등을 보이게 된다. 이러한 집단은 고도의 감정과 인간 상호 간의 승인을 토대로 구성되며, 기본적 목적은 성원들의 자기인식의 변화, 자기 증진(self-improvement) 그리고 잠재력을 개발하는 것이다.

치료집단은 내적 심리상태에 갈등을 가진 사람들을 돌봐 주기 위해 구성된 집단으로, 흔히 이들 집단은 성원들이 들락날락 거리는 개방되고 장시간을 요하는 집단이다. 여기에는 비행청소년 집단, 정신질환자 집단, 소년원 집단 등이 속하며, 치료집단의 일차적 목적은 성원들의 행동변화, 개인적 문제의 완화나 제거, 그리고 재활할 수 있도록 도와주는 것이다.

(4) 자조집단

자조집단은 공통된 문제에 대해 개인 또는 환경에 바람직한 변화를 가져오기 위해 함께 하는 사람들로 구성된 집단으로서 이들은 비슷한 환경에 있으면서 공통의 이익을 도모하기 위해 서로 돕거나 공통의 문제를 함께 해결하려는 사람이다.

켓즈와 벤더(Katz & Bender, 1976: 37-38)는 자조집단에 관해서 다음과 같이 분류하였다.

① 개인적인 성장이나 자기충족에 일차적으로 초점을 두고 있는 집단(예 : 치료적 집단)

② 사회적인 변화에 일차적으로 초점을 둔 집단(예 : 복지권을 주장하는 집단)

③ 생활의 대표적인 유형을 창조하려는 일차적인 기능을 가진 집단(예 : 여성해방운동 집단 및 동성연애자 집단)

④ 버림받은 자의 안식처 또는 밑바닥 인생집단(예 : 수용시설 내 집단)

3) 집단과 인간행동

(1) 집단체계의 특성

집단의 기본적 조건이 충족되면 각 집단에는 그 집단의 형태가 구체화되고, 집단의 기능이 작용하게 된다. 따라서 그 집단의 특성은 특유한 것으로 나타나게 되며, 이와 같은 집단의 특성은 여러 가지 관점에서 파악될 수 있다.

① 집단은 최소 두 명 이상의 사람으로 이루어지며, 그것은 하나의 통일된 실체로서 인지할 수 있다.
② 집단은 최소한의 역할분화 수준이 특징이다.
③ 모든 집단구성원은 공통된 집단정체성을 가지며 집단을 하나의 실체로 지각한다.
④ 집단구성원들 간의 관계는 이성적 요소들보다는 정서적인 요소들에 의해 주로 유발된다.

(2) 집단체계의 기능

① 집단은 그 집단이 가지는 목표, 즉 공동의 목표를 날성하는 기능을 가지고 있다.
② 집단은 구성원들의 욕구를 충족시키고 그들의 매력을 느끼도록 하여 그 집단을 계속해서 유지하려는 기능을 가지고 있다.
③ 개인적 기능은 성원의 자기 가치감을 높여 주는 기능, 성원의 구체적 행동을 규정하는 기능, 성원에게 가치관과 그 가치관을 표현하는 행동방식을 습득하게 하는 기능, 성원에게 장래의 생활준비로서 자세를 확립시키게 하는 기능으로 나눌 수 있다.

3. 사회체계 : 조직

조직을 어떻게 인식하고 정의할 것인가에 대한 논란도 오랜 시간 동안 있어왔다. 조직(organization)이라는 용어는 "여러 부분이 하나로 통합되었고, 부분 상호간의 관계가 전체와의 관계에 의하여 지배되어 있는 것"이라고 설명되는 유기체(organism)라는 말에서 나온 것인데, 도구나 수단이라는 의미를 가지고 있는 오르가논(ORganon) 저서에서 유래되었다. 오르가논은 아리스토텔레스가 논리학 체계를 집대성한 저서이며 도구나 수단을 뜻하는 말이다. 즉 조직(organization)이 세상을 설명하는 도구나 수단으로서의 기능을 가지고 있다고 볼 수 있다.

1) 조직의 개념

현대사회는 사회구성원들의 일상생활 경험들이 조직과의 관련 속에서 이루어진다. 즉 생애주기별로 일생의 대부분을 조직구성원으로 활동하거나 조직활동의 산물을 접하면서 생활을 영위해 가고 있다. 세상을 설명하는 도구나 수단으로서의 기능을 가지고 있는 조직(organization)은 조직의 구성원들의 활동을 통해 욕구충족을 하게 된다. 따라서 인간행동에 영향을 미치는 매우 중요한 환경이라고 볼 수 있다.

조직에 대한 정의를 미국사회사업가협회(NASW)는 '어떤 목적들을 얻기 위해 발전되었거나 설립된, 확인할 수 있는 경계를 가진 하나의 사회적 단위이며, 주어진 목표나 목적을 달성하기 위해 자원과 기술의 사용을 조정하는 사람의 공식화된 집단'으로 정의하고 있다.

독일의 막스 베버(M. Weber)는 "특정한 목적을 가지고 그 목적을 달성하기 위하여 조직구성원 간에 상호작용하는 인간의 협동집단"으로 정의하고 있다. 버나드(C. I. Barnard)는 "공동의 목적을 달성하기 위해 공헌할 의욕을 가진 2인 이상의 인간이 상호 의사전달하는 집합체"라고 주장함으로써 조직을 단순한 집단이 아닌 인간의 협동체계로 파악하고 있다.

조직에 대한 정의를 내리고 있는 학자들의 공통점은 집단은 소속된 개인들이 동류의식과 공통의 사회적 관계를 가지고 상호작용을 하면서 사회적 정체성을 갖는 단위이고, 이러한 사회집단이 어떤 특정한 목표를 성취하고자 체계적인 규칙에 따라 집단을 운영할 때 이를 조직으로 규정하고 있다. 이처럼 대부분의 사회조직은 명확한 목적이 있고, 그 목적을 실현하기 위하여 조직의 운영규칙을 갖추고 있다는 점에서 사회조직은 인간의 의도가 강하게 반영된 결사체라고 할 수 있다.

특정한 목표 달성을 위하여 의식적으로 구성된 집합체이자 하나의 사회적 단위인 조직은 경계를 갖고 있으며 경계 밖의 환경과 상호작용을 하는 체계이며 어느 정도 공식화된 분화와 통합의 구조 및 과정 그리고 규범을 내포한다.

2) 조직의 특징

앤더슨(Anderson)은 조직의 특성에 대해 다른 어떤 체계들보다 훨씬 더 목적지향적이며, 명확히 구분되는 분업과 권력의 명시성과 지도력을 들고 있다.

(1) 목표지향

조직목표는 조직이 달성하려는 장래의 상태로 조직이 존재하는 정당성과 합법성을 제공한다. 이러한 조직(organization)이 목표달성을 위해 갖게 되는 인간에 대한 에너지 투입의 방법과 가치관은 심리적 성공의 경험을 바라는 개인의 욕구와 상반된 결과를 가져오게 된다.

개인은 조직을 통해서 자신이 바라는 욕구를 성취하려 하고, 조직은 그 개인들을 통해서 조직목적을 성취하려 하기 때문에 조직과 조직구성원의 이 양자는 서로 불가분의 관계 속에서 상호작용을 한다. 따라서 자신이 속해 있는 조직목표가 무엇이며, 자신이 조직구조 안에서 어떠한 위치에 해당하는지에 대한 기본적인 이해가 필요하다. 그리고 조직구성원으로서 조직체제가 유지되기 위하여 조직구성원 간에 서로 공유하고 있는 문화가 무엇이며, 효율적인 운영을 위하여 적용되어지고 있는 규칙 및 규정이 무엇인지에 대한 올바른 이해능력을 요구하게 된다.

(2) 권력과 통제

사회체계들과 구별되는 조직의 특성은 권력의 명시성이다. 권력과 통제는 조직에 있어 필요한 요소로 작용하고 있는 것으로서 목적은 조직의 목표에 추종을 재확인하는 일인 것이다. 따라서 조직은 그 구성원에게 강제력을 행사하기도 하며 사회집단에는 없는 위계나 권력을 가진 개념이다.

권력(權力)은 대상에 변화를 가져오는 능력이다. 에머슨(Emerson, 1962: 32)의 경우는 행위자 A에 의해 극복될 수 있는 행위자 B에 대한 저항의 양(量)이라고 정의한다. 비어스테트(Bierstedt, 1950: 738)는 "권력은 사회의 기본질서와 사회 내의 사회조직을 지지한다. 질서가 있는 곳에서는 언제나 권력은 모든 결사의 배후에 존재해서 그 결사의 구조를 지탱시켜 주고 있다. 권력이 없으면 조직이 있을 수 없고, 권력이 없으면 질서도 있을 수 없다."라고 말하면서 권력의 중요성을 강조하고 있다. 조직에서 권력은 하나의 구조적 현상(structural phenomenon)으로, 개인 간 노동의 분화, 부서 간에 나타난다. 복잡한 조직은 수직적 구조 외에 수평적 구조를 갖는다. 하나의 상급 부서는 다양한 하위부서로 구성되고, 부서 간의 수평적 관계에서 권력은 다 똑같지 않다. 조직 내 권력의 분포, 정도를 진단하는 것은 조식을 이해하고, 효과적으로 행동하는데 중요하지만 측정은 어렵다.

또한, 급변하는 환경에서 조직의 생존은 매우 분화된 과업을 통제하기 위해 협력과 통합에 상당히 의존하게 되었고, 과업의 범위와 복잡성이 증대하면서 조직 내 통제에 관한 문제의 중요성이 더욱 커지게 되었다(Sandelands, Glynn, & Larson, 1991).

개인과 조직 간의 상호의존성과 긴장관계 때문에 협력과 함께 통제를 필요로 하기 때문이다. 이처럼 조직이 갖는 통제라는 특성은 구성원들이 매우 다양해지고 과업의 범위와 복잡성이 증대되는 오늘날의 경쟁환경 하에서 중요성을 더해가고 있다.

조직의 성공은 대개가 그 조직의 참여자들에 대한 통제를 유지하는 능력에 달려 있다. 모든 사회단위들은 그의 성원들을 통제하지만 조직에서의 통제문제는 특히 심각하다. 조직은 끊임없이 그리고 자의식적으로 자체의 일들을 재검토하며 이에 따라 조직 자체를 재구조화한다. 통제는 권력보다 체계에게 주는 영향이 더욱 광범위하고 수명이 길지만 권력과 통제는 유사하게 사용되고 있다.

(3) 지도력

리더십의 개념은 지속적으로 변해왔으며 함축적인 의미를 담고 있다. 리더십(leadership)의 'lead'는 바이킹의 언어에서 유래한 단어로 배의 방향을 정하는 사람을 뜻한다. 그래서 리더가 배를 목표로 하는 방향으로 이끄는 선장이라면 리더십은 그 선장이 행사하는 영향력과 작용을 의미한다. 이를 조직의 관점에서 정리하면 리더는 조직의 목표를 달성하기 위한 방향을 정하고, 리더십은 그 구성원들이 함께 목표를 달성하도록 영향력을 미치는 과정 전반을 의미한다(Joseph & Richard, 2000). 버나드(Bernard, 2008: 15-23)는 리더십은 조직의 주된 원동력이라 할 수 있으며, 목표를 달성하고 동기를 부여하는 능력이다.

조직 내의 지도력은 조직의 목표를 달성하고 수단을 효과적으로 만들기 위하여 사용되는 권력과 통제를 포함한다. 우리는 흔히 한 조직의 실패를 효과적인 리더십의 발휘 여부와 관련지어 생각하기도 한다. 또한 사회의 전반적인 사고가 인간을 중심으로 전개되고 있고, 조직활동이 이러한 인간을 통하여 목표를 달성하는 과정으로 이해되는 현대적 관점에서 리더십은 목표를 달성하기 위한 방향으로 영향력을 미치는 과정 전체를 의미하게 된다.

지도력은 끊임없는 평가를 포함하는 창조적인 기능으로 인식되며, 개인적인 특성에서 나온다. 그러나 실제로 지도력은 개인적인 자질들에만 의존하는 것이 아니며 지도력에서 일어나는 환경에 의존하기도 한다.

3) 조직체계의 유형

(1) 조직의 권력행사(복종관계) 유형-에치오니(A. Etzioni, 1961)

에치오니는 조직이 구성원에게 행동기준을 강요하고 통제하는 근본원리를 기준으로 하여 조직이 행사하는 권력의 유형을 강압적 권력, 공리적 권력, 규범적 권력으로 분류하였다. 모든 조직에 보편적으로 존재하는 것일 뿐만 아니라 조직구조의 가장 기본적인 요소이기 때문이다.

강압적 조직은 조직구성원의 의사와는 관계없이 강제적으로 참여하게 되는 유형으로, 강제적으로 조직의 목적을 위하여 행동하도록 하는 감옥이나 군대와 같은 조직체가 이에 해당된다. 공리적 조직은 자신의 기본적인 욕구충족에 따라서 조직에 머물거나 탈퇴할 수 있으며, 경제단체와 같이 보수를 통제의 수단으로 하는 조직이다. 산업조직으로써 기업체, 경제단체 등이 이에 해당된다. 규범적 조직은 교회, 대학 등과 같이 문화 · 도덕 · 이념을 내세우는 조직이다. 정치조직, 병원, 학교, 사회복지조직 등이 대표적이다.

(2) 조직이 추구하는 사회적 기능 -파슨즈(Parsons, 1960)

개별조직과 사회전체와의 관계에 관심을 가지고 각 조직이 사회의 유지 · 발전에 어떤 기능을 하느냐에 따라 적응(adaptation), 목표성취(goal attainment), 통합(integration), 그리고 체제유지(latency) 등 4가지로 조직유형을 분류하였다.

사회 적응기능, 즉 사회나 사회구성원이 소비하는 상품과 재화를 생산하는 조직으로서의 생산조직(기업체 등), 사회자원을 동원하여 사회적 목적과 가치를 창조하고 배분하는 역할을 수행하는 조직 목표성취 기능의 정치조직(정부, 정당 등), 사회구성원의 갈등을 해소하는 역할을 수행하는 조직으로 통합의 기능을 하는 통합조직(법원, 경찰 등)과 사회체제의 독특한 문화와 가치를 보존하고 체제유지를 주된 기능으로 하는 교육기관이나 교회 등의 종교단체 등의 유형유지 조직으로 구분하고 있다.

(3) 조직의 수혜자 기준-블라우와 스코트(Blau & Scott, 1962)

블라우와 스코트(Blau & Scott, 1962)는 주된 수혜자가 누구냐에 따라 조직유형을 호혜조직(mutual benefit organization), 사업조직(business organization), 서비스조직(service organization), 그리고 공익조직(commonweal organization)으로 분류했다.

조직의 구성원이 호혜조직의 경우, 주된 수혜자는 조직원이고, 조직원의 만족이 핵심과제이며, 정당 · 노동조합 · 전문직업단체 · 종교단체 · 공제회 등이 이에 해당된다.

사업조직의 경우, 주된 수혜자는 소유주이고, 이윤추구가 핵심과제이며, 민간기업 · 은행 · 보험회사 등이 그것이다. 서비스조직의 경우, 주된 수혜자는 고객이고, 이들에 대한 전문적 서비스제공이 핵심과제이며, 사회복지기관 · 병원 · 학교 등이 이에 해당된다. 그리고 공익조직의 경우, 주된 수혜자는 전체국민이고, 국민에 의한 선거 등 통제를 확보하는 것이 핵심과제이며, 행정기관 · 군대조직 · 경찰조직 등이 그것이다.

4) 조직체계와 인간행동

조직은 두 사람 이상이 모여 각기 일을 분담하고 연결해서 완성하는 상호작용 시스템인 만큼 구성원 간, 혹은 소집단 간의 상호작용과 인과관계를 어떻게 가지는지가 조직성공의 관건이 된다. 그런데 구성원들은 공동목표를 위해 서로 협동해야 되는 줄을 알면서도 때로는 서로의 목적이 상충되기도 하고 경쟁도 하고 또 감정적으로 싸우기도 하면서 생활한다.

개인은 개인대로, 조직은 조직대로 소기의 목적을 효율적으로 달성하려다 보면 상호 충돌이 있게 되고 서로 밀고 당김으로써 자기 소원대로 하기도 하고 힘에 부칠 때는 밀려나거나 양보하기도 하며 적정수준에서 타협하기도 한다. 어떤 때는 남을 위해 자신을 희생하기도 하고 어떤 때는 남을 속이고 해를 끼치기도 한다. 조직을 통해 인간은 자신의 욕구를 성취하기도 하지만 한편으로는 조직의 욕구와 개인의 욕구가 다를 때에는 조직과 갈등을 겪기도 한다. 그래서 조직과 개인의 욕구가 불일치할 경우 조직의 목적을 위해서 개인이 무시되기도 하며 한편으로는 개인의 목적 달성을 위해 조직에 반항하기도 한다. 어떤 경우에는 조직의 목적에 순응하여 행동하더라도 개인적 욕구를 포기하지 않음으로 인한 문제가 발생하기도 한다.

조직과 상호작용을 하는 과정에서 인간은 조직에 대한 반응으로 스트레스를 경험하게 된다. 다시 말하면 조직 내·외부환경과의 상호작용 속에서 조직 내에 있는 인간은 스트레스를 경험한다.

4. 사회체계 : 지역사회

전통사회에서는 마을단위의 지역사회가 공동체와 일체화되어 있었다. 그래서 영어의 community는 공동체라는 의미와 함께 지역사회라는 뜻으로 쓰인다. 그러나 산업사회의 등장 이후 도시화와 산업적 노동의 일반화에 따른 사회적 밀도의 증가로 공동체의 의미는 쇠퇴하기 시작했다. 모든 인간은 자신의 안정된 상태를 유지하기 위해 내외적으로 대응 혹은 역동한다. 이것이 바로 인간이 욕구를 가지고 있음을 보여주는 것이다. 이렇듯 지역사회도 이와 같은 이치로 욕구 또는 문제를 지닌다. 지역사회 욕구·문제는 곧 사회복지실천에서 클라이언트의 욕구·문제를 의미한다. 사회복지의 우선적인 목표가 개인의 삶의 질 향상인지 혹은 사회환경 개선인지에 대한 논란은 끊임없이 계속되고 있다. 그러나 어떠한 입장을 취하든간에 지역사회는 핵심적인 실천기술의 하나라는 데는 이견이 없다.

1) 지역사회의 개념

지역사회를 의미하는 community는 공동, 공동소유를 의미하는 common 또는 communal과 통일성 또는 통합을 의미하는 'unity'의 합성어로서 오늘날 지역공동체, 지역사회, 마을공동체 등의 다양한 표현으로 사용된다(전대욱 외, 2012; Chaskin, 1997). 커뮤니티(community)의 어원은 교환이라는 뜻의 mei, 함께라는 뜻의 kom이 합쳐져 '함께 선물을 주고받는 것'이라는 의미를 담고 있다. 사람들은 유형의 물질이든 관심, 사랑 등 무형의 것이든 무언가를 받고 주기 위해 커뮤니티를 이룬다.

이를 어원적으로 풀이하면 공동의 생활의 장을 가지는 주민들의 접촉을 지역사회라고 말할 수 있다. 이와 같은 지역사회는 일정한 지역, 일정한 주민, 공통적인 생활경험, '우리 의식'이 있을 것이 요구된다. 특히 '우리 의식'은 지역사회의 가장 중요한 속성이다.

1910년 이전에는 공동체(community) 용어를 사용한 문헌이 좀처럼 없었으며 갈핀(C. J. Galpin)이 1915년에 처음 사회학적 정의를 사용한 것으로 기록되고 있다(Harper & Dunham, 1959: 19). 갈핀은 농촌지역사회를 개념화하였는데, 물리적 지리성은 다른 지역과는 다른 특수성(uniqueness)과 분리성(separatedness)을 뜻하며, 사회적, 문화적 동질성은 집단 간의 상호작용(homogeneity, consensus)을 의미한다고 하였다.

그러나 매키버(R. H. MacIver)가 1917년 그의 저서 『*Community: A sociological study*』에서 공동체 개념을 사용하면서 그 당시에 공동체는 ① 지리적 영역 또는 공동생활(common life)의 영역, ② 특별한 공간에 살아가는 사람들로 규정하였다. 매키버는 지역성 측면에서 공동생활을 영위하는 지리적 영역 안에서의 생활체계를 구성요소로 보고 있고, 공동성의 측면에서는 사람들이 더불어 생활해 나가는 두 가지 측면에서 커뮤니티를 규정하고 있다.

지역공동체의 의미는 다양하지만 몇 가지 중요한 구성요소에 의해서 개념적 정의를 내리고 있다.

① 지리적으로 제한된 공간 안에서 활동하는 지역성(locality)

② 구성원들 간의 활발한 사회적 상호작용(Interaction)

③ 공통의 유대감과 소속감을 공유하고 정체성을 형성하는 공동의 유대(Common bonds)로 구성(Hillery, 1955)

2) 지역사회의 유형

지역사회를 유형화하는 방법은 다양하나 던햄이 나눈 일반적인 기준은 다음과 같다(이영철, 2007).

(1) 인구의 크기에 따른 기준

대도시, 중소도시, 읍 지역과 같은 작은 부락 등의 구분에서 흔히 볼 수 있는 지역사회의 형태이다.

(2) 경제적 기반에 따른 기준

광산촌, 산촌, 어촌 등의 구분에서 볼 수 있다. 이러한 기준은 주민들의 경제생활뿐만 아니라 사회 · 문화적 특성을 파악하고자 하는 인류학적 조사 · 연구에서 흔히 사용된다.

(3) 정부의 행정구역에 따른 기준

특별시 · 광역시 · 도 · 군 · 구, 읍 · 면 · 동 등으로 지역사회를 구획하는 것으로 일반적으로 인구크기가 중요시되지만 반드시 인구의 크기에 따라 비율적으로 구분되지는 않는다.

(4) 인구구성의 사회적 특수성에 따른 기준

도시 저소득층지역, 외국인촌, 장애인 밀집지역, 미국의 할렘가나 차이나타운,

유대인 거주지역 등 지역사회 구성원 대다수의 사회적 특성을 중심으로 지역을 유형화하는 것이다.

3) 지역사회 기능과 제도

지역사회는 지역주민의 건강하고 문화적인 삶을 보장하기 위하여 다양한 기능을 수행하고 있다. 교육, 의료, 정치, 경제, 노동, 문화, 예술, 오락 등은 지역사회에서 이루어지는 다양한 활동으로 지역주민의 삶의 질을 강화하는 중요한 기능이다. 이와 같이 길버트와 스펙트(Gilbert & Specht, 1974: 4-5)는 지역사회가 다양한 기능을 수행하고 있다고 하였는데, 가장 대표적으로 설명한 다섯 가지의 기능으로 생산 · 분배 · 소비 기능, 사회화 기능, 사회통제 기능, 사회통합 기능, 그리고 상부상조 기능을 예로 들 수 있다.

(1) 경제제도 : 생산·분배·소비 기능

의식주같이 지역사회 주민들이 일상생활을 영위하는 데 필요한 모든 재화와 서비스를 생산 · 분배 · 소비하는 과정으로, 지역사회는 이런 활동이 이루어지는 환경이 된다. 생활에 필요한 재화와 서비스를 얻기 위해 생산하고, 분배하고, 소비하는 기능으로 인간이 살아가기 위해서는 다양한 재화와 서비스를 스스로 만들거나, 타인으로부터 구입한다. 이러한 경제활동은 인간의 필요에 따라 이루어지는 행위이므로 경제활동의 주체는 경제활동에 참여하는 개인 또는 집단이며, 경제활동의 대상이 되는 상품인 재화와 서비스가 경제활동의 객체다. 현대경제에서의 경제주체는 주로 소비를 담당하는 가계와 생산을 담당하는 기업, 공공서비스를 제공하는 정부, 그리고 세계화 시대에 그 중요성이 증대되고 있는 해외로 분류해 볼 수 있다.

세상에 존재하는 자원은 우리가 필요로 하는 형태로 존재하는 것이 아니기 때문에 필요한 형태로 변환되어야 한다. 풀이 음식이 되기 위해서, 물고기가 식탁 위에 오르기 위해서, 누에고치가 실이 되고 옷감이 되기 위해서는 노동 등 인간의 노력이 더해져야 한다. 노력이 더해지면서 필요한 형태에 가까워질수록 그 재화의 가치가 증대되는데 이렇게 재화와 서비스를 새롭게 만들거나 가치를 증대시키는 모든 활동을 생산이라 한다. 생산활동에 참여하여 가치를 증대시킨 만큼 대가를 받는 것을 분배라고 한다. 소비는 필요에 따라 재화와 서비스를 구입하거나 사용하는 활동이다. 소비는 생산의 밑바탕이 되며, 생산은 분배로 이어지고, 분배는 소비의 기반이 된다. 이렇게 생산 · 분배 · 소비는 서로 긴밀히 연결되어 순환하고 있다.

(2) 가족제도 : 사회화 기능(socialization)

지역사회의 행동양식을 채택하는 과정을 사회화라고 한다. 사회화의 가장 비옥한 시기는 일반적으로 개인이 기술과 지식을 개발하고 자신의 문화와 사회환경 내에서 기능하는 데 필요한 역할을 배우는 초기 단계이다.

사회화는 주로 가족에 의해 영향을 받으며, 이를 통해 아동은 지역사회의 규범을 먼저 배운다. 다른 중요한 영향으로는 학교, 또래집단, 사람, 대중매체, 직장 및 정부가 포함된다. 일반적 지식, 사회적 가치, 그리고 행동양태를 사회구성원들에게 전달시키는 과정을 말한다. 개인이 자기가 생활하고 있는 사회집단의 태도, 규범 및 가치 등의 문화를 학습하여 내면화하고 자신의 독특한 자아를 형성해 가는 과정, 즉 한 사회나 집단의 효과적인 구성원이 되는데 필요한 지식, 기술, 태도, 규범 등을 획득하는 과정이다.

개인이 아동기에 경험하는 최초의 사회화는 보통 가정에서 일어난다. 아동은 선택의 여지가 없이 거의 자동적, 필연적으로 가족이 세계를 바라보는 관점을 수용하여 내면화한다. 사회화의 과정은 어린 시절에 특히 중요하나 일생을 통해서 계속되는 것이 보통이며, 가정에 있어서도 부모가 첫 번째 사회화 담당자가 된다. 아동은 가족집단을 통해서 자신의 정체감은 물론이고 사회구성원으로서의 행동양식을 배우게 된다. 가족 초기 사회화 과정이 어떻게 이루어졌느냐 하는 것이 그 아동의 성인생활에도 지대한 영향을 미치므로 대단히 중요하다. 부모의 양육방식에 따른 사회화의 유형에는 억압적 사회화와 참여적 사회화가 있다. 특히 아동이 가정에서 사회화되는 방법에는 모방이 있는데 그 대상이 되는 부모나 형제자매의 언어와 행동은 많은 영향을 미친다. 또한 오늘날 핵가족화의 영향으로 역할모델이 부족하고 부모-자녀 간의 상호작용이 부족하므로 건강한 사회화의 대책이 필요하다.

(3) 정치제도 : 사회통제의 기능

커뮤니티를 구성하는 주민이 그 지역사회 안에서 질서를 유지하고 공동체 생활의 방향을 제시하게 해주는 것이 '정치제도'이다. 정치제도는 사회적 희소가치의 배분문제를 둘러싸고 발생하는 반사회적 행위를 통제 또는 갈등을 조정하여 공동체의 목적을 실현시키기 위한 인간의 활동이다. 이러한 통제의 기능이 결여된 지역사회는 비행과 범죄가 만연하여 사회해체 현상이 나타나기도 한다.

(4) 종교제도 : 사회통합의 기능

사람들 스스로 규범을 준수하여 바람직한 행동을 하도록 하는 수단이다.

(5) 상부상조의 기능

우리 진통사회에서 상부상조 제도나 협동관행의 기반은 학연, 같은 직업에 종사한다는 직업적 연고도 작용했지만 일차적인 연고인 지연과 혈연이 중심이었다. 말하자면 전통사회 상부상조 제도와 협동관행에 반영된 복지이념은 '아는 이웃'에 대한 '아는 이웃'의 원조와 협동이었다고 할 수 있다.

협동관행들은 대개 자연적으로 형성된 동네주민들 사이에 자발적으로 조직되었다. 공동노동이 필요한 농번기시의 협동노동이 주된 일이었고 간혹 마을의 공유지나 과부, 병약자의 농지에 대한 무상의 노동력 제공도 이루어졌다. 대개는 동등한 가치를 갖는 노동력의 교환에 바탕을 둔 협동관행이지만, 구성원들의 개인적 질병, 사망, 실업, 사고 등으로 사회제도로 욕구를 충족할 수 없을 때 사회적 약자에 대한 노동력 제공으로 원조기능을 수행하였다. 협동관행들은 마을단위의 공동과제 해결과 구성원 결속이라는 목표를 지니고 있었다. 뿐만 아니라 '아는 이웃'으로부터의 원조였으므로 정신적인 측면에서의 위로와 같은 비물질적 급부도 수반되는 것이 보통이었다. 자발적인 상부상조의 활동을 통해 지역사회의 문제를 해결·예방하고 공동체의 결속과 질서의 유지, 공동과업의 달성 및 빈곤 해결이라는 다양한 기능을 수행한 것으로 이해할 수 있다.

4) 지역사회와 인간행동

지역사회는 사람들이 살아가면서 다양한 상태를 표현할 수 있으며 개인 경험의 범위를 나타낼 수 있다. 그러한 지역사회 환경은 한 개인이 특정지역에 정주해 살아가면서 항상 접촉하게 되는 다양한 자연적, 인위적, 사회적 조건들의 통합체이다(송수경, 2016).

지역사회 환경은 인간에게 인간관계, 사회관계, 가치관, 행동양식에 지속적으로 영향을 미치게 되며, 삶의 질적 측면에서 인간의 개인내적 요소 및 외적 환경에 영향을 미치는 중요한 요인이 된다. 따라서 개인의 행동은 집단의 규범에 의해 통제되며, 집단의 규범 이외에 지역사회에서 요구하는 기대에 따라 영향을 받게 된다. 또한 지역사회는 그 지역사회 생활에 필요한 기초적인 능력과 태도를 가르친다. 인간행동에 영향을 미치는 지역사회에 대한 이해는 인간행동을 이해하고 도움을 필요로 하는 사람들의 사회적 기능 향상을 돕기 위해서 반드시 필요한 기초지식이다.

5. 사회체계 : 문화

어떤 사람이 어떤 행동을 했을 때, 그 행동이 그 개인에게 국한된 것이라면 우리는 그것을 그 사람의 특징이나 습관으로 파악한다. 반면에 그 행동을 어떤 집단에 속한 사람들이 똑같이 한다면 우리는 그것을 문화로 이해한다. 즉 문화는 집단에 의해 공유될 때에만 성립하는 것이며 사회적으로 형성되고 존재하는 현상이며, 인간의 다양한 삶의 양식을 총괄적으로 표현한다. 인간사회의 개인 또는 조직과 국가는 다양한 계층의 이해관계와 삶의 방식을 추구하고 있으며 문화는 이러한 삶의 방식을 대표적으로 표현해 주는 의미를 갖는다.

1) 문화의 개념

'보살핀다', '경작한다', '양육한다'라는 영어의 'culture'는 '밭을 갈다'라는 의미의 라틴어 'Cultura'에서 나왔다. 이는 문화가 자연을 변형하는 데서 시작됨을 암시한다. 프랑스어의 '퀼튀르(culture)'는 '경작'이라는 의미와 함께 '교양'이라는 의미를 가지고 있다. 경작이 인간의 외부 결국 문화란 자연상태의 어떤 것에 인간적인 작용을 가하여 그것을 변화시키고 새로운 것을 창조하는 과정에서 나왔다는 것이다. 모든 문화현상은 자연 그대로의 어떤 것이 아니라 인간의 작용에 의해 변화되거나 창조된 것들이다. 그래서 가장 넓은 의미에서 문화는 자연에 대립되는 개념이라 할 수 있고, 인간이 이루어낸 모든 역사의 산물 그 전체의 무게를 담고 있다고 할 수 있다. 거기에는 정치나 경제, 법과 제도, 문학, 예술, 도덕, 종교, 풍속 등 모든 인간적 산물이 포함된다.

테일러(Taylor)는 그의 저서 『원시문화』에서 문화란 '지식, 믿음, 예술, 도덕, 법률, 관습과 인간이 사회의 구성원으로서 획득한 다른 능력들과 모든 습관들을 총괄하는 것'으로 정의하였다.

브라운(Brown)은 문화를 인간행동양식의 수용이거나 행태라고 보았으며, '모든 사회집단의 사고와 느낌, 행동양식에 대한 조직 등에서 보여주는 신체적 유기존속을 포함한다'고 정의하였다. 랄프 린튼(Ralph Linton, 1945)은 '문화는 한 사회의 총체적인 생활방식'이라고 정의를 내리고 있다. 마빈 해리스(Marvin Harris, 1975)는 문화를 '특정한 인구집단의 학습된 생활양식의 총체'로 정의하고 '문화는 특정한 사회 혹은 그 하위집단의 구성원들에게 특징적인 유형화되고 반복적인 사고, 느낌,

행동의 방식으로 구성된다'고 설명하고 있다.

이상과 같이 문화에 대한 학자들의 정의를 종합해 보면 문화는 '인간의 총체적인 삶의 양식(total way of life)'이며, 문화를 구성하는 전체에는 그런 문화예술적인 행위 외에도 밥을 먹고, 버스를 타고, 술을 마시고, 축구를 하는 것과 같은 지극히 일상적인 행위도 모두 포함된다. 그러한 문화의 구성요소는 크게 두 가지로 구분할 수 있다.

첫째, 인간의 기본적 욕구를 충족시키고 생존하는 데 필요한 도구나 기술로서 음식이나 통신시설, 의복, 주택 등의 물질문화이다. 둘째, 사회가 안전하고 효과적으로 유지될 수 있도록 도와주는 제도나 행동의 기준인 제도문화 혹은 규범문화 등과 인간의 행동에 의미를 부여하며 방향을 제시하거나 삶을 보다 풍요롭게 만들어 주는 종교, 학문, 예술, 언어, 사상 등의 정신적 창조물과 같은 비물질 문화이다.

2) 문화의 특성과 속성

문화는 보편성, 다양성, 상대성의 특성을 갖는다. 문화의 보편성이란 시대와 장소를 초월해 어느 사회나 공통적으로 나타나는 인간의 본능에 관련된 삶의 요소가 있음을 의미한다. 그 이유는 인간의 신체구조, 사고능력 등이 비슷하기 때문이다. 그러나 보편성을 갖고 있는 사회이지만 각 사회마다 다양한 모습의 문화가 나타나게 된다. 그것은 각 사회의 특수성으로 인한 것이다.

예를 들어, 사람이 사는 어떤 사회에서도 옷을 입고 집을 짓고 생활하며 사람이 죽은 후에 장사를 지내게 되는 등의 보편적인 문화는 있으나, 각 나라마다 입는 옷과 장사를 지내는 형태는 다양하게 나타나는 것이 문화의 독특성 혹은 다양성의 예이다.

다양성과 보편성은 동전의 양면과 같은 성격을 가지고 있다. 그렇기 때문에 하나의 사회적 규범을 다른 사회의 규범보다 낫다고 판단하는 데 사용할 수 있는 객관적 표준이란 없으며, 우리 자신의 사회의 도덕적 규범은 어떤 특별한 위치를 차지하고 있는 것이 아니라는 문화의 상대성을 갖게 된다.

이러한 문화의 속성은 학습성, 축적성, 공유성, 전체성, 변동성은 복합적으로 나타나기 때문에 정확하게 구분하기 어렵다. 문화의 속성으로 학습성과 축적성은 상징체계와 관련이 있다. 특히 축적성에서 더욱 강조된다. 후천적인 학습을 통해 만들어지는 문화의 학습성은 인간의 학습은 고도의 상징체계를 사용하기 때문에 효율성이 높다. 아기가 배가 고플 때 먹는 것은 본능이지만, 더 성장한 후에 수저로 밥을 먹는 것은 문화를 학습한 결과이다.

문화의 축적성이란 문화가 세대에서 세대를 거치면서 전승되고 그 전승과정에서 언어와 문자를 활용하여 점차 문화가 발달하는 것을 일컫는다. 인간에게는 언어와 문자사용 능력이 있기 때문에 경험과 지식을 다음 세대로 전승하여 문화의 축적이 가능하다. 바퀴에서 수레, 자동차로의 발달 등이 문화의 축적성을 보여주는 사례이다.

문화의 공유성이란 한 사회의 구성원들에게 공통적으로 나타나는 행동양식 및 사고방식이다. 한 사회의 구성원들은 비슷하게 생각하고 행동한다. 우리가 다른 사람을 이해하고 어떤 상황에서 어떻게 행동해야 할지를 알며, 다른 사람과 마찰없이 지낼 수 있는 것은 우리가 다른 사람과 문화를 공유하기 때문이다.

전체성 혹은 총체성이라고 일컫는 말은 문화를 구성하는 여러 부분이 유기적인 관계를 맺으면서 전체로서 하나의 체계를 이루고 있음을 뜻하는 특징이다. 문화의 여러 영역은 각기 따로 존재하는 것이 아니라 다른 영역과 밀접하게 연관되어 있다. 이처럼 어떤 문화의 한 요소는 그 자체로서 독립되어 존재하고 의미를 갖는 것이 아니라, 무수히 많은 다른 문화요소들과 관련되어 있으며, 그 관련 속에서 의미를 갖는다. 다시 말하면, 각각의 문화요소는 하나의 전체 속에서 다른 것들과 관련을 이루며 존재하는 것이다.

문화의 변동성은 문화의 발견 · 발명 · 전파로 말미암아 특정 문화가 시간의 흐름에 따라 변화하는 특성으로 항상 변화하여 다음 세대로 유전된다. 특정 문화를 이루는 요소들은 한 세대에서 다음 세대로 전해짐과 동시에 그 과정에서 변형, 변화 또는 변경되는 과정에서 변화성을 찾아볼 수 있다. 변동성과 전체성은 변화와 관련이 있다. 특정 문화의 시 · 공간적 변화는 변동성, 일부 문화의 변화가 전체 문화의 변화로 나타나는 것은 전체성에 해당한다.

3) 문화의 기능

기본적으로 문화는 인간의 욕구충족과 의식주와 같은 기본적인 욕구에서부터 자아실현이나 심미 추구와 같은 정신적인 욕구에 이르기까지 인간은 문화적인 행동을 함으로써 환경의 제약을 벗어나 더 나은 생활환경을 만들어 내기도 한다. 이런 점에서 인간은 문화를 창조하는 존재이며, 동시에 문화를 벗어나서는 살 수 없는 존재이다.

또한 문화는 사회 질서를 유지하고, 사회를 통합하는 기능을 한다. 다른 사람들과 문화를 공유하는 것은 구성원으로 하여금 소속감과 동질감을 느끼게 하는 바탕이 된다. 이처럼 문화를 통해 공동체 의식을 갖게 된 구성원은 사회적으로 바람직한 행동을 하게 되고, 이는 사회 질서를 유지하고 사회 통합을 이루는 데 도움이 된다.

사회는 문화를 개인에게 사회화시킴으로써 사회를 유지시키고 개인은 사회구성원으로서 지식과 기능을 습득하도록 한다. 이러한 사회화를 통해서 개인은 문화를 배우며 동시에 자아정체성을 인식한다. 자아정체성은 다른 사람과 구분되는 자신의 특징으로 알고 나 자신이 다른 사람과 다르다는 점을 인식하는 것이다.

4) 문화와 인간행동

개인의 정체성으로부터 집단의 정체성에 이르기까지 대부분의 정체성은 개인이나 집단이 경험한 공간 속에서 오랫동안 이루어진 문화적 행위양상에 의해 결정되는 경우가 많다. 따라서 개인을 이해하고 집단을 이해하기 위해서는 각각의 집단이나 개인의 문화환경에 대한 이해가 선행되어야 할 것이다. 문화는 개인의 자아 개념과 자기 인식의 부분이며 민족성, 민속, 종교, 사회계급, 세대, 지역 그리고 특징적인 문화를 갖는 사회그룹과 연결되어 있다. 즉 문화적 정체성은 개인의 특성이며 그리고 같은 문화적 정체성을 나누는 문화적 동질 그룹의 특성이기도 하다. 이처럼 모든 문화는 과거로부터 현재까지 선택된 행동양식이며, 그 나름대로 다 독특한 가치와 문제해결의 능력과 그것을 위한 지식을 구비하고 있다.

문화와 퍼스낼리티의 관계를 파악함에 있어 파슨즈(T. Parsons)는 사회를 이루고 있는 문화체계는 각 개인의 근본적인 측면(fundamental aspect)으로 작용하며, 퍼스낼리티(personality)에 영향을 미치게 되며, 퍼스낼리티는 다양한 맥락에서의 여러 행동에 영향을 미친다고 제시하고 있다.

연 습 문 제

1. 집단의 역동성에 영향을 미치는 요인은?

가. 집단의 분위기 나. 집단기술 다. 집단내의 의사소통 라. 집단에의 참여정도

① 나, 라 ② 가, 다 ③ 가, 나, 다
④ 가, 다, 라 ⑤ 가, 나, 다, 라

2. 다음 설명 중 맞는 것은?

① 집단의 상위체계는 집단 내에서 동일한 관심사나 성향을 중심으로 형성되는 상위집단들이다.
② 공유영역은 집단체계에서의 행동유형과 상위체계의 행동유형 중 두 체계가 합의하지 못한 관계양식이다.
③ 집단은 구성원에게 아무 영향력이 없거나 오히려 구성원들이나 사회에 파괴적인 사회적 환경도 될 수 있다.
④ 집단의 하위체계는 그 집단구성원이 속한 다른 집단이나 가족, 직장, 학교, 지역공동체 등이다.
⑤ 집단체계의 안정상태는 4가지 기능상의 문제해결 중 적어도 2가지 이상만 해결해도 유지된다.

3. 체계로서 가족의 특징을 설명한 내용 중 거리가 먼 것은?

① 가족은 개인이 성장하고 발달하는 데 가장 친밀하고 영향력 있는 사회환경이다.
② 가족구성원의 요구를 충족하는 것으로 모든 과업을 완수한다.
③ 가족구성원은 가족 내 다양한 위치에서 서로 상호 의존한다.
④ 가족과 외부체계를 구분하는 경계는 다양하다.
④ 가족은 시간이 지나면서 반복되는 상호작용 패턴을 추구한다.

4. 문화의 5개의 차원이 아닌 것은?

① 도구제작–인간능력의 확대기

② 가족조직
③ 언어–의미전달
④ 아동양육–인간의 연장된 아동기 관리
⑤ 자기 세계를 설명하려는 인간의 충동

5. 다음 중 문화의 특징이 아닌 것은 어떤 것인가?
① 문화는 학습되는 것임
② 인간이 창조함
③ 모든 사회에 존재함
④ 문화의 중요 요소들은 대부분 의식적으로 자각하기 쉬움
⑤ 문화는 사회성원이 공유함

정답	1. ④	2. ③	3. ②	4. ②	5. ④

참고문헌

강상경, 2018, 인간행동과 사회환경, 나남.

강세현, 서혜전, 오정영, 임원선, 전영록, 2016, 인간행동과 사회환경, 양서원.

강영실 외, 2016, 인간행동과 사회환경, 그린출판사.

강진령, 2012, 집단과정과 기술, 학지사.

건강보험심사평가원, 2017, 2017년 의료통계정보.

검찰청, 2016, 2016년 경찰백서.

고명석, 2018, 인간행동과 사회환경, 동문사.

고명수, 이승현, 서진숙, 신선희, 허은진, 2018, 인간행동과 사회환경, 정민사.

과학기술정보통신부, 2017, 스마트폰 과의존 실태조사.

교육부, 2016, 교육통계자료.

교육부, 2017, 학교폭력실태조사.

교육부, 보건복지부, 2017, 청소년건강행태온라인조사.

구혜영, 2015, 인간행동과 사회환경, 신정.

권중돈, 2014, 인간행동과 사회복지실천, 학지사.

권중돈, 조주연, 2000, 노년기의 삶의 만족도에 영향을 미치는 요인, 한국노년학, 20(3), pp.61-76.

권희완 외, 1993, 현대 사회학의 이해, 서울: 이화여자대학교출판부.

김경은, 2017, 중학생의 사이버폭력 위험요인: 피해유형과 학년별의 탐색, 학교사회복지, 제25호, pp.135-162.

김경자, 임선영, 김경원, 2007, 함께 성장하는 결혼 그리고 가족, 구상.

김동배, 박은영, 김성웅, 2009, 고령자의 자사유형과 삶의 만족도에 관한 연구, 한국사회복지정책, 36(3), pp.471-494.

김동배, 손의성, 2005, 한국노인의 우울 관련변인에 관한 메타분석, 한국노년학, 25(4), pp.167-187.

김동배, 이희연, 2003, 사회복지실천의 생태체계 패러다임과 연구방법론에 대한 고찰, 한국사회복지정책, 9, pp.27-58.

김용태, 2000, 가족치료 이론, 학지사.

김윤정, 2015, 알기 쉬운 인간행동과 사회환경, 학지사.
김영모, 홍금자, 김진이, 2001, 인간행동과 사회환경, 고헌출판부.
김영호, 양은심, 이순영, 주수길, 2010, 인간행동과 사회환경, 양서원.
김현수, 이형초, STEP 개발연구팀, 2015, 조절력 향상을 위한 단계별 맞춤형 개입 프로그램 (매뉴얼, 내재화유형), 시그마프레스.
김형태, 2009, 21세기를 위한 상담의 이론과 실제, 동문사.
김혜숙, 2016, 가족치료의 이론과 기법, 학지사.
대한산부인과학회, 2010, 산부인과학: 지침과 개요, 군자출판사.
대한소아청소년정신의학회, 2012, 청소년정신의학, 시그마프레스.
디지털중독연구회, 2015, 인터넷 중독의 특성과 쟁점, 시그마프레스.
듀오, 2016, 미혼남녀의 출산인식 보고서.
박진영, 2016, 사회적 고립이 자살생각에 미치는 영향에서 자살하지 않는 이유의 조절효과: 고등학생을 대상으로, 학교사회복지, 36, pp.1-22.
박희숙, 강민희, 2017, 인간행동과 사회환경, 창지사.
보건복지부, 2017, 질병관리본부 건강행태 및 만성질환통계.
신은주, 김연희, 김혜래, 변귀연, 신영화, 윤혜미, 이혜경, 홍순혜, 2013, 가족복지론, 청목출판사.
신의진, 2013, 디지털세상이 아이를 아프게 한다, 북클라우드.
심성경, 김경의, 이효숙, 변길희, 박유미, 박주희, 2010, 아동발달, 학지사.
심의보, 김영희, 신싱일, 정혜숙, 2016, 인간행동과 사회환경, 파워북.
양옥경, 김정진, 서미경, 김미옥, 김소희, 2018, 사회복지실천론(개정5판), 나남.
엄명용, 김성천, 오혜경, 윤혜미, 2016, 사회복지실천의 이해(제4판), 학지사.
여성가족부, 2016, 청소년백서.
여성가족부, 2017, 2016년 가정폭력실태조사.
오미옥, 2014, 인간생활과 사회복지, 신아출판사.
오윤희, 2016, 대학생이 지각한 데이트폭력 가해동기와 데이트폭력의 관계: 남녀 차이를 중심으로, 충북대학교 석사학위논문.
오창순, 신선인, 장수미, 김수정, 2015, 인간행동과 사회환경, 학지사.
유성경, 2018, 상담 및 심리치료의 핵심원리, 학지사.
유영주, 김순옥, 김경신, 2013, 가족관계학, 교문사.
윤순임, 이용승, 임영숙(역), 2016, 경계선 인성장애의 정신분석 심리치료, 학지사.
이기련, 2018, 정신분석적 진단, 학지사.
이병욱, 2012, 정신분석을 통해 본 욕망과 환상의 세계, 학지사.

이숙재, 이봉선, 2013, 영유아의 발달과 교육, 창지사.

이영, 이정희, 김온기, 이미란, 조성연, 2017, 영유아발달, 학지사.

이원숙, 2016, 가족복지론, 학지사.

이원숙, 2014, 사회복지실천론, 학지사.

이인정, 최해경, 2012, 인간행동과 사회환경, 나남출판사.

이장호, 정남운, 조성호, 2005. 상담심리학의 기초, 학지사.

이종복, .전남련, 2007, 인간행동과 사회환경, 형설출판사.

이종복, 최경화, 김준경, 김재열, 신후경, 2014, 인간행동과 사회환경, 양서원.

이화숙, 2016, 대학생의 가정폭력 및 학교폭력 경험과 데이트폭력 가해와의 관계에서 젠더 감수성의 조절효과, 신라대학교 박사학위논문.

이형득 외, 2002, 집단상담, 중앙적성출판사.

이희세, 임은희, 2015, 인간행동과 사회환경, 양서원.

임은미, 강지현, 권해수, 김광수, 김정희, 2019, 인간발달과 상담, 학지사.

임은희, 2015, 인간행동과 사회환경, 양서원.

정옥분, 2018, 영유아발달의 이해, 학지사.

정옥분, 2018, 아동발달의 이해, 학지사.

정은, 2014, 인간행동과 사회환경, 학지사.

조복희, 정옥분, 유가효, 2016, 인간발달, 교문사.

조수동, 김주완, 이강화, 이윤아, 2011, 문화의 이해, 이문출판사.

조정아, 2012, 청소년의 학교적응 잠재유형 분류와 생태체계적 영향요인 검증, 한국청소년연구, 23(1), pp.277-309.

조흥식, 남찬섭, 박영란, 최은영, 2013, 돌봄서비스 정책 비교연구, 보건복지부.

질병관리본부, 2018, 2017 소아청소년 성장도표.

최경숙, 송하나, 2010, 발달심리학, 교문사.

최덕경, 서의정, 배은숙, 이금옥, 박주현, 2013, 인간행동과 사회환경, 양서원.

최순남, 2005, 인간행동과 사회환경, 법문사.

최옥채, 박미은, 서미경, 전석균, 2015, 인간행동과 사회환경, 양서원.

통계청, 2018, 인구동향조사.

통계청, 2018, 경제활동 인구연보.

표갑수, 김혜정, 유옥현, 박영, 김현진, 2016, 인간행동과 사회환경, 신정.

한국보건사회연구원, 2015, 2015년 한국복지패널조사.

한국보건사회연구원, 2016, 2015년 전국 출산력 및 가족보건실태조사.

한국여성정책연구원, 2016, 2016년 성인지통계.

한국여성정책연구원, 2016, 여성가족패널조사.

한국정보화진흥원, 2016, 인터넷 이용실태조사.

한국직업능력개발원, 2015, 2015년 한국의 직업지표 연구.

한국청소년정책연구원, 2014, 스마트시대 대중매체를 통한 청소년의 성 상품화 대응방안연구.

한국청소년정책연구원, 2014, 학업중단 청소년의 특성과 중단 후 경로 : 학업중단 청소년 패널조사.

한국청소년정책연구원, 2015, 청소년문화론, 교육과학사.

한국청소년정책연구원, 2015, 20대 청년, 후기청소년정책 중장기 발전전략 연구.

한국청소년정책연구원, 2018, 아동청소년인권실태조사.

한인영, 강향숙, 구승신, 김경희, 김선민, 2015, 가족복지론, 학지사.

홍경임, 2014, 직장인의 행복, 사회적지지, 자기효능감, 직무만족 및 조직몰입간의 구조적 관계, 계명대학교대학원 박사학위논문.

Achor, S., 2012. Positive intelligence, Harvard Business Review, 90(1), pp.100-102.

Adler, N. E. & Newman, K., 2002. Socioeconomic disparities in health: pathways and policies, Health affairs, 21(2), pp.60-76.

APA, 2013, DSM-5 정신질환의 진단 및 통계 편람, 권준수 외 공역, 학지사.

Bandura, A., 1986, Social foundations of thought and action: A social-conitive theory, Englewood Chiffs, NJ: Prentice-Hall.

Bandura, A., 1977, Social learning theory, Englewood Cliffs, NJ: Prentice-Hall.

Barker, E. D., Arseneault, L., Brendgen, M., Fontaine, N., & Maughan, B., 2008, Joint development of bullying and victimization in adolescence: Relations to delinquency and self-harm, Journal of the American Academy of Child & Adolescent Psychiatry, 47(9), pp.1030-1038.

Barkley, R. A., 2006, ADHD in Adults: Developmental course and outcome of children, In Barkley RA editor. Attention-Deficit Hyperactivity Disorder: a handbook for diagnosis and treatment(3th ed., pp.248-296), New York: The Guilford Press.

Baumrind, D., 1991, The influence of parenting style on adolescent competence and substance use, The Journal of Early Adolescence, 11(1), pp.56-95.

Beck, A. T., 1976, Cognitive therapy of depression, New York: The Guilford Press.

Belsky, J., 1984, The determinants of parenting: A process model, Child development, pp.83-96.

Berk, L. E., 1996, Infants, children, and adolescents(2nd ed.), Needham Heights, MA: Allyn & Baco.

Betty Carter, 1997, 가족생활주기와 가족치료, 정문자 역, 중앙적성출판사.

Biddle L, Donovan J, Hawton K, et al., 2008, Suicide and the Intemet, BMJ, 336, pp.800-802.

Biederman J, Petty CR, Monuteaux MC, et al., 2010, Adult psychiatric outcomes of girls with attention deficit hyperactivity disorder: 11-year follow-up in a longitudinal study, Am J Psychiatry, 167, pp.409-417.

Brill, N. I., 1997, Working with People: The Helping Process(6th ed.), New York: Longman. pp.19-20.

Bronfenbrenner, U., 1979, The ecology of human development: Experiments by nature and design, Cambridege, Mass: Harvard University Press.

Butterfield, Alice K., Rocha, Cynthia, J., & Butterfield, William H., 2011, The dynamics of family policy: analysis and advocacy, Lyceum Books, Inc., Chicago, Illinois.

Calvin S. Hall, 1993, 프로이트 심리학 입문. 지경자 역, 서울: 홍신문화사.

Campton, B. R., Galaway, B., 1999, Social Work Processes(6th ed.), Pacific Grove, CA: Brooks/Cole.

Carroll, J. B., 1993, Human cognitive abilities: A survey of factor-analytic studies, Cambridge University Press.

Carroll, J. B., 1996, A three-stratum theory of intelligence: Spearman's contribution, Human abilities: Their nature and measurement, pp.1-17.

Carter, Betty and McGoldrick, 1989, The Changing family Life Cycle(2nd ed.), Boston.

Carter, B. E., & McGoldrick, M. E., 1988, The changing family life cycle: A framework for family therapy, Gardner Press.

Cavalieri, M., 2013, Geographical variation of unmet medical needs in Italy: a multivariate logistic regression analysis, International journal of health geographics, 12(1).

Chickering and Associates, 1985, The modern American college: Responding to the new realities of diverse students and a changing society, Jossey-Bass, pp.76-116.

Charles, Zastrow and Karen K. Kirst-Ashman, 2001, 인간행동과 사회환경, 김규수 외 역, 나눔의 집.

Collins, F. S., 1999, Medical and societal consequences of the human genome project, New England Journal of Medicine, 341(1), pp.28-37.

Corey, C., 2005, 집단심리상담의 이론과 실제, 조현춘 외 2명 역, 서울: 시그마프레스.

Corey, L., 1991, theory and practice of group counseling(4th ed.), Pacific Grove, CA: Brooks Cole.

Cormier, W., & Cormier, L., 1985, Interviewing Strategies for helpers, Monterey, CA: Brooks

Cole.

Cormier, W., & Cormier, L., 1991, Interviewing strategies for helpers: fundamental skills and cognitive behavioral interventions.

Coumoyer, B., 2002, 사회복지실천기술 연습, 김인숙, 김용석 공역, 나남.

Cooper AM, 1987, Changes in psychoanalytic ideas: transference interpretation. Journal of American Psychoanalytic Association, 35, pp.77-98.

Cumming, E. & Henry, W. E., 1961, Growing gold: the process of inducing agreement, New York: Basic Books.

David Elkind, 1999, 변화하는 가족, 이동원 외 역, 이화여자대학교 출판부.

DeLamater, J. D., & Hyde, J. S., 1998, Essentialism vs. social constructionism in the study of human sexuality, Journal of sex research, 35(1), pp.10-18.

DeRubeis, R. J., Tang, T. Z., & Beck, A. T., 2001, Cognitive therapy, In Dobson K. S. (Ed.), Handbook of cognitive-behavioral therapies(2nd ed., pp.349-392), New York: Guilford Press.

Duvall, E. M., 1977, Marriage and Family Development, N.Y. Lippincott.

East, P. L., 1991, The parent-child relationships of withdrawn, aggressive, and sociable children: Child and parent perspectives, Merrill-Palmer Quarterly, pp.425-443.

Ellis, A., 1962, Reason and emotion in psychotherapy, Secaucus, NJ: Citadel.

Ellis, A., 1979, Rational-emotive therapy, In Raymond Corsini (Ed.), Current Psychotherapies(2th ed.), Itasca, IL: Peacock.

Ellis, A., 1982, Rational-emotive group therapy, In G. M. Gazda (Ed.), Basic approaches to group Psychotherapy and group counseling(3rd ed., pp.381-412), Springfield, IL: Thomas.

Erikson, E. H., 1963, Childhood and society(Rev. ed.), New York: W. Norton.

Evans, D., & Heam, M., & Uhlemann, M., & Jvey, A., 1998, Essential Interviewing: A Programmed Approach to Effective Communication(5th ed.), CA: Brooks Cole Pubishing Company.

Flavell, J. H., 1985, Cognitive development(2nd ed.), Englewood Cliffs, NJ: Prentice-Hall.

Freud S., 1895, Studies on Hysteria(Standard edn.), Hogarth Press: London.

Freud S., 1912, The dynamics of transference(Standard edn.), vol. 12, Hogarth Press: London.

Gardner, 1983, Frames of mind: The theory of multiple intelligences, New York: Basic Books.

Gelman, S. A., Taylor, M. G., & Nguyen, S. P., 2004, Mother-child conversations about gender: Understanding the acquisition of essentialist beliefs: II. Methods and preliminary results, Monographs of the society for research in child development.

Germain, C. and Gitterman, A., 1980, The Life Model of Social Work Practice, New York: Columbia University Press.

Germain, C. and Gitterman, A., 1987, "Life model versus conflict model", Social Work, 32, pp.552-553.

Giles, J. W., & Heyman, G. D., 2005, Young children's beliefs about the relationship between gender and aggressive behavior, Child development, 76(1), pp.107-121.

Ginzberg, E., Ginsburg, S. W., Axelrad, S., & Herma, J. L., 1951, Occupational choice, New York.

Greenson, R. R., 1967, The technique and practice of psychoanalysis, vol. 1, International Universities Press: New York.

Harter, S., 2005, Self-concepts and self-esteem, children and adolescents. In C. B. Fisher & R. M. Lerner (Eds.), Encyclopedia of applied developmental science l(2), pp.972-977, Thousand Oaks, CA: Sage.

Havighurst, R. J., 1972, Developmental tasks and education, New York: David McKay.

Hepworth, D. H., Rooney, R. H., Rooney, G. D., Strom-Gottfried, K. S., & Larsen J, 2006, Direct Social Work Practice: Theory and Srills(7th ed.), Thomson Brooks Cole.

Howes, C., & Ritchie, S., 2002, A matter of trust: Connecting teachers and learners in the early childhood classroom, 84, Teachers College Press.

Johnson, L., Schwartz, C., & Tate. D., 1997, Social welfare: A response to human need, Needham Heights, MA: Allyn & Bacon.

Kadushin, A., 1990, The Social Work Interview: A Guide for Human Service Professionals, Columbia University Press.

Kohlberg, L., 1976, Moral stages and moralization: The cognitive-development approach, Moral development and behavior: Theory research and social issues, pp.31-53.

Lamanna, M. A., & Riedmann, A. C., 1981, Marriages and families: Making choices throughout the life cycle, Belmont, Calif.: Wadsworth Publishing Company.

Lantz, J. E., 1996, Cognitive theory and social work treatment, In F. J. Turner (Ed.), Social Work Treatmen(4th ed.), New York: Free Press

Lee B. W., 2006, Tronsference and resistance, Psychoanalysis, 17, pp.33-39.

LeVine, R. A., 1988, Human parental care: Universal goals, cultural strategies, individual behavior, New Directions for Child and Adolescent Development, 40, pp.3-12.

Levinson, 1978, The Seasons of a Man's Life, N.Y., Pantheon.

Levy S. T., & Inderbitzin, L. B. (Eds.), 1992, Interpretation, International Universities Press.

Marcia, J. E., 1980, Identity in adolescence.[W:] J. Adelson (red.), Handbook of adolescent psychology, pp.159-187.

Marcia, J. E., 1991, Identity and self-development. Encyclopedia of adolescence, 1, pp.529-533.

Martin, A., Volkmar, F. R., & Lewis, M (Eds.), 2007, Lewis's child and adolescent psychiatry: a comprehensive textbook, Lippincott Williams & Wilkins.

Maslow, A. H., 1971, The farther reaches of human nature, New York: Viking.

Meyer, C. H., 1976, "The changing concept of individualized services", R. Klenk and R. Ryan(Eds.).

Meyer, C. H., 1983, "Introduction", C. H. Meyer (Ed.), Clinical social work in the eco-systems perspective, New York: Columbia University Press.

Meyer, C. H., 1987, Direct practice in social work: Overview. Encyclopedia of Social Work, NASW Press.

Moffitt, T. E., Caspi, A., Belsky, J., & Silva, P. A., 1992, Childhood experience and the onset of menarche: A test of a sociobiological model. Child development, 63(1), pp.47-58.

Moore, B. E., & Fine, A. B., 1990, Psychoanalytic terms & concepts, The American Psychoanalytic Association.

Neugarten, B. L., 1976, Age and the life course. Handbook of aging and the social sciences, pp.35-55.

Newcombe, N., & Huttenlocher, J., 1992, Children's early ability to solve perspective-taking problems. Developmental psychology, 28(4), p.635.

Newman, B., & Newman, P. R., 1987, Development through life: A Psychococial approach. Homewood, IL: Dorsey Press.

Niklas Luhmann, 2012, 사회의 사회, 장춘익 역, 서울: 새물결 출판사.

Okun, B. F., 1997, Effective helping: Interviewing and counseling techniques, 5th ed., Belmont, CA, US: Thomson Brooks. Cole Publishing Co.

Olson, David H. and DeFrain, John, 1994, Marriage and the Family : Diversity and Strengths, Mountain View: CA: Mayfield Publishing Company.

O'neil, J. M., Ohlde, C., Tollefson, N., Barke, C., Piggott, T., & Watts, D., 1980, Factors, correlates, and problem areas affecting career decision making of a cross-sectional sample of students, Journal of Counseling Psychology, 27(6), p.571.

Papalia, D. E., & Olds, S. W., 1998, Human development(7th ed.), New York Mc Graw-Hill.

Payne, M. S., 1997, Modern Social Work Theory, London: Macmillan Press LTD.

Perlman, H., 1965, "Social work method: A review of the past decade." Social Work, 10(4), pp.166-178.

Perry Jr, W. G., 1981, Cognitive and ethical growth: The making of meaning.

Piaget, J., & Inhelder, B., 1956, The child's conception of space, London: Routledge & Kegan Paul.

Piaget, J., 1983, Piaget's theory. In P. Mussen (Ed.), Handbook of Child Psychology(4th edition) Vol. 1, New York: Wiley.

Richards, D. D., & Siegler, R. S., 1986, Children's understandings of the attributes of life. Journal of Experimental Child Psychology, 42(1), pp.1-22.

Righthand, S., & Kerr, B., 2003, Child maltreatment risk assessments: An Evaluation Guide, The Haworth Maltreatment and Trauma Press.

Robert, V. K., 2007, Children and Their Development, Prentice Hall.

Robert, V. K., 2007, Children and Their Development(4th ed.), Prentice Hall.

Rogers, C. R., 1961, On becoming a person, Boston: Houghton Mifflin.

Roman Krznaric, 2013, 인생학교 일에서 충만함을 찾는 법, 정지현 역, 쌤앤파커스.

Rumberger, R. W., 2011, High school dropouts in the United States. In School dropout and completion (pp.275-294), Springer, Dordrecht.

Sadock, B. & Sadock, V., 2007, Kaplan & Sadock's synopsis of psychiatry-behavioral science/clinical psychiatry, New York: Lippincott william & Wilkins.

Sadock, B. J., Sadock, V. A., & Ruiz, P., 2015, Kaplan & Sadock's Synopsis of Psychiatry(11th ed.), Philadelphia: Wolters Kluwer.

Sandler, J., Dare, C., & Holder A., 1992, The Patient and the Analyst(2nd ed.), Kar nac: London.

Schaie, K. W., 1990, Intellectual development in adulthood, In J. E. Birren & K. W. Schaie (Eds.), Handbook of the psychology of aging(3rd ed.), New York: Academic Press.

Seifert, R., Schiller, M., Sameroff, A. J., Resnick, S., & Riordan, K., 1996, Attachment, maternal sensitivity, and infant temperament during the first year of life, Developmental Psychology, 32, pp.12-25.

Seltzer, M. M., & Ryff, C. D., 1994, Parenting across the life span: The normative and non-normative cases, Life-span development and behavior.

Shaffer, D. R., 1999, Developmental psychology: Childhood and(5th ed.), CA: Wadsworth Publishing.

Shah & Balkhair, 2010, Air pollution and birth outcomes: A systematic revie, Enviroment International, 37(2), pp.498-516.

Shulman, L. S., 1984, "The practical and the eclectic.", Curriculum Inquiry July.

Sternberg, R. J., 1988, The triangle of love: Intimacy, passion, commitment, Basic Books(AZ).

Sternberg, R. J., 1986, A triangular theory of love, Psychological review, 93(2), pp.119.

Super, D. E., 1990, A life-span, life-space approach to career development.

Trevithick, P., 2000, Social Work Skills A Practice Handbook. Buckingham, Open University Press.

Turner. F. J., 2017, Social Work Treatment: Interlocking Theoretical Approaches(6th ed.), Oxford University Press.

Vygotsky, L. S., 1978, Mind in society: The development of higher psychological processes, M. Cole, V. John-Steiner, S. Scriber, & E. Soubermen (Eds.), Cambridge, MA: Harvard University Press.

Walker, L. A., 1984, Battered women, psychology, and public policy. American Psychologist, 39(10), p.1178.

Weichold, K., & Silbereisen, R. K., 2005, Puberty, In C. B. Fisher & R. M. Lerner (Eds.), Encyclopedia of applied developmental science(Vol. 2, pp.893-898), Thousand Oaks, CA: Sage.

Zastrow, C., 1999, The Practice of Social Work(6th ed.), Belmont, CA: Brooks Cole.

Zastrow, C., 1995, The Practice of Social Work, California: Wadsworth. Inc.

Zastrow, C., 1996, Social Problems(4th ed.), Chicogo: Nelson-Hall.

Zastrow. C., & Kirst-Ashman. K., 2007, Understanding Human Behavior and the Social Environment(7th ed.), Califonia: Thomson Brooks/Cole.

찾아보기

인 명

내 용

저/자/약/력

■김 경 은

충북대학교 대학원 문학박사
현, 충북대학교 아동복지학과 강사
미디어와복지 대표

〈저서 및 논문〉
사회복지실천론(공저, 2017)
중도입국 학교청소년의 우울에 영향을 미치는 요인 탐색(2018)외 다수

■이 화 정

청주대학교 일반대학원 사회복지학박사
현, 충청북도 종합사회복지센터 센터장
청주대학교 사회복지학과 대학원 강사

〈저서 및 논문〉
노숙인 등을 케어하기 위한 시설종사자들의 직무소진 감소방안 연구(2014)
사회복지서비스 품질인증 도입방안(2014) 외 다수

■최 은 희

충북대학교 대학원 문학박사
현, 충북연구원 연구위원

〈저서 및 논문〉
충북지역 청년주거실태와 정책 수요조사 연구(2018)
미취업청년의 취업활동과 정신건강의 관계(2018) 외 다수

■황 명 구

충북대학교 대학원 행정학박사(복지행정)
현, 충청북도 사회복지정책보좌관
서원대학교 사회복지학과 강사

〈저서 및 논문〉
재난취약계층의 도시 공공이미지: 청주시 장애인 관점을 중심으로(2018)
관계중독 연구 활성화 위한 동향분석: 2005년부터 2019년까지(2019)
사례관리(2016) 외 다수

■송 영 선

서울기독대학교 대학원 문학박사(사회복지학전공)
충북보건과학대학교 복지행정학과 교수

〈저서 및 논문〉
북한이탈주민의 사회통합에 관한 탐색적 연구 외 다수

인간행동과 사회환경

1판 1쇄 인쇄 — 2020년 1월 3일
1판 1쇄 발행 — 2020년 1월 8일

저　　자 - 김경은 이화정 최은희 황명구 송영선
발 행 인 - 강철원
발 행 처 - 양성원
주　　소 - 경기도 파주시 검산로 173번길 29-20
전　　화 - 031-946-3861(代)
팩　　스 - 031-946-3864
이 메 일 - tnwpub@naver.com
홈페이지 - tnwpub.co.kr
출판등록 - 2015년 8월 31일 제 2015-000211 호

ISBN 979-11-6126-232-1

정가 19,000원